中国政府与政治研究系列

公共物品财政供给的制度基础

INSTITUTIONAL BASES OF FINANCIAL
SUPPLY FOR PUBLIC GOODS

翟桂萍 苏杨珍 蒋瑛 著

天津出版传媒集团

天津人民出版社

图书在版编目（CIP）数据

公共物品财政供给的制度基础 / 翟桂萍, 苏杨珍, 蒋瑛著. —— 天津 : 天津人民出版社, 2014.8
（中国政府与政治研究系列）
ISBN 978-7-201-08911-9

Ⅰ. ①公… Ⅱ. ①翟… ②苏… ③蒋… Ⅲ. ①公共物品—供给制—研究—中国 Ⅳ. ①F20

中国版本图书馆 CIP 数据核字（2014）第 230365 号

天津人民出版社出版
出版人：黄 沛
（天津市西康路 35 号 邮政编码：300051）
邮购部电话：(022)23332469
网址：http://www.tjrmcbs.com
电子邮箱：tjrmcbs@126.com
天津市永源印刷有限公司印刷　　新华书店经销

2014 年 8 月第 1 版　　2014 年 8 月第 1 次印刷
787×1092 毫米　16 开本　16 印张　2 插页
字数：250 千字
定价：39.00 元

总　序

朱光磊

　　呈现在读者面前的"当代中国政府与政治研究系列"，是我们教研团从事中国政府与政治研究的一些心得、一些阶段性研究成果。

　　中国正经历着历史上最大规模的制度创新进程。如何在这样一个历经坎坷、内部差异比较大的大国，通过改革来实现根本性的社会变革，是一个世界级的难题。从某种意义上讲，这也是对人类社会发展新道路的积极探索。政治发展，是这一全面发展、进步中的最基本方面之一。留给中国的机遇并不多。中国必须不断前进，在求解难题中寻求突破，不能再有"闪失"。抓住历史机遇期，实现民族复兴的伟大理想，需要高超的政治智慧、开阔的视野、坚忍不拔的进取精神和高超的策略性行动，但更为重要的是要有一个合理的政治统治和管理模式。

　　100 年来、60 年来，特别是 30 年来，一代代仁人志士的艰苦探索，包括成功，也包括失败，已经为中国未来的政治发展提供了坚实的实践和思想平台。但是，国内外社会发展格局的巨变，也对我们所期待的那个"合理的政治统治和管理模式"提出了更高的要求。如何在唯物史观的指导下，本着"实践是检验真理的唯一标准"的原则，将马克思主义国家学说、现代西方政治思想中适宜"为我所用"的部分和中国传统政治文化中的积极成分有机地结合起来，逐步凝练出一个适应现代社会生产方式和社会进步潮流，符合中国实际情况、符合中国大多数人民利益和具有中华文明特点的政治思想，是中国政治学界的任务。完成这一历史使命，首先要做的基础性工作，就是科学地分析中国的国情、社情、民情和政情，分析实现中国政治发展所必需的主观条件和客观条件。

　　正是基于以上认识，从 1990 年前后，我开始在中国政府过程与阶层分化两个方向上进行持续、系统的研究工作。20 世纪 90 年代中期,我与一部分从事政治学理论、区域政治、农村政治等研究方向的年轻同事组成了非正式的研究小组。2001 年,开始形成团队。团队成员是南开大学政治学、行政学方面的部分年轻教师和我的博士硕士生(包括已经毕业的)。除目前在校成员外,还有部分成员在厦门大学、西南政法大学、云南大学、内蒙古大学等单位从事教学科研工作。

　　成功的科学研究,其工作的重要基础是善于选择关键性的研究课题。一个成熟的、有作为的学科,总是能够发现和驾驭自己所处时代、所处社会中的最有代表性、最需要人们去回答的话题。经过多年的读书、学习、积累和体会,我认为,21 世纪初中国政治发展有四个方面的课题特别重要和紧迫。[①]

　　第一,要强化对一系列重要结构性问题的研究。持续的体制改革和产业调整,必然带来社会成员结构的变化。这些变化构成了中国政治发展的社会基础。"二元社会结构"正在趋于解体,工人阶级一体化和农民阶级分化的过程在继续,"新阶层"已经出现,城市化提速在即。今后,在社会成员构成的分化和重组、收入方式和差距等方面还会继续向着多样化的方向演进。这些发生在社会生活基本层面上的变化,无疑会对整个上层建筑产生巨大影响。对这个问题的科学认识,是正确提炼时代政治生活主题的基础。毛泽东对 20 世纪前期政治生活主题的正确把握,就是以他对"中国社会各阶级的分析"为基础的。在 21 世纪初,我们对各种重要政治问题和意识形态问题的把握和处理,同样需要以深入研究各阶级阶层的实际状况及其相互关系为基础。正在进行中的社会阶层分化与组合,是一场"从身份到契约"的进步性社会运动,但是也必然伴生一些"副产品",比如某些掌握权力、金钱和知识的人,就有可能通过形成所谓的"强势集团"攫取非法利益,可能出现有的阶层的人试图利用自己的经济优势获取非正常的政治地位、政治权力,甚至搞"金钱政治"。面对这些问题,我们并没有经验,都需要政治学理论工作者给予理论支持。

　　第二,要强化对一系列重要的体制性问题的研究。中国的政治体制改革不是另搞一套,而是要正确调整国家各主要政治要素之间的关系,特别是"党政关系",使制度、体制和组织能够最大限度地满足提高工作效率、加快经济发展和

---

　　① 这一部分是在我的"着力研究实践提出的新课题"一文(《人民日报》,2004 年 12 月 21 日)的基础上扩展而成的。

扩大公共服务的需要,最大限度地调动各方面的积极性。在这方面,核心是坚持和改善党的领导,是把党的执政工作、人民群众当家做主、依法治国与"行政主导"等基本因素,以适当的体制和方式结合起来。这是中国政治发展的内在逻辑所决定的,也是进一步加强执政能力建设,积极而稳健地推进政治体制改革和建设社会主义民主和法制的基础。政治学界要重点研究如何处理领导与执政的关系,研究进一步完善"两会机制"的问题,研究实现"党政关系规范化"的具体途径,研究宪法监督的实现形式等一系列关键性问题,并通过把对这些问题的探讨逐步上升到基本理论的高度,提高中国政治学的学科层次和学术魅力以及对干部、青年学生的吸引力。

第三,要强化对一系列重要的过程性或者说功能性问题的研究。政治发展不仅包括体制改革,而且应当包括政治过程的改善。相对于体制改革,我们对政治过程的问题以往关注得更少一点。这与我国政治学长期不发达有直接关系。比如,在美国,系统地研究政府过程的问题,从 1908 年就开始了。从民族特点来说,中国人不缺"大气"、勤劳、勇敢、灵活,但是应当承认,我们办事情不够精细,对过程设计、情报、档案、绩效评估、分工、应急管理等政治与公共管理环节,缺乏足够的注意,历史上积累下来的东西不多,需要"补课"。在经济发展达到一定水平以后,政治与政府管理流程设计安排粗放的问题就会逐步暴露出来,从而制约社会管理和社会服务水平的提高。例如,我国人口多,地方大,政府的纵向间层次不可能太少,怎么处理它们之间的关系,研究得就不够,多年困扰我们的以"条块矛盾"为代表的许多深层次问题一直没有得到解决,"每一级都管所有的事情",权力的交叉点过多,责任不清。以何种机制来处理必要的中央集权与适当的行政性分权、政治性分权、地方自治的关系的研究应当提上日程。对这些课题的研究,已超出了通常所说"中央与地方的关系"的范畴,超出了初期体制改革和传统政治学的范围,需要通过施政创新和理论创新来推动,需要开发和建设一批新的政治学分支学科和交叉学科。

第四,要强化对一系列重要的过渡性问题的研究。中国如果不经历改革开放,现在的许多问题,就不存在;中国如果不继续改革和扩大开放,这些问题也就解决不了。前面谈到的结构性问题和体制性问题,实际多数也同时是过渡性的问题。现在,三个时间起点不同的"过渡"都在 21 世纪的前 20 年进入了"总结期":从 1840 年开始的由"传统社会"向"现代社会"的过渡,从 1921 年开始的对社会主义事业的探讨所引发的向中国特色社会主义的过渡,从 1978 年开始的由计划经济体制向市场经济体制的过渡。然而复杂的是,这个历史过渡的"总结期",同时也恰好是中国历史上难得的"战略机遇期"。面对这些重要而复杂的课题,当代中国的政治学,应当成为"过渡政治学"、"发展政治学",并且在研究这些过渡性问题和发展中的问题的过程中,使学科成熟和壮大起来。

每个国家都有自己的问题。在社会转型和政治发展中,不断冒出来问题是正常的。对复杂的政治现象,不能采取简单化的态度和思维方式。不要抓住一点,不及其余;不能让错觉和偏见妨碍了对政治变革的认识;不要动辄把问题产生的原因归结为体制,也不能笼统和大而化之地批评"政治改革滞后"。其实,很多问题往往出在运作过程和运行机制上。任何实际运行中的政府,都不仅是一种体制,一个体系,更是一个过程。因此,关于政府与政治问题的研究,除了坚持传统的体制研究和要素分析的研究方法外,还需要走向一个重要的领域——过程研究。1997 年,在拙著《当代中国政府过程》中,我首次将"政治过程"研究方法应用于分析中国政府活动,力图将对中国政府的研究从"体制"层面较为系统地提高到"过程"层面。

在研究中,我们这个以"政府过程研究"为核心的学术团队,形成了一些对于中国政府与政治研究有特色的理论共识和思维方式。我们把研究重点放在中国政府与政治实际运作情况和工作程序上,旨在从动态的角度考察和研究当代中国政府是如何治理的,在此基础上试图探讨其中的规律性。

中国政府与政治的研究必须能够回应"中国问题"。中国渐进地推进改革,在运作政府等方面,确有自己一套独创性的东西,有自己的发展逻辑,需要系统地挖掘;面对中国社会的急剧变化和快速转型,以及随之而来的新问题、新现象和新矛盾,更要提出自己的解释和指导方案,不能仅仅用欧美的语言系统和评价标准解释中国政治。来源于西方的理论能够启发我们的思维,但不能简单借用在西方经验基础上形成的理论来解释和指导中国的政治发展。中国应该有基于自己实际成长起来的具有中国风格、中国气派的政治学,需要创造和使用自己的核心概念、基本范畴、理论体系和分析框架。中国到了以理论回馈时代的时候了。

在上述思维方式和学术追求的基础上,我对自己以及研究团队的定位和要求是:从中国政府与政治运作的实际和经验提炼有价值的问题和概念,了解现实制度安排和政治现象背后的主要制约因素,进而去揭示中国政治的内在机制,形成自己的理论体系。在研究中尽可能秉持一种平和的心态和建设性的态度,理性而务实地探讨问题,对重大问题进行具体研究。我们的能力有限,这一目标或许很难实现,但我们一直在努力。"当代中国政府与政治研究系列",就是我们向这个方向努力的一个个阶段性产物。

在研究工作中,我们注意发挥团队力量。团队成员之间有分工、有合作,相互配合、相互支持。在中国政府与政治这个大课题下,该系列的每本书都有特定的研究主题和所要回答的基本问题,有自己的"一家之言"。比如,《当代中国政府过程》对中国政府的行为、运作、程序以及各构成要素,特别是各社会利益群体之间,以及它们与政府之间的交互关系进行实证性的分析、研究。《当代中国政府间纵向关系研究》以"职责同构"为理论研究的切入点,通过比较研究和历史研究,对当代中国政府间纵向关系发展作了较为深入的分析。在《"以社会制约权力"——民主的一种解析视角》一书中,提出了"以社会制约权力"条件下的民主模式,即参与—治理型民主。该书将"以社会制约权力"与"以权力制约权力"、"以权利制约权力"联系起来,共同构成一个权力制约理论体系。《当代中国县政改革研究》力图从财政的角度破解县的"长寿密码"。《当代中国政府"条块关系"研究》一书,在对中国政府"条块关系"问题进行较为全面和系统研究的基础上,着重探讨了职责同构的政府管理模式在中国长期存在的原因。该书提出的"轴心辐射模式"的理论分析框架有较强的解释力。

令我感到高兴的是,我们的工作得到了学术界的鼓励和认可。《当代中国政府过程》出版后,承蒙各界关爱,该书被许多国家和地区的多家大学以及国内的著名大学用作研究生或本科生的教学参考书,多次被国内外的学者和博士论文所引用。早在 1999 年《当代中国政府过程》的第一版,就获得了天津市社会科学优秀成果一等奖。2003 年,经台湾大学社会科学院李炳南教授推荐,本书的姐妹篇——《中国政府与政治》在台湾出版。①2005 年我主讲的"当代中国政府与政治"被评为国家级精品课程,而《当代中国政府过程》就是该课程的教材。1998 年以来,我和团队成员已经有十余篇论文相继被《新华文摘》转载或摘登,涉及中国阶层分化、当代中国政治的主题、中国公务员规模、中国政治学发展战略、中国纵向间政府关系、服务型政府建设、中国"条块关系"、大部门体制等多个领域。这给了我们很大的信心,也给予了我们前进的动力。

这是一个开放的学术著作系列。成熟一本,推出一本。随着研究的逐渐深

---

①　朱光磊:《中国政府与政治》,台湾扬智公司出版,2003 年。

化,还会在服务型政府建设、城市管理、"两会"机制、政府机构改革与编制管理、行政区划改革等领域,不断有新的作品加入到系列中来。

改版之际,我们衷心感谢各位前辈、同仁对团队工作的宝贵帮助和支持!作为团队负责人,感谢我的伙伴们!我深知,在我们之间的合作中,我是最大的受益者。感谢天津人民出版社对我们工作的关注和支持,感谢出版社各个工作环节上的朋友们的合作,特别是感谢盛家林、刘晓津、张献忠、王康、唐静等老师创造性的工作!真诚欢迎读者的批评与指正!

2008 年 7 月 28 日

目　录

第一章

导 论

目前,中国正处于全面建成小康社会进程的新的发展阶段,人民群众对公共物品的需求在不断增加,特别是在经历了"市场化""产业化"的浪潮之后,更需要对公共物品尤其是基本公共物品的有效供给进行再思考。而公共财政的支持度决定着公共物品供给的规模和格局,因此从财政制度基础的角度研究公共物品供给问题就成为本书的研究主题。

一、问题的提出与研究的意义

(一)问题的提出

身居上海,深感上海日新月异的变化;身为"新移民",也深感中国地区发展的巨大差异。作为中国改革开放的前沿阵地,作为全国"四个率先"①发展的国际化大都市,上海在公共物品供给方面呈现出一对新矛盾,即公共物品提供的优先性与公共服务均等化之间的矛盾。一方面,国际化大都市的发展要求公共物

---

① 2006年胡锦涛总书记在参加十届全国人大四次会议上海代表团的审议时,对上海提出的要求和期望。其具体内容是:希望上海率先转变经济增长方式,把经济社会发展切实转入科学发展轨道;率先提高自主创新能力,为全面建设小康社会提供强有力的科技支撑;率先推进改革开放,继续当好全国改革开放的排头兵;率先构建社会主义和谐社会,切实保证社会主义现代化建设顺利进行。上海市九次党代会(2007年),提出上海要努力率先转变经济增长方式、率先提高自主创新能力、率先推进改革开放、率先构建社会主义和谐社会,开创上海国际经济、金融、贸易、航运和社会主义现代化大都市的新局面。

品的提供应该具有较高的水准,另一方面,公共财政的支持度则要求应遵循均等化的原则。上海的公共服务在这两者间作着艰难的选择,而这种直观的感受也反映了我国经济社会发展的一般状态,从全国范围来看,我国公共物品供给普遍面临两难处境。一方面,从中国的现代化进程来看,实施的一个重要战略就是非均衡发展战略。这一战略使我国能够发挥地区优势,取得率先发展的带动效应,从而有效地推进整个中国的现代化进程。但同时,这种发展也带来了东部地区、中部地区和西部地区的差异以及城乡差异,由此又进而造成了公共物品供给的非均等问题。另一方面,我们必须坚持全面、协调、可持续的科学发展观,促进社会和谐。在发展的实际进程中,我们既不能因为东部地区的发达而限制其发展,降低其公共物品供给水平;也不能因为西部地区的落后而忽略了社会公平。这种发展矛盾不仅表现在经济社会发展水平上,也突出地表现在政府公共物品供给中。

上述矛盾构成了本书研究的出发点。在解决发展与均衡的矛盾方面,大家多为关注制度的建构,因为制度"更带有根本性、全局性、稳定性和长期性"[1],但对于制度效用的实现而言,制度的行动者则具有关键性价值。政府与人大作为公共物品财政供给的两个重要行动者,其职能定位和行动逻辑在一定程度上制约着公共财政投入的规模和方向。因此,这里立足人大和政府两个行动主体,来探究公共物品财政供给的制度基础,以期对我国公共财政制度的有效建构提供有益的探索。

为此,本书以优先与均衡为视角,以教科文卫事业为例,分析了政府在公共物品财政投入方面的基本情况及其影响因素,主要涉及法律的建构、行政的支撑以及民主的保障等几个方面,以期能够为解决我国发展进程中,政府基本公共物品财政供给方面总量不足和结构失衡等问题提出财政制度基础方面的对策与建议。

(二)研究的意义

第一,研究的实践意义。

在中国现代化的实践进程中面临各种发展难题。目前,公共物品供给的短

---

[1] 邓小平文选(第 2 卷)[M].北京:人民出版社,1994:333.

缺与失衡成为社会关注的热点。中国以非均衡的发展战略有效实现了全国的现代化发展,发展的优先与领先带来了发展的另外一个问题就是均衡的问题。在社会的快速发展带来社会公共需求急剧增加的情况下,政府如何实现发展的均衡,如何解决好"上学难"、"就医难"等问题,就成为当前影响社会和谐发展的一个重要问题。而公共物品特别是基本公共物品主要是由政府提供的,政府供给公共物品必然涉及财政支持问题。政府如何回应公民需求,如何运用公共财政来满足公民需求,有效平衡发展与均衡的困境,不仅是上海城市公共物品供给中面临的问题,也是我国现代化进程中所要解决好的问题,是当前实现政府职能转型的一个重要问题。因此,对现阶段的中国社会发展而言,能否解决好发展与均衡的问题,在一定程度上事关社会问题与可持续发展。

从另一个角度看,现代民主的发展使公共财政问题成为社会关注的焦点。随着信息公开的日益立体化,公共财政越来越受到公众的关注。在政府"三公"经费受到舆论热捧的同时,学术界则更加关注公共财政的运用情况,比如关于政府预算、政府支出以及人大对政府预算的审核、监督等都是公众关注的热点问题,特别是在每年人大会召开期间,关于政府财政的问题更是成为讨论的焦点。因为公共财政是一个国家运行的命脉,强化政府的公共物品供给责任是政府赢得信任的重要基础,有助于增强政府的合法性。随着社会的转型,政府开始高度关注社会发展过程中基本公共物品(服务)存在的现实问题,并通过人代会相关决议和相应的财政预算安排、医疗卫生及义务教育体制的深化改革,使基本公共服务均等化成为政府新时期与科学发展观一脉相承的一种新的政治主张和执政理念,并逐步转化为政府公共财政的政策目标与改革实践。党的十八届三中全会专门指出,"必须完善立法、明确事权、改革税制、稳定税负、透明预算、提高效率,建立现代财政制度"[①],为公共财政制度的发展指明了方向。因此,探求公共物品财政供给的制度基础,是当前社会关注的重要问题,将有助于化解社会矛盾,提升公众对公共物品供给的理性认识,同时增强政府的合法性,提升公众对政府的信任度。

第二,选题的理论意义。

在现代化进程中,虽然政府进一步强调了公共物品供给的重要性,特别是

---

① 中共中央关于全面深化改革若干重大问题的决定.新华网:http://www.sn.xinhuanet.com/2013-11/16/c_118166672.htm.

均衡性的重要性,但事实上这种供给与需求之间仍然存在着很大的矛盾,如何通过财政制度的不断完善更有效地保证公共物品的公平供给,还有待进一步探讨并加以解决。本书提出了基于"优先与均衡"的公共物品供给困境的分析,以教、科、文、卫为例分析了公共物品供给中存在的问题,特别是像上海这样的国际化大都市,其经济发展走在全国发展的前列,公共物品的供给能否有效地满足社会公共需求、能否与国际化大都市的发展定位相协调,是上海现代化进程中所要解决的重要问题。而上海公共物品供给的领先性与其他地区公共物品供给情况形成了鲜明的对比,政府如何实现地区间的均衡发展已经不仅仅是一个实践问题,更是一个政治问题,已经成为影响社会稳定和可持续发展的重要问题。而从一定意义上讲,中国公共物品财政供给的完善,或者说中国公共财政改革的意义,不仅仅在于财政本身,更重要的是它有可能成为中国政治体制改革的突破口。"如果我们把财政民主法治化一步步往前推,必然会引导到行政决策体制、公共资源配置体制各方面的民主化、法治化。这种体制切入不断演进,能够渐进地打开实质性改革的后续空间"①。这恰恰也是以公共物品供给的财政基础为研究主题的价值所在。

另外,笔者试图从制度行动者的角度探寻制度的效用。我国公共物品财政供给的制度建构虽不完备,但还是建立了很多有效的制度。比如以法律法规形式规定的公共物品财政投入的标准,比如发展规划这一具有法律意义的文件对公共物品投入增长的指标规定,等等。从一定程度上讲,根据相关规定,我国政府公共物品供给的状况要好于目前的实际状况,其原因在于制度没有得到有效的执行,规定没有得到严格的遵守。制度的效用取决于制度的执行,即便是最好的制度,如果得不到有效的贯彻和实施也会形同虚设。是什么原因决定制度能否得以有效运行,是值得我们深入思考和研究的问题。党的十八届三中全会提出,全面深化改革,要进一步"推动中国特色社会主义制度自我完善和发展"②。笔者试图从制度行动者的角度探寻制度有效性的基础,把人大与政府(虽然它们也是制度的制定者)作为制度的行动者进行考察,以期发现使制度有效运行的力量;为公共物品财政投入的分析提供一种新的思路和视角。

---

① 公共财政:增强预算的公开性和透明度[N].社会科学报,2010.04.15 第 1 版.
② 中共中央关于全面深化改革若干重大问题的决定 [OL]. 新华网:http://www.sn.xinhuanet.com/2013–11/16/c_118166672.htm.

二、国内外研究综述

(一)关于公共物品的相关研究

20世纪30年代,英美学界开始广泛地接受公共物品理论。关于公共物品的研究主要有:从层次上来看,主要有农村公共物品、地区公共物品、全球公共物品以及政府公共物品;从研究的具体内容来看,有公共物品的内涵、供给模式、存在的问题等方面进行研究。结合研究主题,这里主要从以下三个方面进行梳理。

1.关于公共物品供给模式的研究

根据学术界的研究,一般认为,关于公共物品问题的研究先后经历了三个阶段:17世纪中期,霍布斯等古典经济学家从政府职能出发认识到国防、基础教育等公共物品需要政府供给,其后理论界认识到公共物品供给的"市场失灵",政府必须供给公共物品来弥补"市场失灵",这是对公共物品供给问题认识的第一个阶段。在政府供给公共物品理论的影响下,政府越来越多地介入到社会生活中的各个领域,包括基础教育、社会保障、医疗卫生、环境保护等。但是由于公众对公共物品消费需求的表达不如私人物品的表达那样清晰、明确,以及信息的不完全等等,导致"政府失灵"现象出现。在实践中,人们发现,将某些公共物品交由私人部门来供给,其效率高于政府供给,因此理论界认识到政府与市场都可以成为公共物品供给的主体,这是对公共物品供给问题认识的第二个阶段。但在公共物品"市场失灵"和"政府失灵"同时存在的情况下,怎么办呢?这就出现了第三部门作为供给主体的理论,但自愿供给同样也存在"自愿失灵"的问题,需要多方共同协商,针对不同的公共物品采取不同的供给方式,这就使得对公共物品供给问题的认识进入了第三个阶段。

一般认为公共物品供给的模式有四种:政府供给模式、市场供给模式、志愿(第三部门)供给模式以及混合供给模式。学术界比较一致的共识是:从斯密到萨缪尔森(1945),认为政府是公共物品天然的,唯一的提供者,且主要从税收和公共支出角度研究公共物品供给问题。他们认为私人供给公共物品不能避免"搭便车"问题,这将会导致公共物品供给的减少以及市场供给的失效,因此公共物品应由政府供给。但政府提供公共物品的过程应当是一个公共选择的过程。布坎南指出,"市场的缺陷并不是把问题交给政府去处理的充分条件"①,"政府的缺陷至少和市场一样严重"②。科斯 1974 年在《经济学上的灯塔》一文中以事实为依据提出公共物品供给可以引入市场机制的观点。此外,在公共物品供给出现的"政府失灵"问题,也促使学者探索政府之外的供给模式。例如德姆塞茨(1970)指出,如果存在排他性技术,私人企业能够有效地提供某些公共物品。③同时,韦斯布罗德(1974)提出由第三部门即非营利部门提供公共物品,论证了政府和第三部门的合作互补关系。④布坎南(1999)认为,公共物品是任何由集体或社会团体决定,通过集体组织提供的物品或劳务。公共选择理论的根本目的正在于揭示"政府失灵"并试图克服政府干预的缺陷,使政府缺陷尽可能降到最低限度。布坎南还提出"俱乐部理论"模型,认为在没有政府强制的情况下,公共物品的消费者能够通过自愿协商方式达成契约,来解决公共物品的供给问题。萨尔蒙等公民社会理论学者,提出了第三部门公共物品供给的效率模型及慈善经济学模型。奥尔森(1965)认为一个组织或集体存在的目的就是为其成员提供公共物品,个人在组织中的活动与他在市场中的活动其实质是一样的,都是为谋求个人的福利。正如个人通过市场来为自己提供私人物品一样,个人通过组织来为自己提供公共物品。⑤奥斯特罗姆夫妇(1990)则提出了公共物品的多中心供给理论。⑥

　　国内的研究主要是围绕公共物品供给模式的合理性、模式选择及具体供给机制等进行的。樊丽明(2003)通过对世界各国公共物品供给实践的研究,提出了公共物品供给的三种机制:政府供给、市场供给及自愿供给。向玉琼、王显成(2003)从公共物品产权角度证明了上述三种供给方式存在的合理性。席恒(2003)运用公共政策与制度分析框架,研究了公共物品的供给机制与制度安排问题,认为公共物品的公共性、非排他性、非竞争性、不可分性等特征以及人们

①　JamesBuchanan.The Theory of Public Choiee[M].The University of MiehiganPress,1972:19.
②　[美]布坎南.自由、市场和国家[M].北京:北京经济学院出版社,1988:28.
③　[美]鲍德威、威迪逊.公共部门经济学(第二版)[M],北京:中国人民大学出版社,2000.
④　Burton Weisbrod. Toward a Theory of the Voluntary Nonprofit Sector in Three-Sector Economy[A]. E Phelpsed. Altruism and Economic Theory[C]. New York: Russell Sage,1974.
⑤　[美]奥尔森.集体行动的逻辑[M].上海:上海三联书店、上海人民出版社,1995.
⑥　[美]埃利诺·奥斯特罗姆.公共事务的治理之道[M].上海:上海三联书店,2000.

对公共物品需求的差异性,要求公共物品的多元供给。他认为,任何一个单一的主体都很难实现公共物品的充分和有效供给,这就使得任何一个单一的制度安排都无法实现公共物品的充分和有效供给。因此每一种供给机制或制度安排都有其优势与缺陷,只能建立复合的公共物品多元供给机制,即一种由政府的强制机制、市场机制和志愿机制合力构建的制度安排(席恒,2003);唐祥来(2009)提出了 PPP 供给模式,即公共部门与私人部门、第三部门缔结为合作伙伴关系供给公共物品的一种有效模式,并认为竞争、激励和博弈不仅提升公共资源的配置效率,也能维护社会公众的公平利益。刘志铭(2004)从博弈论的角度分析了政府与私人合作提供公共物品的可能性。滕世华(2005)以公共治理为视角研究公共物品供给,认为打破公共物品政府供给的垄断局面,实现公共物品多元主体、多种方式提供,这有利于提高公共物品供给的数量和质量。罗松(2004)论述了由政府、市场和社会三者组成的公共物品供给责任机制,以及它们之间所形成的密切的"伙伴关系"[1]。刘茜(2010)通过实验经济学的研究方法进行跨学科的研究,从政府定位的角度设计了一组包括自愿贡献机制(对照实验)、领导者先行机制、强力领导者惩罚机制与一种新型混合机制——奖惩规约机制在内的公共物品供给机制实验,考察了不同的机制设计对公共物品贡献与收益水平的影响,以寻找公共物品贡献与收益水平结果最好的机制,以及领导者(即政府)这一因素对于公共物品贡献的作用。[2]

汪永成、马敬仁(1999)研究了香港特别行政区政府的公共物品供给形式,主要有以下几种:"公办公营式",即由政府通过直接开办、控制、经营的机构或企业供给公共物品。"公办商营式",即政府拥有全部或部分股权,由法人团体以商业形式经营,自负盈亏。"专利经营式",即在政府监管下由私人资本通过投标取得政府特许的专利经营权来经营某项公共物品的生产与供给。"私商经营式",即将某些公共物品的生产和供给完全交由一些私人机构经营。[3]以毛寿龙为代表的学者以治理理论为视角对公共物品的供给提出了多中心治理的理论,探讨的重点是怎样发挥好除政府之外的其他组织在公共物品供给中的作用。刘志铭(2003)针对当前我国政府供给公共物品严重不足的情况,提出要改变这种

① 罗松.论公共物品供给的责任机制[D].武汉大学,2004 年.
② 刘茜.公共物品供给机制与政府定位研究——基于实验经济学的分析[D].南开大学,2010.
③ 汪永成、马敬仁.公共物品供给行为:模式与启示[J].江西社会科学.1999(2).

状况,就要调整财政支出结构,建立公共财政体制,适当增加对教科文卫、社会保障、基础设施等基础性公共物品的支出。[1]王磊(2009)从公共物品供给主体选择与变迁的角度,分析了公共物品供给的单一主体(政府)供给模型、二主体(政府—市场)供给模型和三主体(政府—市场化—志愿组织)供给模型。

在公共物品供给研究方面,我国学术界尚没有形成完整系统的理论体系,学者在研究多种供给模式和途径的同时,达成了一个基本的共识,就是在公共服务作为现代政府的基本职能日益凸显的当下中国,要与现代治理理念和治理环境更好地耦合,基于政府、社会组织、企业多元主体建构一种公共服务合作制的供给模式(孔凡敏,2014)。尽管国外的有关公共物品理论研究时间较长,理论比较成熟,但与我国社会政治、经济领域的现实仍有较大差距,怎样通过制度的设计实现公共物品的有效供给仍然是需要不断深入研究的问题。

2.关于公共物品供给效率的研究

对公共物品供给效率的研究,伴随着公共物品的供给就已经开始了,因为无论是市场失灵、政府失灵还是志愿失灵,都涉及效率问题。人们发现,单一主体难以保证公共物品供给的效率,需要根据社会需求来调整供给主体。舍勒菲(1998)指出,当政府可以与私人企业签订比较完备的合同时,私有生产比公共物品更具有效率。[2]布兰克(2000)在给出生产公共物品的可选模式的基础上,讨论了公共生产与私人生产的效率条件。宪政经济学认为公共物品供给关键不再是效率,而是制度设计,没有有效的集体决策制度,公共物品无法实现有效供给。[3]

就国内的研究而言,关于农村公共物品的研究较多,多数学者认为,长期以来,我国农村公共物品供给不足,不仅总量不足,而且供给不平衡、供给效率低下,究其原因主要(冯宏海,2010)有:一是财政资金投入不足,资金使用效率不高;政府财权与事权不匹配,供给主体责任不清;村民需求表达和公共资源决策机制不完善。而相应的对策就是:加大财政资金投入力度,提高财政资金使用效率;建立多元化的农村公共品供给机制;健全农村公共品需求表达与决策机制;精简基层机构,撤并乡镇政府等。另外是关于区域及城市公共物品供给的研究,

---

① 刘志铭.我国公共物品的政府提供机制及改革[J].经济纵横.2003(11).

② Shleifer. Andrei State versus private ownership[J].*The Journal of Economic Perspectives*,1998(12).

③ Marmolo. A constitutional theory of public goods[J]. *Journal of Economic Behavior & Organization*, 1999(38).

认为区域经济发展的差异、财政转移支付的差异以及支付职能等都影响了公共物品供给的均衡性,造成了我国公共物品供给的地区差异。我国农村公共物品供给不足是当前"三农"问题形成的重要原因之一(郭泽保,2005),无论是生态保护型、公共服务型的纯公共品还是社会保障型、经济发展型的准公共品,都存在市场失灵的现象,都需要政府的参与,承担起主导性责任(方辉振,2007)。

王艳萍(1999)从一般意义上分析我国公共物品供给的效率问题,认为我国公共物品供给的低效率主要表现在两个方面:公共物品供给数量不足和无法避免"免费乘车"现象。除此之外,还有公共支出项目成本高、质量差,腐败和乱收费现象严重,供给方式单一等问题。于国安(2004)从政府规制、政府职能的角度考察了公共物品供给的效率问题,认为政府规制的程度和政府职能的定位直接影响公共物品供给的效率。而只有把政府看作一个独立的经济主体,将政府机构本身的成本和收益纳入规制活动中,才能更好地保证公共物品供给的效率。[①]
王静、韩新喜(1999)分析了公共物品供给存在的问题,认为腐败导致了严重的"政府失灵",不仅基础性建设不足,而且基于支出与提高全民整体素质的要求存在很大差距。江秀平(2000)认为公共机构供给公共物品低效率的原因是多方面的:一是公共物品的估价或评价上的困难;二是政府部门垄断了公共物品的供给,缺乏竞争机制;三是政府机构及官员缺乏追求利润的动机。

为克服公共物品供给的低效率,规范财政收入和财政支出对提高公共物品供给同样重要,应加强财政的公共性,增强对公共财政的监督;而政府功能的改善也有助于提高公共物品供给的效率。卢洪友(2003)认为,由于政府和市场都有可能失灵,因此有效率的公共物品供给制度选择逻辑应是先市场后政府,在此基础上,他对公共物品供给效率的制度安排提出了自己的观点,认为应建立起政府与市场混合调节及公共部门与私人部门职能互补的框架。汤玉刚(2003)从效率的角度分析了改革以来政府供给偏好转变的原因及机理,得出结论认为,中国政府的职能正在向供给公共物品回归。许丽平(2005)也认为,公共物品效率的提高应从增强政府运转效率、加强监督、引进市场竞争机制等方面来实现。赵宝廷(2009)在进一步拓展公共物品的概念(认为公共物品是软公共品和硬公共品的组合)的基础上,提出了以公共物品的双层供给:"个人间公共选择博弈过程决定的公共品软品供给"与"公共品硬品供给的市场化或特许权经营"的理

① 于国安.政府规制、政府职能与公共物品供给效率研究[D].山东大学,2004.

论架构,并在此基础上,分析了公共物品的供给效率问题。[①]吴伟(2008)认为要有效提供公共物品,必须廓清政府、市场与非营利组织各自提供公共物品的范围和结构,并不断完善各主体之间的互动协调机制,在提高各自提供效率的基础上,促进公共物品供给的有效合作。[②]董礼胜等(2007)认为多中心治理理论对于中国未来公共物品供给的制度变革具有重要指导意义。[③]周义程(2009)认为政府公共物品的供给,由于政府的垄断性和竞争性的缺乏,使供给成本增加,且易于出现产品质量低下等问题。他认为将民主理念、民主体制以及民主方法和程序等引入公共物品供给领域,有助于建构公共物品民主型供给模式。[④]岳军(2009)从公共投资的角度研究公共物品的供给问题,认为公共投资的优化配置有助于提高公共物品的供给效率。[⑤]李强、付治平(2009)从和谐社会的角度研究公共物品的供给,认为需要不断深化公共服务体制的改革,拓宽公共物品供给的途径,克服公共物品供给的困境。[⑥]王磊(2009)建构了公共物品供给的双层次互动进化博弈制度模型,认为通过选择将有助于提高公共物品供给的效率。[⑦]吕振宇(2010)则引入了竞争嵌入的概念,认为竞争嵌入概念与引入竞争的一个重要区别就在于更加关注了竞争因素引入后的制度安排,而这对于公共物品的有效供给至关重要。[⑧]他运用博弈论对公共物品的市场供给和政府供给效率进行了比较,认为我国应该构建多元的公共物品供给模式,推进服务型政府改革,明确政府和市场边界,减少公共物品供给中的寻租行为。

事实上,公共物品供给效率是与政府的功能以及制度安排紧密相连的。如何通过制度的建构特别是公共财政的制度安排来实现公共物品的有效供给也是一个有待深入研究的问题。

3.公共物品供给均等化的研究

在我国,对于公共物品供给均等化的研究,主要是从公共服务特别是基本

① 赵宝廷.公共物品双层供给理论与实证研究[M].上海:上海三联书店,2009.
② 吴伟.公共物品有效提供的经济学分析[M].北京:经济科学出版社,2008.
③ 董礼胜等.中国公共物品供给[M].北京:中国社会出版社,2007.
④ 周义程.民主型供给模式的理论建构[M].北京:中国社会科学出版社,2009.
⑤ 岳军.公共投资与公共物品有效供给研究[M].上海:上海三联书店,2009.
⑥ 李强、付治平.公共物品供给与建设和谐社会[M].北京:中国社会出版社,2009.
⑦ 王磊.公共物品供给主体选择与变迁的制度经济学分析[M].北京:经济科学出版社,2009.
⑧ 吕振宇.公共物品供给与竞争嵌入[M].北京:经济科学出版社,2010.

公共服务的角度切入的。国外学者提出了很多关于公共服务公平化的思想观点和实现公平化的操作方法。并且,不少国家在宪法或法律中,对保障居民享有基本一致的公共服务作了规定。"在国外,公民享受基本均等的公共服务被认为是天经地义的、公民与生俱来的权利,因此'公共服务均等化'早已成为发达市场经济国家基本施政纲领。"①2006年3月国家"十一五"规划《纲要》首次提出"基本公共服务均等化"以后,国内越来越多的学者开始关注和研究这一问题。

学者从不同的角度解读基本公共服务均等化问题。楼继伟(2006)从社会公平正义的角度切入,认为"公共服务均等化是以人为本理念的具体体现,对促进社会公正,维护社会稳定和国家统一,具有重要的政治意义。一个国家的公民无论居住在哪个地区,都有平等享受国家最低标准的基本公共服务的权利……公共服务均等化作为缓解因发展不平衡所引发的地区间矛盾、实现地区间和谐均衡发展的重要途径体现的是一种公平正义的发展理念,与社会主义本质规定以及和谐社会的发展目标完全一致"②。陈海威(2007)站在公民的权利和人权的角度认为"所谓基本公共服务,是指一定经济社会条件下,为了保障全体公民最基本的人权,全体公民都应公平、平等、普遍享有的公共服务,是诸多公共服务中具有保障性质和平等色彩的服务类型。基本公共服务是以保障公民基本人权为主要目的"③。傅道忠(2007)认为:"公共服务均等化是指在基本的公共服务领域应该尽可能地使每个社会成员享有同样的权利,即向各地居民提供在使用价值形态上大体相同水平的公共服务。"④江明融(2006)从政府公共财政功能的角度,将公共服务均等化界定为:政府及其公共财政要为不同利益集团、不同经济成分或不同社会阶层提供一视同仁的公共物品与服务,具体包括公共服务供给收益分享、成本分担、财力均衡等方面内容。⑤丁元竹(2008)从公共财政的角度切入,认为全国性基本公共服务均等化是指"中央政府通过制定相关基本公共服务国家标准,在财政上确保负责提供服务的地方政府具有均等支付这些基本公共服务的能力,确保社会、政府、服务机构不存在偏见、歧视、特殊门槛的前提

---

① 江明融. 公共服务均等化论略[J]. 中南财经政法大学学报,2006(3).

② 刘明中. 推进基本公共服务均等化的重要手段(上)——财政部副部长楼继伟答本报记者问[N]. 中国财经报,2006.02.07.

③ 陈海威. 中国基本公共服务体系研究[J]. 科学社会主义,2007(3).

④ 傅道忠. 实现基本公共服务均等化的财政思考[J]. 现代经济探讨,2007(5).

⑤ 江明融. 公共服务均等化论略[J]. 中南财经政法大学学报,2006(3).

下使每个公民不分城乡、不分地区地能够有机会接近法定基本公共服务项目的过程"①。关于"十一五"规划纲要的辅导读本中的观点代表了官方的观点，从公共财政的角度认为："基本公共服务均等化是公共财政的基本目标之一，是指政府要为社会公众提供基本的、在不同阶段具有不同标准的、最终大致均等的公共物品和公共服务。公共服务均等化的主要实现手段是政府间转移支付制度。"②特别是自2007年党的十七大报告中指出，要"加快推进以改善民生为重点的社会建设……扩大公共服务，完善社会管理，促进社会公平正义，使全体人民学有所教、劳有所得、病有所医、老有所养、住有所居"。我国政府越来越注重以改善民生为重点的社会建设，将通过完善公共财政制度，逐步推进基本公共服务均等化。

关于公共物品供给非均等化表现的分析。在相当长的一段时间里，中国社会的公共物品供给处于短缺状态，以致出现了今天的"看病贵、上学难、房价高"的新"三座大山"。早在2006年，中国公共课题服务组在北京发布首份中国政府公共服务研究报告——《中国公共服务发展报告2006》。该《报告》显示，我国政府公共服务无论从数量还是质量都不能满足公众需求，指出我国当前政府公共服务体系整体呈现出"总体水平偏低、发展不平衡、效率低水平趋同"的基本特征。③由于经济增长速度很快，城乡居民的收入增长也很快，但在教育、医疗、社会保障等公共物品上的支出费用增长速度更快。以医疗保健为例，1990—2008年的18年间，城乡居民人均医疗保健支出年均增幅分别为21%和15%，比同期城乡居民人均收入的增幅分别高出7和4个百分点。④也就是说，对多数中低收入群体来说，增加的收入还不够满足公共物品消费的需要。2011年，我国将贫困标准提高后，贫困群体将超过1亿人。实际上，新阶段我国贫困发生机制也发生了深刻变化，因病致贫、因子女教育致贫等现象都与公共物品短缺直接相关，公共物品短缺给多数社会成员带来的生活负担，越来越引起社会的广泛关注。更为重要的是，公共物品的非均等化还带来了社会矛盾，影响了社会的稳定发展。

关于公共物品非均衡的原因分析。从历史的角度看，建设型政府的财政缺

① 丁元竹. 当前我国的基本公共服务现状及原因[N]. 中国经济时报，2008.01.11.

② 本书编写组：中共中央关于制定国民经济和社会发展第十一个五年规划的建议(辅导读本)[C]. 北京：人民出版社，2005：575.

③ 熊剑锋.公共服务短缺低效[N]. 第一财经日报，2007.04.09.

④ 高尚全. 凝聚发展方式转型新力量[J]. 浙江经济，2009(23).

乏公共性。长期以来,中国作为一个"建设型"的政府,不仅为社会发展提供了必要的公共物品,也提供了生活必需的私人物品。计划经济体制下,国家财政是社会主义分配关系中的特定组成部分,是国家直接进行的分配(沈云,1965)[①],是国家主体的分配关系(许世友,1980)[②]。从规律的角度看,公共物品供给的有效保障需要经历一个历史的过程。应当承认目前政府提供的公共物品还不能很好地满足社会需求,公共财政的公共性还比较低,但从世界各国政府与社会的分工以及政府财政支出内容来看,我们不难发现,政府与社会的分工、政府职责范围的明确经历了一个漫长的历史发展过程,政府是随着社会的发展进步逐渐地承担起这些职责的。[③]一般而言,只有当市场经济高度发达、竞争非常激烈之后,才产生了对社会保障、公共教育等方面的社会需求;只有社会生产力水平达到相当高度,社会财富相当丰富之后,才具备由政府免费为社会提供种类繁多的公共物品、半公共物品的物质基础。社会越发达,社会对公共物品及半公共物品的需求量就越大,政府的供应能力也越强。[④]潘心纲、张兴(2014)从六个方面进行了归纳:中央和地方的事权与财权不匹配、公共服务供给主体单一化导致供给不足、公共服务管理主体职能交叉且缺乏沟通、缺乏统一明确的公共服务供给标准和相关制度规则、政府传统的职能导向型行政模式以及利益诉求机制的缺乏。

因此,目前我国公共物品供给存在公共物品供给总量不足、不均衡、变异等问题,我国公共物品供给亟待转型。社会对公共物品供给均衡化的要求特别强烈,要求实现基本公共服务的均等化,要求政府能够提供某种制度或机制,使公民在享用基本公共服务时能够实现机会公平、规则公平和结果公平。但在中国城乡差异、地区差异存在的情况下,基本公共服务的均等化并不就是基本公共服务的平均化,均等化实质上体现的是一种公平的思想,是公民在享用政府提供的基本公共服务上具有的公平机会,是服务型政府在公共财政的支撑下可以而且必须实现的。

---

① 沈云.论社会主义国家财政的本质、特点和体系[J].经济研究,1965(06).

② 许世友.试论社会主义国家财政的本质[J].税务与经济,1980(01).

③ 黄万华.论民主视野中的乡镇公共财政制度[D].四川大学,2004.

④ 刘茜.公共物品供给机制与政府定位[D].南开大学,2010.

(二)关于公共财政制度基础的研究状况

关于公共财政的研究,主要是涉及财政学、经济学、法学、政治学等学科的研究,这里主要从政治学研究的视角进行分析。

1.从民主角度研究公共财政

"民主财政"是公共选择学派之父詹姆斯·M.布坎南在公共选择理论中始终坚持的一个核心理念。布坎南认为民主财政的要义是,应在宪法的框架内有效控制政府的一切收支活动, 政府通过征税获得的财政收入能够合理地取之于民、用之于民。和传统的以抽象的国家利益为本位的传统财政不同,民主财政以每一个具体公民的利益为本位,维护公民的合法财产权益,不鼓励政府变相多征税费以及实施不计成本的赤字财政。财政民主,不仅体现的是宪政主义与法治主义精神,更体现了政治民主和经济民主的统一。①

财政制度经历了从专制、人治财政走向民主、法治财政的过程(焦建国,2002)。原始财政是最初的财政制度,是最直接的民主财政;后经过王权财政,再到公共财政, 公共财政是与近现代的民主政治和市场经济相适应的财政制度;计划财政在本质上是集权财政。从民主的视角研究公共财政有两个关键词,即"民主财政"与"财政民主"。所谓"财政民主制"(李炜光,2001),就是政府按照民众的意愿,通过民主的程序运用民主的方式来理政府之财的制度,是与市场经济相适应的财政制度。在财政民主制下,政府的财政行为由不受监控或由上级监控转化为"纳税人监控"。从经济的角度看问题,民主制的核心就是财政民主制。建立与市场经济相适应的民主政治,其主要内容也就是财政民主制。民主从来就不是一个纯粹的政治问题,它是针对政府行为,特别是政府配置资源的行为而发展起来的。它最终提出构建公共财政体制必须从划分公私领域、公正至上和财政民主三个方面更新观念。②刘云龙(2001)认为,民主财政包括两方面含义:一是用民主投票的方法来确定公共收支规模和类型,充分反映和满足居民的偏好,并对公共财政活动进行民主监督和民主管理;二是用联邦主义框架下的地方自治方法来确保地方政府提供公共物品的优先性和自主性,及时满足居

---

① [美]詹姆斯·M.布坎南.民主过程中的财政——财政制度与个人选择[M].唐寿宁译.上海:上海三联书店,1992:195.

② 李炜光.建立公共财政体制之理论探源[J].现代财经—天津财经学院学报,2001(02).

民的偏好。他认为真正的民主性、合意性并不在于分工结果的可行性和可接受性，而在于纳税人通过民主机制和民主程序来充分表达个人的偏好，使个人多样化的、有差异的需求偏好得到充分和同等的尊重。井明（2003）认为，民主财政的核心是契约安排。公众通过同政府订立契约，实际控制着政治决策权，公共财政是以人民为主体进行公共决策的活动。民主财政在公共财政中的表现有四种：一是财政民主决策，二是财政分权，三是财政竞争，四是打破公营部门垄断。①汪丁丁（2007）提出了财政民主化的四条原理：一是民主监督下的财政，二是以开支定税入，三是征税的公平、便利、确定、经济原则，四是由民众来选择合适的公共选择机制。②财政不仅是维系国家运转的经济基础，更是推进国家与公民关系和谐发展的政治基础。而财政民主不仅结合了宪政主义和法治主义，更是统一了政治民主与经济民主的要求，财政民主对实现政府行为法治以及实现和保障公民权利有着重要意义（郭维真、刘剑文，2007）。陈志勇、姚林（2007）认为，公共财政行为要保障社会公共需求的满足，就必须有顺畅的社会公共需求表达和实现机制，即通过民主的形式，由社会公众、团体等利益主体，在"追求自身利益最大化"的公共选择程序中完成。因为"从根本上讲，公共财政一定是民主财政，民主活动"③，只有通过民主政治，实行民主财政，才能确保公共财政有效提供公众所需的物品和服务，确保公共资源的最优配置。李发戈（2008）分析了宪政背景下公共财政的本质，认为公共财政的生成与现代民主政治体制与市场经济体制的产生是同一个过程，它们互为前提，互相促进。在宪政背景下，公共财政的本质就是民主财政。建立科学、民主的公共财政制度，既是经济体制改革的任务，更是政治体制改革的任务。

在民主化视角的研究中，预算民主是学术界关注的热点问题。王清秀（2002）从如何完善人大的预算审批监督，加强民主理财的角度，从理论和实践的结合上系统地阐述了预算制度和预算资金监管问题。④徐红（2006）在其博士论文中，通过对议会财政掌控权的发展，透视了民主财政的成长，认为财政民主是政府、议会和社会三者间围绕着财政资源的合理配置而展开的一系列权力互动的过程，是以公共财政为纽带，把社会生活中政治民主和经济民主理念贯串

① 井明.民主财政论——公共财政的深层思考[J].财政研究,2003(14).
② 汪丁丁.财政民主化的原理与表达[J].财经,2007(14).
③ 刘云龙.民主机制与民主财政[M].北京:中国城市出版社,2001:49.
④ 王清秀.民主理财之路[M].北京:中国金融出版社,2002.

起来而形成的复合型民主机制和价值追求。没有财政的民主化,就没有政治的民主化;没有财政的公开化,就没有政治的公开化;掌握国家钱袋的权力如果不属于议会,政府的权力就会无限制地膨胀;而议会一旦失去对国家钱袋的掌控权,它在国家权力体系中的地位就会不断虚化,并沦为行政权的附属物。一句话,财政民主的实现有赖于政府、议会和社会三者间的良性互动,而实现财政民主的关键,则有赖于议会财政权的制度建设。闫海(2007)认为预算民主的核心是预算审批权,即代议机关有权审查批准预算,认为预算审批机构和程序的再造是代议机关预算审批权实质化的关键。朱志刚(2008)指出人大预算监督工作要紧紧围绕公共财政的基本特征和要求来进行。[①]刘慧(2008)从人大预算监督的角度研究预算民主,认为预算民主有助于推动现代预算制度的建设。[②]

由于我国处于经济转型过程中,公共财政体制尚未确立,财政民主成分严重缺失,集中体现为(王伟,2008):行政管理本位思想严重、中央与地方财政权力配置问题还没有纳入宪法范围、预算缺乏相应的民主博弈机制、财政活动缺乏相应的民主监督等。他认为我国实现财政民主的基本方向是,要夯实公共财政的民主基础,强化民主决策机制和监督制度;合理配置税权,实现中央和地方财政民主分权;增强国家预算的公开性和透明度;实现对财政活动的民主监督等。[③]刘剑文(2008)也指出,中国财政民主制度缺失,主要表现为预算民主的不足、税收法定的不足以及财政权限纵向配置的偏差。为此,从形式上,应该对授权立法的范围和程序进行严格的限定;从实质上,应当完善公民的民意表达和利益实现机制。[④]因此,预算民主受到学者的重视。公共预算极其重要,"自产生之日起,现代公共预算已是现代国家进行国家治理的基本制度,是建立一个廉洁、高效、负责的现代政府的基本条件"。因此从形式上应该对授权立法的范围和程序进行严格的限定,从实质上应当完善公民的民意表达和利益实现机制,以实现新时期财政民主的制度重构。也就是说,建立公共财政的基本框架就是要按照财政民主的要求重建政府预算制度,它既是经济体制改革的任务,更是政治体制改革的任务(焦建国,2002)。[⑤]财政运行及监督机制的建立和完善是我

---

① 朱志刚.公共财政建设与人大预算监督——十一届全国人大常委会专题讲座第五讲.中国人大网:www.npc.gov.cn.2008-09-16.

② 刘慧.预算监督与民主成长[D].复旦大学,2008.

③ 王伟.关于加强我国财政民主建设的探讨[J].中国党政干部论谈,2008.

④ 刘剑文.宪政与中国财政民主[J].税务研究,2008.04.

⑤ 焦建国.民主财政论:财政制度变迁分析[J].社会科学辑刊,2002(3).

国建立公共财政体系的核心问题(杨灿明,2005)。人大是国家的最高权力机关,我国宪法和法律赋予人大财政监督权,人大的财政监督是我国财政监督体系中最高层次的监督。但由于历史和现实的原因,我国人大享有的财政监督权力在较大程度上仍处于虚置状态,未真正发挥其应有的作用和效果。完善我国人民代表大会及其常务委员会的财政监督职责,对于推行民主财政和建立公共财政体系都具有重要的意义。尤其是当我国从自产国家向税收国家转型后,我国政府的预算体制应该实行预算民主,而且公民也会逐渐形成预算民主的要求(马骏,2005)。[1]高培勇(2007)认为,在民主财政制度下,公众能够对财政事务发表意见,参与财政决策,财政决策能够充分地反映民意。财政决策反映多数人的意见,但少数人的利益同时得到充分的保证。未能反映民意的财政决策会受到监督。公众对财政事务的意见的表达可以是直接的,也可以是间接的,可以委托选出的代表表达意见。公众参与财政决策的前提是获取充分和准确的信息,因此财政信息的及时准确披露是实现财政民主的基础。[2]要完善公共财政监督的前提是要尽快制定我国的《财政监督法》,同时要进一步理清政府职能(许敏敏、谢志华,2006)。[3]这对于我国公共财政制度的建立具有重要意义。特别是近几年来,随着《政府信息公开条例》的实施,预算公开成为社会关注的热点。吴军亮(2008)在中国预算网发布了"评读《深圳市本级 2008 年部门预算》",基于深圳市财政局向作者公开的当年的部门预算,掀开了部门预算的序幕。在之后的时间里,各地预算和中央部门预算不断公开,而且公开的力度也不断推进,成为推动中国财政民主的一大突破口。

学术界关于民主财政的研究成为重要的理论基础。公共财政是与国家活动和公民社会需要紧密相关的制度设计,公共财政制度建设不仅是国家民主发展的需要,也是社会民主成长的需要。

2.从法治角度研究公共财政

民主与法治是不可分的,这里将民主与法治分开来讲,主要是想突出研究侧重点的不同,并不是有意将二者割裂开来。

20 世纪 60 年代后,以詹姆斯·M.布坎南为代表的公共选择学派明确提出了

① 马骏.中国公共预算改革:理性化和民主化[M].北京:中央编译出版社,2005.

② 高培勇.为中国公共财政建设勾画"路线图"——重要战略机遇期的公共财政建设[M].北京:中国财政经济出版社,2007.

③ 许敏敏、谢志华.论公共财政下完善财政监督的前提[J].财政监督,2006(09).

"法治经济"的概念,认为未来的经济是在宪法规范下市场经济与政府干预相结合的混合经济,经济学是一门研究规则选择的学科,任何财政决策都是基于一定的决策规则,政策的优劣也取决于这种决策规则,而根本的决策规则就是宪法规则。公共选择学派提出:为了防止公共权力对公众利益的损害,必须回归到古典法治主义立场,对公共权力加以限制,并崇尚自由、民主、平等的宪法价值。笔者认为,在我国全面践行社会主义市场经济建设的今天,公共财政建构与宪政建设的关系值得关注。

中国学者从法治的角度对公共财政问题作了初步探讨。如张守文(2003)认为:"法治的缺失"是造成中国现阶段财政危机的一个重要法律原因,只有财税法制体现法治精神,形成法治秩序,才能形成良好的秩序。王怡(2004)指出:当前的财政危机导致对源自民间赋税的依赖性增强,从而凸显了赋税合法性的危机。李炜光(2005)认为,在现代国家,财政首先或从根本上说是一种政治的和法律的制度,然后它才是一种经济制度,有什么样的政治和法律制度,就有什么样的财政制度。"从本质上说,公共财政体现了纳税人与国家之间的一种社会契约关系。"①这种契约关系很好地解释了公共财政在法治形成过程中所起到的巨大作用以及对公共财政行为所产生的制度约束(魏建国,2005)。也就是说,政府的财政权力必须得到限制,从根本上说要受到法律的制约(王金丰,2009)。

就公共财政改革的方向而言,刘尚希(2009)认为,当前我国财政的公共化改革实际上是走向法治财政的必由之路,但我国的财政改革依然面临诸多不确定性,将是一条曲折的探索之路。正如温家宝同志在 2008 年 3 月 18 日的记者招待会上指出的:"一个国家的财政史是惊心动魄的。"因为法治与公共财政之间存在着一种互动关系(李元起、王飞,2009)。李炜光(2011)指出,财政权力的行使,事关每个公民的意愿和福祉,件件都是政府必须认真对待、精心承担的责任。政府所拥有的处理财政事务的权力不是"天生"的,也必须纳入法治民主的运行轨道。

从法治的角度研究公共财政,更加注重了制度建构,特别是法的建构。它不仅包含法的制度,更重要的是法的精神。而中国缺少法的精神的传统,怎样通过法的形式推动公共财政的有效建立,也就成为值得关注的重要问题。

---

① 魏建国.代议制与公共财政——近代西方代议制宪政模式的形成及其作用机理分析[J].政法论丛,2005(6).

3.从功能角度研究公共财政

现代公共财政的一个重要功能就是经济功能。在资本主义世界的经济大危机之后,西方国家逐渐放弃了自由放任的经济政策,转而实行国家干预经济的政策。尽管经济保守主义时有回潮,但总的趋势是国家对经济生活的宏观调控在不断扩展和加深。国家对经济进行宏观调控时,财政手段的运用首当其冲,而且运用的范围越来越广,运用的程度越来越深。纵观近几十年来西方发达国家财政政策的实践,使用财政手段更多的是为了实现经济目的,其中包括扩大有效需求,刺激经济增长,增加就业;维护公平竞争秩序,缩小收入差距等等。①在这种概括中,公共财政的功能更多地体现为经济功能,财政的政治社会功能也是从经济学意义上被解释的。②另外,公共财政的发展功能不容忽视(杨长杰,2001),建立公共财政的目的是提高全社会的资源配置效率,更好地促进社会的发展。③

公共财政的政治功能从一开始就受到学者的关注。从西方公共财政的形成与发展的历史演进可以看出,公共财政的形成从一开始就是与政治权力紧密相连的。在王权与议会权力的斗争中,公共财政权力是斗争的核心,从现代公共财政的发展来看,公共财政对政府的权力制约是不言而喻的。

对财政功能进行研究的一个很重要的方面就是把公共财政与政府职能转型结合起来进行研究,与责任政府、法治政府和服务型政府的建构结合起来进行研究。公共财政的建构对于政府职能转变意义重大(李荣华,2004),是建设法治政府的突破口(王之香,2007),是建设服务型政府的制度基础(李鹏,2006)。姚大金(2003)认为,建立财权事权统一清晰、服务社会公共需要、管理科学规范的公共财政体制是建设公共服务型政府的重要前提。公共财政的建构,已不仅是一项经济制度,更是一项政治制度(王海峰,2010)。公共财政支出结构和规模的优化成为转变政府职能,解决目前政府职能中存在的"越位"、"错位"、"缺位"等问题的关键。为此,需要改革、完善分税制和转移支付制度;构建合理的地方政府公共支出的基本结构;进一步规范和完善地方政府的预算制度(黄杰,2011)。由于现行的预算制度对政府收支行为的导向力和约束力还比较软弱,还需要一系列财政运行机制的充实和完善,从而防止腐败的滋生与蔓延。因此,建

① 陈共.财政学[M].北京:中国人民大学出版社,1998:18-22.
② 齐守印.论公共财政及其经济职能[J].财政研究,1999(11).
③ 杨长杰.公共财政不是无为财政——略论公共财政的发展功能[J].财税与会计,2001(02).

设公共财政体制、强化预算监督、规制用财应成为我国完善反腐败制度的一个新重点(郭剑鸣,2009)。

在对公共财政功能的分析中,更多的是指出我国公共财政职能的缺失。刘莉枫(2006)分析了新中国成立以来我国财政体制的缺陷:一是财政职能公共性的缺失,使财政职能在全部经济生活领域中发生作用,主要表现为替代生产者主权、替代消费者主权和政府配置错位及失效;二是财政体制运行机制公共性的缺失。以政府主导、政府选择、政府决定的财政运行机制,基本未考虑作为需求方的公众在公共事务领域中的个人偏好,未进行公众个人选择并集合为公共政策。这种财政运行机制的非公共性表现为分级自治缺失、公共预算性缺失、公共决策缺位和政府决策失效,财政管理失控,最后造成了资源配置的失衡。孙开等(2006)从公共物品供给入手,探讨了公共财政条件下公共支出的规模与结构问题,研究了各种类型的公共物品的提供,并就加强公共支出管理和深化公共支出改革的问题进行了探索。影响公共支出规模的因素主要有经济因素、政治因素和社会与历史因素。①刘昆(2008)认为,在当前利益冲突使各方矛盾凸显的情况下,解决民生问题显得尤为重要,公共财政与民生问题密切相关,因此理清公共财政与民生问题的相互关系,提出财政支持民生、保障民生、改善民生的有效措施,是完善公共财政体系过程中一个十分重要的命题。在现阶段,公共财政保障民生的重点领域是基本公共服务,主要包括教育、医疗卫生、就业等方面。

公共财政对于一般社会公民而言,最为重要的就是社会保障,就是提供公共物品。对中国这样一个政府主导的后发现代化国家而言,政府如何定位自己的功能和角色,对公共物品的供给发生着重要的影响。因此,在研究中,笔者也十分注重从功能的视角关注政府的角色,以及公共财政所具有的对社会的基本保障功能的研究。

(三)研究的空间

根据学术期刊和图书馆书目的检索,可以发现,我国学术界关于公共物品(公共服务)和公共财政的研究自1999年之后逐步展开。学术界在对概念和发

---

① 孙开.公共物品供给与公共支出研究[M].沈阳:东北财经大学出版社,2006:54-56.

展历史进行研究的基础上,更多地集中于对中国公共物品供给和公共财政体制的研究。主要有三个研究重点:一个是对农村公共物品的研究。由于我国农村公共物品供给不足和财政投入的不足,使得学术界比较关注农村公共物品和公共财政的研究,这部分内容占据了研究的绝大部分。二是对公共物品供给均等化的研究和公共财政体制转型的研究,与之相联系的就是要不断深化财政体制改革,建立公共财政政策体系。三是对公共服务的财政研究,随着我国公共服务型政府建设的提出和社会建设的推进,学者们把公共财政、公共物品的供给与服务型政府的构建联系起来进行研究,成为新的学术增长点。这些成果为研究提供了良好的基础。

事实上,公共物品供给理论在西方的发展也未遭遇今天中国矛盾如此突出的发展困境,即优先与均衡的问题。一方面,即使是像上海这样的大都市,其公共物品的供给也不容乐观;另一方面,相对于落后地区而言,上海的公共物品供给已经走在了前列,且与之差距甚大。这种发展需求的领先性与发展的均衡性要求之间的悖论成为我国公共物品供给中面临的发展难题。本书立足于我国公共物品财政面临的优先与均衡的困境,在实证分析的基础上探求困境产生的主要因素,并从财政制度基础的角度提供了解决这一问题的可能视野。

三、相关概念的界定

(一)公共物品

"公共物品"一词来自对 Public Goods 的翻译。Public Goods 最早是林达尔(Lindahl)在 1919 年提出的。对于这个术语,国内有很多的译法,如"公共物品"、"公共财产"、"公共商品"、"公共财" 等等, 可以看出不同译法的区别仅在于"goods"这个词。若仅从 goods 本身来看,这些译法都是可以的,但是"物品"和"商品"这两个词之间还存在着一些细微的差别。本书采用"公共物品"的译法,按照公共物品概念发展的轨迹,对公共物品概念进行梳理。

公共物品的思想最早出现在关于公共事务或政府职能的讨论中。亚里士多德较早谈及公共物品供给的困难,他在《政治学》中指出:"凡是属于最多数人的公共事物常常是最少受人照顾的事物,人们关怀着自己的所有,而忽视公共的事物。对于公共的一切,他至多只留心到其中对他个人多少有些相关的事物"①。
公共物品的思想也出现于英国资产阶级思想家霍布斯关于国家本质的论述中。
霍布斯(1651)在《利维坦》中指出国家的本质就是"一大群人相互订立契约,每
人都对它的行为授权,以便使它能按其认为有利于大家的和平与共同防卫的方
式运用全体的力量和手段的一个人格"②。在他看来,国家和政府本身作为经大
家授权的一种公共物品,其存在的一个重要原因就是要为个人提供诸如共同防
卫类的公共物品。休谟(David Hume,1739)则从人的利己性出发,以"公共地悲
剧"为例,说明了个人无力解决公共事务,只有政府参与才能消除公共物品提供
中的搭便车行为,人们只有在遵守公共的正义规则条件下,才可以获得巨大的
利益。他认为,公共物品就是那些不会对任何人产生突出的利益,但对整个社会
来讲则是必不可少的物品。其后,亚当·斯密(1776)在《国富论》中认为政府必须
提供某些公共物品(服务),主要包括国防、保护人民的司法行政机关以及公共
机关和公共工程等。③约翰·斯图亚特·穆勒(1848)在其名著《政治经济学原理及
其在社会哲学上的应用》中,以灯塔为例说明公共物品必须由政府提供,由此引
发了人们关于"灯塔"的无数讨论。

　　林达尔(1919)在《公平税收》中提出:"公共物品是国家对人民的一般给付,
个人或个人集团对公共物品所支付的价格就是赋税。"他建立了林达尔均衡模
型来给公共物品定价,根据对每个消费者对公共物品的真实评价来收取不同的
价格。遗憾的是林达尔并没有对公共物品的内涵作出解释。萨缪尔森(Samuel-
son,1954)在《公共支出的纯理论》一文中指出:公共物品就是在使用和消费上不
具有排他性的物品。④由此正式奠定了公共物品理论研究的现代基础。萨缪尔森
从非排他性、非竞争性以及效用的不可分割性的角度对公共物品作出了比较精
确的分析性定义,也是今天广为大家接受的定义。布坎南(J.M.Buchanan,1960)
认为公共物品的显著特征就在于它的不可分割性和非排他性。不可分割性意味
着一个灯塔可以由许多人使用, 像灯塔一类的公共物品就需要由政府来提供。

---

①　[希]亚里士多德.政治学[M].吴寿彭译.北京:商务印书馆,1983.

②　[英]托马斯·霍布斯.利维坦[M].黎思复、黎廷弼译.商务印书馆,1985:132.

③　[英]亚当·斯密.国民财富的性质和原因的研究[M].郭大力、王亚南译.北京:商务印书馆,1983:
254、272、284.

④　P. A. Samuelson.The pure theory of public expenditure [J]. *Review of Economics and Siatistics*, 1954:
36,387–390.

奥尔森(M. Olson,1980)在《集体行动的逻辑》一书中指出:"任何物品,如果一个集团 X1,……Xi……Xn。中的任何个人 Xi 能够消费它,它就不能适当地排斥其他人对该产品的消费,则该产品是公共物品。"①布坎南(1987)在《民主财政论》一书中指出,"任何集团或社团,因为任何原因通过集体组织提供的商品或服务,都将被定义为公共物品"②。按照这一定义,凡是由团体提供的物品都是公共物品。布坎南把萨缪尔森的定义所界定的公共物品称为"纯公共物品",而把具有完全竞争性和排他性的产品称为"纯私人产品",把介于两者之间的产品称作准公共物品或混合产品。布坎南首次提出了准公共物品,又称非纯粹公共物品或混合公共物品的理论。当然,在界定什么是公共物品的同时,也涉及公共物品的分类。奥斯特罗姆夫妇(2000)将公共物品看作是与私益物品、收费物品、公共池塘物品等并列的物品类型。马斯格雷夫(1959)将产品分为公共物品(纯)、私人产品、混合产品和有益产品。

公共物品的概念目前为止是比较清晰的,但现实中的公共物品是复杂的,严格具有非排他性和非竞争性的纯公共物品在现实世界中并不多见,甚至在严格意义上并不存在。杨静(2009)认为,公共物品本质上说,是在一定社会经济条件下,以一定范围的社会共同需要为出发点,体现社会一般利益共享,为维护和促进其所依附社会经济制度发展和完善的产品。可以看出,公共物品不仅是为了满足社会的共同需要,推进利益共享,更是为了维护和促进其所依附的社会经济制度的发展和完善。从这个意义上讲,公共物品更多地体现为一种制度安排与设计。③

公共物品与公共服务是意思非常相近的概念,所以有必要对两者的关系作出解释。一般认为:产出可以分为产品和服务两种形式,公共物品是有形的产出,而公共服务是无形的产出。因此政府提供的有形的公共产出被称为公共物品,而无形的公共产出叫公共服务。这种解释比较普遍,实际中两者也经常并列使用。比如 2004 年 3 月,温家宝同志在中共中央党校省部级主要领导干部"树立和落实科学发展观"专题研究班结业式上的讲话时指出:公共服务就是指"提供公共物品和服务"。所以,很多学者认为公共物品与公共服务的含义

① [美]奥尔森.集体行动的逻辑[M].陈郁、郭宇峰、李崇新译.上海:上海三联书店、上海人民出版社,1995:13.

② [美]布坎南.民主财政论[M].穆怀朋译.北京:商务印书馆,1999:20.

③ 杨静.马克思主义视角下的西方公共物品理论批判性解读[J].教学与研究,2009(08).

是相同的,比如学者李军鹏把公共服务分为三类:一是维持性公共服务。指维护统治秩序、市场秩序、国家安全的公共服务。包括权利保护公共服务、维护市场秩序、维护社会秩序、国防等等。二是经济性公共服务。指政府为促进经济发展而提供的公共服务。主要包括公用事业的公共生产、生产者的公共补贴、公共基础设施建设、环境保护。三是社会性公共服务。指政府为促进社会公正、和谐而为全社会提供的平等公共服务。包括教育、公共医疗卫生、社会保障、就业公共服务等。①

笔者认为公共物品与公共服务的内涵基本是相同的,二者不是有形产品与无形产品的关系。因为林达尔、萨缪尔森等人最初使用公共物品一词时,并不是从政府提供的有形产品去定义的。萨缪尔森在说明公共物品时,所使用的例子有国防、安全、灯塔、法治和秩序、交通设施、医疗保健、环境以及科研与教育等。可见,公共物品并不是因其产出的实物形式而同公共服务相对应的一个概念,在萨缪尔森的分析中,是将私人产品作为其对应概念。实际上,根据各种相关理论,当谈到公共物品时,其中包含了公共服务;而谈到公共服务时,其中也包含了公共物品。两者是可以等同和相互替换的概念。本研究使用了公共物品这一概念,其内涵与公共服务是一致的。

综上所述,根据学术界关于公共物品概念及特点的分析,研究认为,公共物品是一定范围内,由集体公共选择的具有非排他性、非竞争性以及效用的不可分割性的物品。公共物品分为纯公共物品(又称基本公共物品)、准公共物品两大类,不同类型的公共物品供给模式不同。但任何类型的公共物品供给中政府都具有不可推卸的责任,要保障政府公共物品的有效供给需要行动者的积极行动,确实发挥行动者的功能。

(二)公共财政

1.关于公共财政概念的争论

最近几年,公共财政的概念在我国才引起广泛的注意。从领导层的角度提出来公共财政概念是在1994年前后,当时担任财政部常务副部长的项怀诚提出了"公共财政"这个概念。1998年12月,在全国财政工作会议上,时任国务院

① 李军鹏.公共服务学[M].北京:国家行政学院出版社,2007:23.

副总理的李岚清同志在讲话中提出要积极极创造条件逐步建立公共财政基本框架的思路,同时还提出了四项原则:第一,把保证公共支出作为财政的主要任务,该管的管好,不该管的不要管;第二,要依法促进公平分配;第三,充分运用预算、税收、国债等经济手段参与宏观经济调控,并做好转移支付工作;第四,要调节市场配置资源的偏差,体现国家的产业政策,同时对国有企业实行间接管理,做好国有资产管理工作。1999年初,财政部长项怀诚在《关于1998年中央和地方预算执行情况及1999年中央和地方预算草案的报告》中提出了"转变财政职能,优化支出结构,建立公共财政的基本框架"的思想。《财政》杂志1999年第4期为此配发了《转变财政职能,建立公共财政》的专论。这些说明政府部门已经接受并已在实践中开始运用"公共财政"这一概念,随后便在全国范围内掀起了关于"公共财政"概念和"公共财政"理论的讨论热潮。①

学术界针对公共财政展开的讨论,主要是围绕着国家财政与公共财政的问题展开的。张馨(1997)发表了《"公共财政"与"国家财政"关系析辨》一文,对当时关于二者的争论谈了自己的观点,认为"国家财政"鲜明地区别于只为君主自我服务的"家计财政"类型和只为市场服务的"公共财政"类型。出于历史条件的限制,"国家分配论"分析和总结的只是计划经济时期的社会主义财政特殊本质,而尚未对市场经济下的社会主义财政特殊本质进行分析。但如果遵循"国家分配论"的分析思路,则很自然地可以得出"社会主义公共财政"是"国家财政"在社会主义市场经济下特殊本质的结论。这样,"公共财政"概念正是通过"财政本质"而与"国家财政"概念相联系的。"公共财政"出现于西欧,不仅是资本主义否定封建主义的结果,而且更为市场经济提供了与之相适应的财政类型,因而是有其巨大的历史进步意义的。不应斥公共财政为"资本主义的"而试图否定它。而我国市场取向的改革决定了财政必然要转到为市场提供公共服务的"公共财政"类型上来,这是为公有制服务的社会主义公共财政,是不同于为私有制服务的资本主义公共财政的,即前者是劳动阶级的公共财政,而后者则是剥削阶级的公共财政。②针对我国应"构建社会主义公共财政"的提法,赵志耘、郭庆旺(1998)认为,"公共财政论是更倾向于西方国家在资本主义初期阶段的财政观,不能适用于我国20世纪末期以至21世纪的社会主义市场经济"③。刘心一

① 孙文学.公共财政框架理论简论——我国财政理论的重大发展与创新[J].财政问题研究,2003(12).
② 张馨."公共财政"与"国家财政"关系析辨[J].财政研究,1997(11).
③ 赵志耘、郭庆旺.公共财政论质疑[J].财政研究,1998(10)

（1999）对国家财政和公共财政进行了比较研究，^①认为在中国的计划经济时期的国家财政，是计划经济体制下的财政思想"国家分配论"的体现。这里，既有"公共财政"，也包括着"私人财政"的内容；其主要手段是计划；其结果是"政企不分"，市场机制没能得以发挥，财政资金使用效率不高。在现代市场经济中，"财政"或"公共财政"可称之为"政府经济"。也就是说，政府所应生产和提供的只应是公共商品。^②马海涛、李九领（1999）认为公共财政是与市场经济相适应的一种财政类型，仍然是国家财政，是国家财政在市场经济条件存在的一种特殊形式。因而国家财政与公共财政是一般与特殊的关系，即国家财政涵盖着公共财政，而具有国家财政共性的公共财政不能包括国家财政。而我国提出搞"公共财政"主要是针对我国所处的这个历史转折时期（刘尚希，2000）。改革开放的20年间，经济转轨包括财政转轨取得了重大的进展，但转轨的历史任务并没有完成。提出公共财政改革的主要背景是我国财政分配（主要是财政支出）上的严重错位。这种错位有两方面表现：一是越位，即不该由国家财政负责的项目和部门，财政却依然为其提供资金；二是缺位，应该由国家财政保证资金供给的项目和部门，财政却由于种种原因，未能及时拨付或拨足。支出错位是我国财政难以实现良性循环的重要原因（刘尚希，武彦民、魏凤春，2000）。我国财政长期陷于被动与财政改革目标的不明晰、财政职能的不清楚有很大关系。认为我国搞"公共财政"是以我国经济的市场化为前提的，搞"公共财政"不等于放弃宏观调控。提出构建公共财政基本框架的基本前提是政府与市场分工的制度化，应遵循市场原则与发展原则，以"公共性"来界定财政的职能范围。认为我国的公共财政建设决不能照搬西方的一套（刘尚希，2000）。^③我们借鉴公共财政的概念，但不应把财政范围界定在纯公共物品的过于狭小的范围内，这样的话就不能满足社会发展对国家财政提出的要求，也不能实现社会资源的优化配置（武彦民、魏凤春，2000）。^④但对公共财政也有不同看法，陈共（1999）认为，根据西方财政学和财政类型的发展趋势来看，"公共财政"属于已经过时的东西，不论发展财政理论还是推进财政改革，值得我们吸收和借鉴的不是"公共财政"，而应是公共经

① 刘心一.国家财政与公共财政[J].财政与税收,1999(08).
② 冯秀华、傅东.公共财政:社会主义市场经济的必然选择[J].财政与税收,1999(09).
③ 刘尚希.公共财政:从概念到现实[J].财政与税收,2000(07).
④ 武彦民、魏凤春.公共财政论的理论和实践误区[J].财政与税收,2000(06).

济学或公共部门经济学的内容。①叶汉生(2000)认为,社会主义市场经济财政的职能范围包括"公共财政"、"国有资产财政"和"功能财政"三个领域,"国家财政"已经涵盖了"公共财政";认为不能以偏概全,以片面的"公共财政"职能取代完整的"国家财政"职能。②冯秀华、傅东(1999)针对理论界有人认为公共财政是"吃饭财政"、"否定财政的阶级性"、"割断了财政的历史"的观点,认为建立公共财政的基本框架是社会主义市场经济发展的必然要求。而公共财政实质是市场经济财政(安体富,2000),③只有在市场经济条件下,财政的公共性才真正取得独立、成熟、规范、完全的存在形式——公共财政,亦即市场经济财政(王国清,1999)。④

其实,国家财政论与公共财政论的争论主要是二者立论的基础不同,国家财政的立论基础是国家分配论,公共财政的理论基础是公共经济论或公共需要论(叶汉生,1999)。他还认为国家财政与公共财政是两个具有根本分歧的财政本质观。⑤李德伟(1999)认为公共财政虽然具有国家分配属性,具有国家主体性、满足社会共同需要性以及阶级性、历史阶段性等属性,但市场经济产生和发展了公共财政,公共财政是市场经济运行的必然结果,必须要建立社会主义的公共财政。⑥邓子基(2001)认为"国家财政"与"公共财政"既有联系又有区别,其基本内涵、职能、运行模式、运行轨迹等大体相同。其区别则主要表现在财政本质、立论基础、所有制基础等几个方面。认为要借鉴"公共财政"是为了建立稳固、平衡、强大的"国家财政"。⑦贾康(2002)认为公共财政这一概念是在转变政府职能、为实现政府职能而要求财政合理运作和深化改革促进发展这个大的战略背景下由决策层提出来的,其意义是重大的。随着我国市场经济体制的逐步建立,公共财政的概念也逐渐为人们所接受。

2.关于公共财政的一般理解

公共财政自其诞生以来,经历了自由资本主义时期、垄断资本主义时期,以

---

① 陈共.关于"公共财政"的商榷[J].财贸经济,1999(03).
② 叶汉生."国家财政"职能涵盖"公共财政"[J].四川财政,2000(10).
③ 高培勇.公共财政:经济学界如是说[M].北京:经济科学出版社,2000.
④ 王国清.公共财政:财政的公共性及其发展[J].经济学家,1999(6).
⑤ 叶汉生.两种具有根本分歧的财政本质观:国家财政与公共财政之比较[J].湖北财税(理论版),1999(12).
⑥ 李德伟.论社会主义公共财政[J].财政与税收,1999(09).
⑦ 邓子基."国家财政"与"公共财政"[J].时代财会,2001(01).

及战后西方国家向福利国家的演化和自由主义的回潮,财政的职能与结构因应时代的要求处于不断变化之中,因此对公共财政的认识和理解也是处于不断的变化之中的。早期的西方学者认为,财政是政府收入和支出的管理,或者称之为政府资金的征收、使用和管理。有"金融、财政、财务融资"等含义。Public finance 经常被翻译成"公共财政"是与私人财产、财务、融资相区别的。中世纪时期在欧洲,财产权与统治权是高度统一的,国王的财政收入主要来自王室土地的租税,因此在那个时期不存在公共征税问题。经济学家把这种财政模式叫作家计财政,与私人的财务活动没有什么本质上的区别,但随着王室财政的紧张以及征税制度的式微,财政权逐渐向政府(议会)集中,特别是随着现代民族国家的建立,为了保障国家有效的行使职权,维护正常的市场秩序,公共财政的体制逐步确立起来。

我国传统财政学关于财政的定义尽管表述各异,但是大体上可概括为国家的收入和支出活动,抑或将收支活动等同于分配活动。中国财政部前部长项怀诚(1999)主编的《领导干部财政知识读本》一书认为,财政也叫"国家财政",是以国家为主体,通过政府的收支活动,集中一部分社会资源,用于履行政府职能和满足社会公共需要的经济活动。①厦门大学张馨教授(1999)在《公共财政论纲》中的定义是:公共财政(public finance)指的是国家或政府为市场提供公共服务的分配活动或经济活动,它是与市场经济相适应的一种财政类型和模式。②相对于其他财政体制模式而言,公共财政体制具有以下三个基本特征:一是财政运行目标的公共性,二是财政收支活动的公共性,三是财政行为的规范性和法制性。张胜军、程蓉(2007)认为公共财政具有四重属性:公共性、民主性、公平性和法制性。高培勇(2008)把公共财政制度的基本特征归结为公共性、非营利性、规范性。

也有人从公共需要的角度来阐述公共财政,认为"公共财政的基本职能就是提供公共物品,满足公共安全、公共机构和公共秩序等公共需要"。因为公共物品是一个国家生存与发展必不可少的条件,"公共需要是那些必须由预算来提供并且使用者可以直接免费得到的需要"③。何振一(1987)从财政

---

①　项怀诚.领导干部财政知识读本[M].北京:经济科学出版社,1999.
②　张馨.公共财政论纲[M].北京:经济科学出版社,1999.
③　理·A. 马斯格雷夫.比较财政分析[M].上海:上海三联书店,1996:4.

的起源上进行分析,认为财政产生于社会共同需要的基础之上,而实现社会共同需要的载体,除了国家之外,在前国家阶段,应为氏族公社等准国家形态,因而财政的产生不应以国家存在与否来划分,而应以有无社会共同需要来认定。

综合学术界的观点,公共财政是一种与市场经济的发展紧密相连的财政制度,它是一种"市场财政"。公共财政理论是以市场的缺陷为其存在的前提与基础的,也就是说,在市场机制失灵的背景下,公共财政成为必然。同时,公共财政是与民主政治的发展紧密相连的财政制度,公共财政是"民主财政"。不仅公共财政本身的成长是民主政治发展的结果,同时,公共财政的运行也是以民主作为其内在要求的。最后,公共财政是与宪政的发展紧密相连的,公共财政是"宪政财政"。现代公共财政是在议会中通过限制王权而逐渐成长起来的,其一开始就与宪政密不可分,使得现代公共财政成为一种与制度的设计与安排紧密相连的制度。可以说,从制度层面来看,公共财政的建构过程也是政府确立社会秩序的一种制度安排和行动建构。①

四、研究框架、研究方法

(一)研究框架

本书以上海公共物品供给中存在的优位发展与供给不足、不均衡的问题为出发点,并试图打破其局限性,在全国意义上凸显这一问题的价值。笔者试图研究我国公共物品供给的财政制度基础问题,考察政府公共物品财政支持存在的缺陷,揭示问题的本质。本书认为在民主政治进程中,政府责任决定了必须不断增加对公共物品的供给,不断增加公共财政的投入,但多方面的因素制约了公共财政对人们公共物品需求的满足,造成了公共物品供给不足和不均衡的问题。这些问题的存在有多方面的原因,但从制度基础的角度进行分析,无论是税收制度中合理的事权与财权的划分、政府职能中对公平的关注,还是人大对公

---

① 周刚志.论公共财政与宪政国家——作为财政宪法学的一种理论前言[M].北京:北京大学出版社,2005:22.

共预算的民主审查和监督,都需要立足于满足公共财政与公共物品需求的角度进行梳理和调整,立足于政府功能与人大功能的归位,以更好地促进我国公共服务型政府的建设,推动社会的和谐发展。

本书对公共财政制度基础的研究以新制度主义经济学、政治学理论为核心,吸收和借鉴了公共财政学、公共行政学等方面的相关理论和概念,来共同论证这一主题。但如何把握研究学术定位也是一个难题,既要突出政治学研究的主题,又不可能写成一部财政学方面的专著,因此本书确定了以公共财政的视角来研究公共物品供给问题,把政府责任和民主政治作为理论的基础。由于研究能力所限,本书所采用的理论框架还存在着许多不成熟的地方,希望以后通过进一步的研究加以完善。

本书的研究思路是层层推进,理论与实证研究并重。首先,在提出问题并进行文献评述的基础上,从理论的层面对公共物品和公共财政进行政治学视野的分析。其次展开实证的分析和研究,以上海教科文卫事业公共财政投入为主,在与四个直辖市和全国以及一些更为发达或落后地区进行比较,并在国际范围内进行适当的比较,之后对产生这种财政投入结构的因素进行实证和理论的分析。最后从制度层面对优化公共物品财政投入的要件进行分析,并提出了相关建议。

全书内容由七部分组成。

第一章为导论,主要对研究的意义、研究文献综述以及核心概念和研究架构及研究方法作了介绍。

第二章主要是理论,主要从民主政治发展的进程分析了政府公共物品的供给问题,认为民主政治的发展为公共物品的有效供给提供了制度保障,特别是随着中国服务型政府的构建,要求政府应当成为公共物品供给的主题,必须建立公共财政。

第三、第四章对政府公共物品的财政供给的基本情况进行典型分析和指标分析。设立三个维度的比较,一是与京津渝以及国际化大都市的比较;二是与全国水平和其他部分地区(如落后地区或某项财政投入更高的省份)比较,展现其矛盾;三是与香港、新加坡、纽约等地进行比较,重点是进行教科文卫事业的财政投入分析,目的在于发现公共物品财政供给存在优位发展与公共物品供给短缺和不均衡的问题所在,并试图通过对 OECD 等的教科文卫指标的分析发现更多的矛盾和问题。

第五章,对政府公共物品财政供给的影响因素进行分析。认为公共物品财政投入不仅受到经济发展水平和公共物品市场化程度等经济因素的影响,同时还有行政的因素和民主的因素。而对于一定规模下的公共财政而言,政府职能定位以及人大的民主监督权的行使对公共物品的财政供给具有实质性影响。

第六章,主要分析优化政府公共物品财政供给的制度要件,也是研究的落脚点。尝试创新性地提出上海公共服务应该兼顾都市化水平和均等化原则的建议,并在这一基础上强化制度化建设。公共物品财政供给需要法治的保障,法治是公共物品财政供给的重要制度基础。而制度的效度还在于政府和人大在实际运行中的关系。因此,从行政的视野看,政府向服务型政府的职能转型必然有助于基于需求与公平的公共物品财政供给体制的建立;从民主的视野看,预算民主作为公共财政的核心,人大的预算审查和监督对于保障基于需求和公平的财政投入体制至关重要。

第七部分是结语,再次重申了研究的主题以及有待进一步深入研究的问题。认为公共物品财政供给不仅是一个政府财政经济问题,更是与社会公平、民主政治的发展、政府职能的转型、社会和谐发展等紧密相关的重大建设。而公共物品财政供给与公平原则、优先发展战略、民主法治建设的互动关联等则是有待进一步深入研究的重要问题。

(二)研究方法

不同的学科对公共财政和公共物品的研究具有不同的视角。本书主要是以政治学理论为基础的研究,主要运用以下研究方法。

第一,理论分析方法。这里主要从政府对公共物品供给的视角来研究公共财政问题,因此其政府责任理论与民主政治理论成为整个研究的立论基础。公共物品供给是政府的责任,无论政府在公共物品供给中充当主体者的角色、服从者的角色,还是指导者、协调者的角色,公共物品供给中政府责任是不可缺失的。而民主政治的发展使公共财政逐渐成长,经历了由王权财政(家计财政)到公共财政的演进过程,从这一历史过程中,我们可以发现,公共财政制度的确立与民主政治的发展紧密相连,从而日益使公共财政成为民主财政。而我国公共物品供给不足甚至失衡,从制度层面进行考察就是民主财政的缺失。

第二,统计分析方法。现代社会科学注重实证研究,公共物品供给的财政制度基础的研究也是以统计的分析为基础的。该研究主要以上海教科文卫事业公共财政投入为例,通过一些基本指标的统计分析,对上海教科文卫事业的财政投入进行基本的把握。在统计分析中,一个很重要的问题是对基本统计指标的确定。这里,笔者主要是依据教科文卫事业的相关法律法规中关于公共财政投入的相关要求,以及国际上(包括 OECD)通行的一些指标来确定的。比如根据教育法中关于"三个增长"的要求,确定了教育统计分析的基本指标就是公共财政投入占国内生产总值的比重、与财政性经常性收入的比较以及生均教育经费的增长指标等为教育公共财政投入的主要比较指标。当然,在统计分析的过程中,为较全面地把握公共财政投入情况,还对公共财政投入的增长率等进行了分析。就数据而言,主要采用了各地统计年鉴、各专业统计年鉴以及中国统计年鉴中的数据,数据的采集坚持了口径相对一致的原则。虽然统计年鉴本身在数据收集之时已经具有了统一的统计口径的要求,但事实上,在各地统计过程中仍然存在着不一致的情况。比如关于财政收支的统计,关于上海的一般预算收支的数据无从查找,而其他地方的统计年鉴都有该项目的统计,以致造成了在需要进行一般预算比较的地方只有用地方财政收支的数据来代替,自然带来了比较的不准确性。在数据统计分析中,笔者坚持了两个原则,一是同一类型的数据尽量采取相同的数据来源,以使统计口径尽量做到统一,保障数据分析的准确性;二是数据尽量采用最新的统计数据。由于数据统计的滞后性,使得很多统计数据会在之后的两年内有修正,笔者尽量采用最新的统计年鉴中的修正过的数据来进行统计分析。另外,统计数据的选择是以 2002 年以后的为主,根据具体统计数据的不同时间段有所调整。

第三,比较分析方法。运用比较分析的方法,试图更加清楚地说明我国公共财政投入方面存在的问题。本书选择以上海为中心的比较研究,其原因有三:一是基于下面的预设:就是上海作为全国最发达的城市之一,其在全国发展中的定位对公共物品供给提出了更高的发展要求,因此,其公共物品的财政投入应当居于全国前列,这就使得这一研究对全国而言具有一定的参考指导价值。二是上海作为四个直辖市之一,便于与其他三个直辖市进行比较研究,而四个直辖市中恰又有重庆作为中西部地区发展的代表,能够体现本报告所关注的优先与均衡的主题。三是上海作为国家化大都市,将其与世界其他国家、地区进行比较,具有相当性,有助于寻找发展的差距。

第二章

民主政治演进中公共财政的成长[①]

公共财政作为一种与市场经济体制要求相适应的财政模式,蕴涵着深厚的民主政治底蕴。毋庸置疑,公共财政会推动民主政治建设,但公共财政制度的根本确立却要依赖于民主政治建设的突破。公共财政作为一种财政制度,是民主财政,其生成与现代民主政治体制,与市场经济体制的产生是同一个过程。

一、民主政治与公共财政的共进

公共财政是以公共权力为基础进行资源配置的制度,它不仅是维系国家运转的经济基础,更是推进国家与公民关系和谐发展的政治基础。作为一种财政模式,公共财政并不是从来就有的,而是人类社会发展到特定历史阶段的产物。为了用科学的眼光观察和研究问题,"那就是不要忘记基本的历史联系,考察每个问题都要看某种现象在历史上怎样产生、在发展中经过了哪些主要阶段,并根据它的这种发展去考察这一事物现在是怎样的"[②]。这里主要以英国为例作一简要分析。

[①] 本章主要内容曾以"民主演进中公共财政的成长"为题发表在《财经问题研究》2014 年第 6 期。

[②] 列宁选集(第 4 卷).北京:人民出版社,1995:26.

(一)王权斗争中财政权的让渡

公共财政制度是在现代议会政治生成的过程中伴随着民主与王权专制斗争的发展而逐渐生成的。①正如伯克所指出的："这个国家争取自由的斗争从一开始正是主要围绕税收这个问题而展开的。②中世纪的欧洲处于封建时代,财产权与统治权高度统一。作为封建领主之一的国王也拥有王室领地,国王的财政收入主要来自于王室领地的租税,11世纪后期到13世纪初英国国王是"靠自己的收入过活"。比如在12世纪,国王收入的一半来自司法、大封建主的捐助和封建赋税,以及在教会职位空缺时国王代征的收入,只有13%的收入来自以丹麦金③为主的对一般公民的征税。④因此,国王的财政具有相当的独立性,因为他主要依靠封建制获得收入,而不是通过征税。美国历史学家汤普逊评价说："正确地说,在封建的盛世,公共征税是不存在的。甚至国王也是'依靠自己的收入而生活',也就是说,他们是依靠王室庄园的收入,而不是依靠赋税的进款的。"⑤

但12世纪英国对外战争不断,包括十字军远征,耗费了巨大的资金,国王的封建性收入已经难以维持王室的开销以及战争等的花费。以至于到13世纪末14世纪初,国王的收入要靠税收了。1207年,亨利一世在英格兰历史上首次开征"非常税补助金",对每个自由民的收入和动产征收1/13的所得税。由于战争和过度的征税,导致了贵族、自由民的反抗。这种斗争的两个革命性结果就是《大宪章》(Magna Carta)和议会。1215年的英国《大宪章》是英国历史上乃至世界历史上最早的一部具有宪法性质的成文法。它确立了国王不经"国民同意"(即御前扩大会议)不得随意征税的原则,使财政与限制国王权力紧密地联系在一起,并由此开启了以议会为核心的民主化进程。《大宪章》在国王与封臣的财政

---

① 焦建国.民主财政论:财政制度变迁分析[J].社会科学辑刊,2002(03).

② [美]理查德·派普斯.财产论[M].蒋琳琦译.北京:经济科学出版社,2003:147.

③ "丹麦金"(Danegeld),在英国史中,指艾特尔德二世时期(978–1016),盎格鲁–撒克逊英格兰为向丹麦侵略者行贿而征收的税金,亦指盎格鲁–诺曼国王征收的赋税。此词在诺曼人征服以前不见记载。盎格鲁–诺曼国王和安茹王朝的国王都征收丹麦金,直到1162年停止。简明不列颠全书[M].北京:中国大百科全书出版社,1985:144.

④ 钱乘旦、许洁明.英国通史[M].上海:上海社会科学院出版社,2002:70.

⑤ [美]汤普逊.中世纪经济社会史(下册)[M].耿淡如译.北京:商务印书馆,1963:391–392.

关系方面,将王权限制在封建契约所允许的权力范围之内。特别值得一提的是,在传统封建收入之外的新收入,即免役捐和额外的辅助金,必须经全国公意许可,这是第一次以成文法律形式确定了纳税人批准税收的原则,是以后议会批税权的法律理论依据。《大宪章》为实施这一原则在组织制度上作出了规定,即国王征税必须征得御前会议的同意,使之成为了议会组织制度的一个源头。同时还对国王等非法敲诈勒索臣民财产行为进行限制,确立了臣民对国王违法行为进行监督和纠正的权利,这种权利的最高形式直至武装反抗。在之后的历史发展中,《大宪章》所确立的非经国民同意不得征税的原则不断地为历代国王所承认和接受,逐渐形成了国王要想获得财政资助就必须召开议会的重要原则,确立了国王要服从法律的原则,预示着国王权力以及财政制度的嬗变。

随着王廷、官僚机构的扩大和官吏的增加,特别是军事费用的急剧上升,加上物价上涨,国王的财政开支不断攀升。为了满足这些财政需求,除了加紧剥削封建财政特权外,历代国王都试图以"共同利益"和"共同需要"为理由,突破封君封臣制度下"靠自己过活"的税收原则的限制,扩大税收的社会基础,把全国臣民纳入国家税收的征收范围之中。到 13 世纪中期,亨利三世(1216—1272)共收了 6 次的"非常税补助金",到爱德华(1272—1307)时期,他曾于 1294、1295年连续征收了三次非常税,爱德华一世还对宗教界征收亨利一世在位时开征的什一税;1294 年,爱德华一世开始对羊毛征收出口税,每袋 6 先令 8 便士。这三种税都具有对全国臣民开征的性质,都必须经过纳税人的同意。[①]这就使得国王的收入结构发生了变化,从封建财政特权收入转化为以城乡居民动产税和羊毛出口关税为主的收入结构。[②]英国财政出现了革命性的变化:一方面,动产税和关税成为国王的主要收入来源,而王领收入在国王财政收入的比重逐渐降低(参见下表)。[③]可以看出,从爱德华一世起,国王作为国君的收入远大于他作为最高封建主的收入,王领的财政价值急剧下降,而税收(动产税)成为国王收入的主要来源,国王的正常收支与特殊收支之间的界限变得越来越模糊。作为特殊收入的税收除了用于战争开支以外,还被国王用于满足日常行政需要,国王不必靠自己过活,[④]而是靠国民供养生活。也就是说国王私有财产的财政开始向

① 钱乘旦、许洁明.英国通史[M].上海:上海社会科学院出版社,2002:70.

② 施诚.中世纪英国财政史研究[M].北京:商务印书馆,2010:266.

③④ 转引自施诚.论中古英国"国王靠自己过活"的原则[J].世界历史,2003(1).

国家的财政演变,有西方学者称之为英国由"领地国家"转变为"赋税国家"①。

表 2-1　英国国王王领收入占国王年总收入情况比较

	国王年均总收入(英镑)	王领收入(英镑)	王领收入占年均总收入之比
亨利一世	26670	24070	90%
亨利二世	24740	19723	79%
约翰王	44000	24000	55%
亨利三世	34400	16000	47%
爱德华一世	57000	17000	30%
爱德华二世	55600	11000	20%
爱德华三世	58000	8300	14%
理查二世	140000	31150	22%

　　英国财政发生的另一个重要变革就是税收来源群体的变化,乡绅骑士、市民、农民、土地贵族等成为国王财政收入的主要提供者,使税收成为国王收入的主要形式。特别是面向全体国民征收的动产税,具有显著的"公共性质",使英国财政已出现了由国王的"私人财政"向国家的"公共财政"转化的迹象。当然,虽然国王的财政收入发生了一定的变化,开始使王室财政具有"公共性"或者说是"国民性"的特点,但是这种财政仍属于国王私人性质的"王室财政"模式,不过它预示了英国公共性财政的最初萌芽。

　　(二)议会制度的形成与议会征税权的强化

　　公共财政与民主政治的发展史表明,现代民主制度的演进是以国王与议会征税权的斗争为起点的。②从某种意义上可以说,是税收问题直接催生了议会。在国王不断征收新税种的同时,议会成员的构成也发生了一些变化,平民代表乡村骑士和城市平民逐渐进入议会。1254 年,亨利三世为远征加斯科尼,在威斯

---

　　① Richard Bonney. *Economic Systems and State Finance*. Oxford, Clarendon Press.1995. 转引自施诚.中世纪英国财政史研究[M].北京:商务印书馆,2010:266.
　　② 李元起、王飞.论公共财政制度的宪政基础[J].税务研究,2009(05):58-61.

敏斯特召开了大会征税,由各郡选派的骑士(每郡 2 名)首次参加大议会,这就突破了贵族大会的贵族性,为以后的议会树立了榜样。1261 年每个郡 3 名骑士,1264 年每个郡 4 名骑士,1265 年每个郡 2 名骑士。①1265 年召开的议会中,还首次要求各市选派两名市民代表参加。发生这种变化的原因不仅在于国王拟扩大征税范围,更重要的也是当时社会经济发展变化使然。13 世纪,商品经济的发展冲击着农村封建庄园经济,乡村家庭手工业已具有一定的规模,而且这一时期英国的城市不断涌现,人口不断增加,出现了市民阶级。由于亨利二世时期取消了各封建主骑士的军役,以纳税代之,而且农民也开始以货币地租的形式来代替原来的劳役地租,使得他们所缴纳的财产税在国家收入中占了重要份额。1221—1257 年,中央政府征收的 9 次骑士免役税只有 2.8 万磅,而 1225 年一次对城市市民征收的财产税就达 5.8 万磅。②这说明骑士和平民已经成为纳税的基本主体,他们已经成为一种不可忽视的政治力量。1295 年的“模范会议”,出席者达 400 名,其中 91 名宗教界人士、50 名伯爵和男爵、63 骑士和平民骑士和 172 名城市代表,③他们分别代表着社会上的三个重要阶层:教会、贵族和平民。因此,有人把“模范会议”视作英国议会诞生的标志。而 1295 年“模范议会”的议题只有一个,即协商为国王征税。由于爱德华一世所需战费甚大,仅靠贵族缴纳尚不够用,故决定向各郡市征税。国王按照程序,召集各郡市代表参加大会议,讨论向贵族征税的问题。在这次大议会上,世俗贵族和骑士同意提供 1/11 税,市民同意对其财产征收 1/7 税;坎特伯雷大主教也同意在教会地产上征收两年的 1/10 税。至此,英王征收传统之外的赋税时,须经有关各阶层同意的模式形成,标志着议会的征税权又获得了重要的进展。但由于这时英国正处于“百年战争”时期,爱德华一世急需经费,他在随后的两年中强行征收了财产税、出口羊毛出境税,并夺取了一些教会财产。这些措施在全国遭到了强烈的反对,以致在 1297 年,爱德华一世被迫发布“宪章重申令”,其内容有,国王在最近采取不合惯例的手段而征收的赋税,不得作为以后仿效的先例;除了传统的封建捐税、协助税之外,如没有国内各阶层的同意(指议会的批准),国王不得随意征收羊毛税和其他赋税。接着,爱德华一世被迫签署补充条例《无承诺不课税法》(即“不许交纳任

① [英]约翰·马蒂科特.中世纪英国宪政制度新解——郡骑士“前史”:920—1270 年王国会议中的小土地所有者[J].孟广林、柴晨清译.世界史,2010(09).
② 聂振华.税收与宪政——中世纪英国、法国征税权比较研究[J].西南政法大学学报,2002(11).
③ 阎照祥.英国史[M].北京:人民出版社,2003:89.

意税法令"),承诺"未经大主教、主教、高级教士,伯爵、骑士、市民和国内其他自由民的同意,国王不得征收任意税和协助税"①。也就是说,1297 年以后,若没有议会的批准,国王征收直接税的任何行为均属非法。至此议会征税权初步确立。②但爱德华一世并未完全遵守承诺,他在 1304 年开征了任意税,也未通过议会批准,也就是说议会要取得对税收的全面控制权,还须与国王展开艰苦的斗争。

财政危机与关税权的争夺。爱德华三世(1327—1377 年)时期,英法百年战争、苏格兰战争相继爆发,政府开支迅速增加,单靠议会和教士会议批准征税已经远远不够了,英王的财政收支出现了严重危机。由于 1297 年的"宪章确认书"和"不许交纳任意税法令",只是明确了直接税的征收必须由议会批准,而关税问题并未涉及,这就给爱德华三世在羊毛附加关税上做文章提供了条件。1336年 9 月,英王召集羊毛商开会;会后,羊毛商以"全国商人"的名义,同意增加关税附加税。③这是英王直接与羊毛商人达成的协议,而未经过议会同意。起初,议会并未意识到关税的重要性,所以关税的征收是在国王和商人之间进行,后来议会意识到关税关系到国内全体民众的利益,要求控制关税授予权。三年后,议会开始要求英王废除羊毛附加税,恢复到原来的关税水平。随后议会又多次反对国王征收此税。到 1362 年,英王终于答应,今后未经议会批准,不再征收羊毛附加关税,议会在征税权的问题上又前进了一步。

议会下院的出现及其控税权。随着议会对征税权控制的逐步加强,议会的结构也发生了变化,这就是上院(贵族院)和下院(平民院)的出现。虽然早在 1295年召开的"模范议会"中,骑士和城市代表被获准参加议会,但他们由于自身力量的局限,基本上是毫无权力可言的,难以与议会中的贵族与教士相抗衡。由于教士向国王缴纳的税额是由宗教会议确定的,教士再参加议会已没有太大意义,因此 14 世纪初教士代表就不再参加议会(大主教、主教等是以世俗贵族的身份参加的),1332 年之后的议会记录上不再提及教士代表了。④议会的另一个重要变化就是骑士作为地方代表与市民坐在一起讨论问题,他们构成了议会的下院。本来骑士是和大贵族一起讨论问题的,因为他们同属封建主阶层。但由于贵族属于社

①　F.W.Maitland.*The Constitutional History of the England* [M].London:Cambridge University Press,1919 (1908):96.

②　聂振华.税收与宪政——中世纪英国、法国征税权比较研究[J].西南政法大学学报,2002(11).

③　Ronald Butt.A Hisrory of Parliament: The Middle Ages [J]. *Constable*,1989:277.

④　马克垚.英国封建社会研究[M].北京:北京大学出版社,2005:283.

会的上层,形成了自己单独的集团(Peers)而成为上院。骑士虽然是封建主但也属于社会的下层,而且其自身也逐渐放弃了战争职业转而经营土地,所以骑士与市民代表的利益更加趋近。1343 年,骑士和市民议员第一次单独召开会议,两院形式首度出现。由于赋税主要是由普通国民承担的,而下院更有资格代表全体国民,因而在征税权上拥有更多的发言权和决定权,国王征税必须要征得下院的同意,赋税的征收方式和征收数量也开始由下院决定,下院在批准税收和取得财政监督权方面开始居于优势地位。1348 年,下院明确宣布,在财政问题上下院有先于上院提出法案的权力。[①]1378 年,下院要求国王对所拨付的财政资金的支出情况作出解释。[②]1380 年,上院首先同意国王享有 16 万镑补助金,但下院认为这个数额太大,减少到 10 万镑,而且对征税的种类和总额分别作出规定。到 14 世纪90 年代,有关征税的提案必须是"征得上院的同意,由下院批准"。可见,征税批准权变迁与两院制的成型是密切相关的。[③]从总体上看,到 14 世纪后期,议会已控制了国家的征税大权。15 世纪初,下院虽仍从属于上院,但其地位较前有所提高。这首先表现在财政上开始形成由下院动议和最后决定税额的拨款程序。1407 年在格罗塞特议会上,亨利四世私下和上院协商征税额后通知下院,下院强烈抗议国王和上院侵犯了他们的权利和自由。下院宣称他们代表了全国人民,尤其代表了贫穷的国民,因此征税案应首先由下院提出,并由下院作最后决定。亨利四世被迫收回征税决定,并郑重宣告:"今后任何税收皆由下院提出和批准,并由下院议长亲口禀告国王。在议会通过征税案之前,两院均不得向国王报告有关征税案的任何讨论情况。"[④]此后,国王政府的征税方案首先提交下院,经下院讨论通过后再转送上院,成为英国政治制度中的一条基本原则。

(三)议会财政权的拓展与最终确立

随着国王财政危机的加剧,"国王应当靠自己过活"的原则越来越遭遇困

---

① Michael Rush. *Parliament Today*[M].Manchester University Press,2005:203.

② William C. Banks, Peter Raven-Hansen. *National Security Law and the Power of the Purse* [M]. New York: Oxford University Press,1994.

③ 陆伟芳.英国议会征税权的形成和发展[J].扬州大学税务学院学报,2005(09).

④ [英]马里奥特.英国政府机构[M].牛津大学出版社,1925:179.转引自程汉大.英国政治制度史[M].北京:中国社会科学出版社,1995.

境,这为议会财政权的拓展提供了空间。"国王应当靠自己过活"的原则对中世纪英国国王的财政产生了重要影响,这主要表现为:首先,中世纪的英国没有建立常规的税收体制,使得国王在遇到紧急情况,特别是战争时期,为了财政问题就必须通过议会才能征收全国性的税收;其次,由于英国战争频仍,国王靠自己过活面临严重的财政危机,使得国王不得不经常依靠议会来批准征收动产税来解决财政问题,这就为议会不断加强对国王财政权的控制来扩大议会的权力提供了条件,从而推动了英国宪政的发展。①

随着国王征税的增多,议会逐渐开始了对国王财政支出的监督。征税权主要是从税收收入来源讲的,伴随着议会与王权斗争而来的是议会也逐渐获得了对财政支出等的监督权。在"百年战争"(1337—1453)期间,议会曾多次拒绝国王征税的要求,并经常以同意国王新征税为由而要求国王答应议会新的条件。1340 年,议会以国王接受请愿书为条件同意国王对羊毛、谷物征收两年的 1/9税。请愿书主要对如何管理国王的税收作了明文规定,要求由议会中的贵族组成一个专门委员会,审查那些掌管国王财政收入的官员的账目,对失职者加以惩罚;另外,成立一个委员会,监督国王用于战争开支的所有收入。结果是最后由法官、男爵、高级教士、市民、骑兵组成的委员会根据请愿书起草了四个法令,涉及财务、行政管理和税收等许多方面。其中一个法令规定:本届议会批准的巨额税款,是在特殊情况下作出的决定,不能作为以后征税的先例;若没有议会同意,国王不得征收任何名义上的补助金及新的羊毛附加关税;废除国王征收任意税的权利。这一法令表明议会牢牢掌握了直接税征收权,同时在关税、任意税上也不给国王一点余地。1341 年,议会又要求审查处理国王战争经费开支的官员的账目,审查人员由议会选举产生。②也就是说,对于国王来说,不仅财政收入不再是国王的家计,就连财政支出也不再是国王的家计,而逐渐成为必须接受议会监督的具有社会性和国民性的"公共支出"。

到了 17 世纪斯图亚特王朝时期,王室财政状况陷入捉襟见肘的地步,在与议会的较量中,实行专断政策,擅自征收久违了的"吨税"与"磅税",招致全国反对。1625 年 6 月召开的新议会废除了国王可以终身征收关税的特权,规定今后每年就国王征收关税问题表决一次。查理一世恼羞成怒,下令解散议会,但由于

---

①　施程.论中古英国"国王靠自己过活"的原则[M].世界历史,2003(1).

②　李金亮.英国议会征税权探源[J].史学月刊,1994(04):71–72.

与西班牙作战急需军费,遂又于 1626 年初再次召开议会,并下令议会在 3 天内批准拨款,否则要被解散。下院表示决不让步,议会终被解散。查理一世的行径激起了民众的愤怒,街头爆发抗捐抗税斗争,迫使国王于 1628 年 3 月召开第三届议会,议员们不惧王权,起草了《权利请愿书》,谴责国王"侵犯了人民的权利,违反了国家的法律",并规定:"今后未经议会同意,不得强迫人民承担或缴纳贡物、赋税或其他类似负担"。查理一世为了换取议会的拨款,不得不签署了《权利请愿书》,但对履行决议毫无诚意。几天以后,议会又一次被解散,从此英国进入了 11 年无议会时期。1640 年 2 月,为了通过税收筹集与苏格兰军队作战的费用,查理一世又一次召集议会,其间与议会之间爆发了激烈的争吵,最终引发了内战。1649 年,查理一世因为践踏税收的宪政原则而作为"人民公敌"被送上了断头台。经过战争的洗礼,大革命后的英国废除了王朝财政体制,将国家财政置于议会的管制之下,完成了对国家财政的公共化建构。1689 年,英国国会制定《权利法案》,其中第 4 条规定:"凡未经议会允许,借口国王特权,或供国王使用而任意征税,超出议会准许的时间或方式皆为非法"[①]。可以说,光荣革命从根本上改变了英国的财政制度。[②]此后,议会不再只是一个被动的纳税组织,而成为对征税拥有决定权和对财政支出拥有监督权的政治机构,最终改变了国家财政与王室收入混淆在一起的中世纪财政体制,完成了英国财政体制由中世纪国王财政向近代民族国家公共财政的蜕变。[③]

资产阶级夺取政权之后,对封建国家的财政税收制度进行了改革,不仅建立了比较完善的预算编制、审核和执行的制度,制定了发行公债以及公债到期还本付息的规定,更大力改进了税收制度。至此,财政的公共性取得了独立的、完全的存在形式。[④]

(四)财政与民主的互动

从英国国王与议会之间围绕着财政权的斗争过程可以发现,公共财政与民主、法治之间呈现良性互动关系。民主法治可以促进公共财政的深入,而公共财

① [英]阿萨·勃里格斯.英国社会史[M].北京:中国人民大学出版社,1991:186.
② 陆伟芳.英国议会征税权的形成和发展[J].扬州大学税务学院学报,2005(09).
③ [美]理查德·派普斯.财产论[M].蒋琳琦译.北京:经济科学出版社,2003:180.
④ 王国清.公共财政:财政的公共性及其发展[J].经济学家,1999(06).

政也可以推动民主法治的发展。①

在现代国家建设的历史上,财政制度的转型最早发生在财政收入方面。因为,任何国家都必须有相对充足的财政收入才能成其为国家。在汲取充足的财政收入方面,所有国家都有很强的动机。然而,汲取财政收入必然会引起国家与社会经济之间的互动,一旦国家汲取财政收入的方式发生转变,必然会产生超出财政领域的社会影响。正如熊彼特指出的,与财政收入相联系的财政体系是理解社会和政治变化的关键,它不仅是衡量社会变化的重要指标,也是社会变化的源泉。在不同的财政收入汲取方式下,国家和社会之间的关系是不同的。一旦国家汲取财政收入的方式发生变化,必然会使得国家与社会的关系发生改变,有时甚至是根本性的改变。从前面的分析可以看出,正是英王提取财政收入的方式不断变化诱致了王权的变革和财政权的式微。可以说,正是在国王与为国王提供财政税收收入的各个阶层之间所存在的制约关系,或者说一种契约关系,不断地诱致着国王权力的变革,导致了民主政治的发展,而民主政治又不断促进着财政契约关系的变化。②詹姆斯·W.汤普逊比较了英国和法国之间国王与财政权的不同关系,认为法国国会不同于英国国会,后者极力要求得到王室的特许权和限制王室的权力,以此作为王室征税、征收补助金的回报,因而在英国奠定了议会政府的基础;法国则不然,它的等级会议恭顺地屈服于国王的要求,因此丧失了由战争所带来的在法国建立立宪政府的机会。③

到了近代,民族国家用人民主权取代了王权,并使人民主权成为构建新型民族国家的中心和基石。资产阶级启蒙思想家的社会契约理论激励着从前的臣民向公民转化,作为主权权威的参与者,他们与国家和政府之间的关系开始发生着根本性的变化。在民主国家,"国家的意志"实际是社会公众意志的集合。公众、国家、政府、财政部门等关系,实际是一系列的委托代理关系,公众是最终委托人。在政府与纳税人的委托代理关系中,纳税人是主人。公共财政的决策主体表面上为政府,实际上纳税人是决策主体,拥有决策权,政府只是代其执行决策。在税收方面,制定何种税收,对什么征税,征多少税等等,是由纳税人直接作出原则性的决定,由政府实施。不经纳税人同意,政府不得擅自收费、征税。在财政支出方面,公共物品的支出规模,财政支出如何安排是由公众自下而上的公

① 孟广林.英国封建王权论稿[M].北京:人民出版社,2002.

② 于民.复辟时期的英国财政与税收史研究述评[J].安徽史学,2006(02).

③ [美]詹姆斯·W.普逊,中世纪晚期欧洲经济社会史[M].徐家玲译.北京:商务印书馆,1996.

共选择出来的，公众有健全畅通的民主机制和民主程序来表达个人的偏好，个人多样化、有差异的需求偏好能得到充分和同等的尊重，而不是由政府垄断其决策权和选择权。公共物品是否需要，需要多少，是由社会公众根据其需求偏好决定的，而不是由政府直接决定。对社会福利及福利增进的最终评价者是社会公众而不是政府。

公共财政是与市场经济相适应的一种财政体制，以弥补市场失灵为主要目的，要求政府财政的一切活动都尽可能地满足社会公众的需要，尽可能地反映民众的意愿，即要体现出民主因素。公众是公共财政的决策主体，政府只是在执行决策，公众通过选举制度和投票机制掌握着公共决策的实际控制权，并通过法律制度保证这一机制的运行，因而公共财政的本质是民主财政，是以人民为主体进行公共决策的活动（李发戈，2008）。公共财政要满足社会公共需要，这必然要求现代民主政治制度的建立，只有建立现代民主政治制度，才能确保社会公众对公共商品偏好的充分表达，才能确保社会公众个人对公共商品的偏好以民主的社会公众可接受的方式集合成为社会公众集体偏好，公共财政体制才不会流于形式，才可能实际运行（廖家勤，2000）。民主性的制度安排随着公共财政体制的不断建立，经济的不断发展，社会公众的意识不断地加强，其呼声越来越强烈，为民主财政制度的建立提供了思想基础。正是基于民主制度建设与政府公共财政之间存在的良性互动关系，①我们在社会发展的进程中不得不关注国家公共财政建设对于民主政治建设的意义和价值。

二、公共物品财政供给的政府主体性

国家公共职能的增强使得国家财政也要承担越来越多的公共职能，在现代社会中，这种公共职能更多地表现在为社会提供良好的公共物品。

（一）自由市场与公共物品供给

市场经济是以市场机制作为社会资源配置基本机制的一种经济体制形态或社会经济运行模式。在自由资本主义时期，自由市场经济的发展促进了生产

---

① 王绍光.民主政治与公共财政[J].战略与管理,1996(02).

力的快速发展,使"资产阶级在它的不到一百年的阶级统治中所创造的生产力,比过去一切世代创造的全部生产力还要多,还要大"①。但市场经济主要解决的是私人物品的供给问题,对于私人物品,市场主体根据利益原则进行生产和消费。但对于不具有排他性和竞争性的公共物品而言,市场机制则难以形成供给与需求的有效水平,这是因为自由市场的天生缺陷而在许多问题上存在市场失灵现象。社会实践中不存在亚当·斯密所说的完全竞争市场,事实上都是不完全的市场竞争,这就决定了由于市场的趋利性,使得市场可能产生垄断,难以实现资源的合理配置。而且由于市场具有外部性,使得单纯的市场机制供给公共物品出现低效或无效的状态,因为公共物品具有的非排他性和非竞争性等特征,使得从市场上购买了公共物品的人无法阻止别人享用公共物品,也就会不可避免地出现搭便车问题。

所谓搭便车(free ride)是指某些人参与了公共物品的消费,但却没有支付成本。这会导致人们不愿意花钱从市场上购买公共物品,使公共物品处于闲置状态,造成了生产者利益亏损,继而导致私人不愿意再生产公共物品,最终造成公共物品的匮乏。因此,虽然市场是一种有效的资源配置方式,但市场并不是万能的,对于一些投资数额巨大、收益周期长、见效慢等类型的公共物品由市场来提供几乎是难以实现的。比如,国家安全作为一种公共物品,由于其受益者覆盖一个国家中的所有人,具有明显的非排他性和利益的非占有性等特点,决定了这类物品不可能由市场通过交易的形式来提供,而只能由政府来提供。

17世纪中叶之前,英国的海上霸主地位还未受到威胁,控制海上实力的并不是英国国家的船只,私人的船只在其中起了相当大的作用。1652年,英国在与荷兰交手时不敌对手,原因之一是由商人组成的船只在战斗当中逃之夭夭,导致国家防卫的失败。因此,像国家安全这样的公共物品是不可能由私人提供的。萨缪尔森在他的著作中多次以"为了警告石礁而设置的灯塔"为例,说明虽然灯塔的光亮有助于每一艘过往船只的行驶安全,但要向每一位使用者收费却是极其困难的。萨缪尔森由此推而广之,认为当私人利益与社会利益存在外部经济效应差异时,政府供给就是必要的,而私人企业提供则是不合适的。

虽然市场缺陷的存在导致公共物品领域资源配置的市场失灵,但人们对公共物品的需求依然存在。在社会生产和经济运行当中,公共物品与私人物品一

---

① 马克思恩格斯文集(第2卷)[M],北京:人民出版社,2009:36.

样对人们是必不可少的。"由于公共物品的私人提供量会是普遍不足,政府必须插手提供公共物品。"①也就是说,在公共物品的供给出现市场失灵的情况下,由政府来负责社会公共物品的供给,便成为市场经济条件下政府的基本职能。美国学者奥尔森在其《集体行动的逻辑》中指出:一个国家首先是一个为其成员提供公共物品的组织。由此我们可以看出,政府作为一个组织有义务为社会提供公共物品,人们有理由相信政府提供公共物品的合理性。②

在自由市场经济时期,市场机制被认为是万能的,政府的作用受到否定和排斥,政府与市场的关系被完全对立起来,政府职能被限定为"守夜人"。守夜人政府决定了其财政的职能作用是弱小的、无足轻重的,因此,其公共支出的范围和结构非常有限。在这一时期,古典政治经济学创始人亚当·斯密在他的《国富论》中,对自由竞争市场经济条件下的政府职能和公共支出结构作了典型限定,认为政府职能仅限于以下三项:一是保护社会,使其不受其他独立社会的侵犯;二是保护个人,使其免受其他人的迫害或压迫;三是建设某些公共设施。与政府三项职能相对应的公共支出结构为:国防义务——国防支出,司法行政义务——司法支出,公共设备及土木工程义务——公共土木事业支出。例如,从1870年至第一次世界大战爆发,美国联邦政府支出占国内生产总值的比重平均低于3%;第一次世界大战后至1930年,联邦政府支出仍保持在接近3%的水平上。③在1825年资本主义世界爆发第一次经济危机以后的一百多年里,资本主义经济基本上能够依靠市场机制自身的调节保持经济的正常运行。

(二)政府干预与公共物品供给

政府责任的承担与政府职能的转型关系极大。政府干预的产生主要有两个因素④:一个是战争推动政府对市场的干预,这主要是出于国家防卫的需要。在市场机制运行的环境出现安全问题时,社会对集体安全的需要,使政府开始干预市场,集中有限的社会资源建设集体的安全防卫力量。第二个是经济危机推

---

① [美]保罗·A.萨缪尔森.经济学(第12版)[M].北京:中国发展出版社,1992:82.

② 张淑丽.公共物品供给的制度分析[D].郑州大学,2003.

③ [美]大卫·N.海曼.公共财政:现代理论在政策中的应用(第6版)[M].章彤译.北京:中国财政经济出版社,2001.

④ 曹沛霖.政府与市场[J].杭州:浙江人民出版社,1998:259–277.

动了政府对市场的干预。1929—1933 年的席卷整个自由市场经济社会的经济危机,为政府职能的扩大提供了契机。经济危机所带来的深刻影响在于思想层面,即人们对自由市场的信念发生了动摇,它所造成的贫困等问题极大地动摇着人们的道德与信念基础,使美国文明面临被摧毁的危险。罗斯福上台后,为对付危机采取了"新政"。

罗斯福新政是从金融方面开始的,除为了挽救银行危机、改革金融制度、对农业和工业进行调节、建立社会保障制度外,还有一个很重要的措施就是政府投资大力兴办公共工程,包括校舍、桥梁、堤坝、下水道系统及邮局和行政机关等公共建筑物,而且更为重要的是通过兴办公共工程,解决了大部分人的就业问题,实现了对社会的失业救济。在新政期间,还通过了著名的《社会保障法》《全国劳工关系法》(又称瓦格纳法)以及《公用事业控股公司法》等重要法律。由于政府的干预,最终使美国走出了危机,避免了走法西斯道路。这一时期,政府的职能已经超越了古典经济学的界定,除维护国家安全、社会秩序、公共工程外,还涉及调节经济运行、保持经济稳定、从事收入分配和社会保障、建立公营事业等。这使得罗斯福不断扩大政府财政支出,1933 年增加为130 亿美元,1936 年进一步增加到 150 亿美元。到第二次世界大战期间,美国政府投资扩大到 1030 亿元。[①]这次危机中,罗斯福新政从实践层面扩大了国家的公共职能,增加了政府财政对社会公共物品的供给,使其财政的公共性得到明显增强。

可以说,在经济危机后,欧美国家逐渐形成一种共识,即政府要保护私人产权和自由市场制度,但同时也要通过政府干预竭力保障充分就业,并致力于构造越来越完善的社会福利和保障体系,以保证基于大众消费基础上的经济增长的实现。[②]由此可见,虽然在市场经济发展的初期,政府的作用一直被严格地限定在"保护产权"和"维护秩序"的公共领域,政府公共服务仅仅是市场交易双方契约执行的监督者、市场交易秩序的维护者。但市场经济的发展使市场竞争加剧和市场风险加大,使得政府利用公共权威机制编织覆盖面广的社会安全网的优势凸显,政府公共职能开始了全面扩张。这一以政府干预为指向的转变带动了整个资本主义的转向,并为战后资本主义经济的繁荣奠定了基础。而这种转

① 况杰.决胜金融危机[M][OL].北京:中国工人出版,2009.
② 马珺.对公共财政的多维考察[D].中国社会科学院,2000.

变很重要的内容就是政府提供公共物品功能的加强。无论是公共设施的建设、社会失业的救济,还是社会保障制度的建立等,都使政府承担起了前所未有的责任。公共财政在这一阶段逐渐形成三大职能,即有效配置资源、公平收入分配和稳定宏观经济。财政活动的范围随着政府职能的扩展而迅速扩大,政府支出随之急剧扩张,发达国家的政府支出从 1960 年占国内生产总值的 28%迅速上升到 1994 年的 50%。①随着对"市场失灵"熟悉的深化,以及公共物品理论的确立,政府行为与市场活动形成了一体化和相互替代的关系,公共支出广泛进入新的"市场失灵"领域,传统的支出结构随之发生演变。从美国联邦支出的变动情况来看,1945—1975 年,国防支出占联邦支出的比重从 89.49%下降到26.03%,而健康、医疗、收入保障、社会保障等转移性支出却在不断上涨,其中收入保障从 1.23%上升到 15.09%,社会保障从 0.29%上升到 19.46%,整个转移性支出的比重从 1.75%上升到 42.21%。②由此可见,美国联邦政府的支出发生了根本性变化,公共服务领域的支出明显增加,以提供公共物品和公共服务为基础的公共政府逐步建立。③

(三)政府的公共物品供给

马克思关于国家职能的理论告诉我们,国家具有政治统治和公共管理的双重职能。但国家在执行其阶级职能时,必须同时执行其社会职能。政府职能扩展的过程,也是政府社会管理加强的过程。恩格斯指出,"政治统治到处都是以执行某种社会职能为基础,而且政治统治只有它执行了这种职能才能延续下去"④。应该说,在亚当·斯密的时代,市场和社会发展的水平对国家社会管理的要求并不比小农社会高出多少,"小政府"的定位也适合于这种状况。社会管理比较简单,使得政府财政行为的公共性自然也不明显。

随着国家对市场的干预,以及福利国家和行政国家的兴起,政府的政治职能逐渐减弱,而公共管理职能逐渐增强。政府在全面行使公共管理职能的同时,

---

① Tanzi, V. and L. Schuknecht. The Growth of Government and the Reform of the State in Industrial Countries [R]. *Working Paper* 95/130, IMF, 1995、IMF.世界经济展望[M].北京:中国金融出版社,1996.

② 吕炜.市场化进程与公共财政的范围[J].经济社会体制比较.2004(01).

③ 李军鹏.政府公共服务模式:国际比较与中国的选择[J].新视野,2004(6).

④ 马克思恩格斯选集(第 3 卷)[M],北京:人民出版社,1995:523。

也使其本来就相对有限的能力变得更加相对不足。于是,自新公共管理改革以来,人们开始寻求"重塑政府"以改善政府绩效、提升政府能力,开始寻求政府以外的其他途径来提供公共物品。而当私营部门和第三部门大量参与公共管理活动时,人们不仅相信政府不是公共物品的唯一提供者,也容易产生政府不再被需要的错觉。但事实上,如果没有政府,现在和未来的公共管理将失去依托和主导力量。相反,政府的职能不仅不应该受到弱化,而且应该得到加强,特别是政府在提供那些只能由政府来提供的公共物品、在构建公共管理行为主体网络结构从而将其制度化、以战略高度来维护和增进长远的社会公共利益中具有不可替代的职能。

政府提供公共物品体现了政府的基本作用。英国经济学家亚当·斯密在《国富论》中指出,政府应尽的义务包括"第一,保护社会使其不受其他独立社会的侵犯。第二,尽可能保护社会上各个人,使其不受社会上任何其他人的侵犯或压迫,这就是说,要设立严正的司法机关。第三,建设并维持某些公共事业及某些设施"①。世界银行 1997 年的世界发展报告中指出,"每一个政府的核心使命"包括了五项最基本的责任:①确定法律基础,②保持一个未被破坏的政策环境,包括保持宏观经济的稳定,③投资于基本的社会服务社会基础设施,④保护弱势群体,⑤保护环境。政府的这些角色并不是那些最小化政府的必然角色,而是保证市场运行的必然性选择,它包含了对政府的积极作用的肯定。

在建设服务型政府的过程中,政府的职能是为普通民众提供公共服务,那么建设服务型政府必然离不开公共财政的支撑。在市场经济格局中,公共财政处理的是政府与市场的关系,或者说政府与市场的动态关系决定着公共财政的范围。从这个意义上说,政府与市场具有某种程度的互补性,公共财政体制的建立就是为了实现政府与市场分工的制度化。各国经验表明,在市场经济条件下,政府应当在公共服务的提供中发挥主导作用。公共物品供给需要凭借公共权力而采取强制的方式才能加以供给。只有政府才拥有这种合法的公共权力,其他行为主体若非在政府委托授权的情况下是难以供给的。可以说"制度的建立和培育是政府行为最重要的结果,它应该是评估政府绩效时的重要考虑"②。但是,由政

① [英]亚当·斯密.国民财富的性质和原因研究(下卷)[M].北京:商务印书馆,1974:253.

② [美]盖伊·彼得斯.政府未来的治理模式[M].吴爱明、夏宏图译.北京:中国人民大学出版社,2001:148.

府直接供给并不意味着政府在提供那些只能由政府来提供的公共物品时完全采取强制的方式来实现,强制方式只是提供制度性公共物品时的特征。就保障性公共物品而言,尽管第三部门在其供给中可以发挥一定的作用,但这些物品的供给往往是私营部门和第三部门力所不及的。比如,政府在保护环境的过程中可以制定具有普遍约束力的强制性公共政策,也可以通过推动科技发展、提高环保意识等非强制性方式来减轻污染程度,更可以通过公众参与来减少污染源。正是在这一意义上,我们才说,"我们不需要重新创造政府。我们需要政府来执行游戏规则(包括订立市场合同的规则),推动私人组织的协调,以及提供私人部门无法有效完成的任务"[①]。此时,政府扮演着补缺的角色,它们只在必要时才直接供给某些公共物品,因为它们对公共物品的供给和公共利益的实现负有不可推卸的公共责任。事实上,缺少足够的公共物品,经济发展的速度难以保障,其成果也难以支撑长久。因此,政府必须充分发挥在公共领域提供公共物品的职能,加大提供公共物品的力度,改进提供公共物品的体制和方法。[②]

国家契约论认为,国家是一个契约,类似一个合同。社会经济正常运行所需要的私人产品,如吃、穿、住、行之类,可以通过市场竞争生产出来;而人们需要的公共物品和服务,如城市公共基础设施、社会治安、竞争规则、军事、外交等,无论市场如何运行也是生产不出来的,只能由国家来提供。因此,人们愿意与政府达成协议,通过交税的形式,把一部分资源交由政府配置,于是公共财政就产生了。这是社会需要政府的理由,也是社会公众授权给政府的理由。市场经济条件下的公共财政是以税收为基础的有偿财政,是社会公众基于共同利益的需要,通过让渡其部分财产所有权来换取他们所需的公共物品和服务的一种契约安排。国家则是这种契约安排的一个结果,它被要求必须为公众提供他们满意的公共物品和服务,并且接受公众的监督。从本质上说,公共财政体现了纳税人与国家之间的一种社会契约关系。[③]而政府公共物品的供给体现了这种契约关系。

① [美]赫伯特·西蒙.今日世界中的公共管理:组织与市场[J].杨雪冬译.北京:经济社会体制比较,2001(05):55-61.

② 张淑丽.公共物品供给的制度分析[D].郑州大学,2003.

③ [英]洛克.政府论(下篇)[M].叶启芳、瞿菊农译.北京:商务印书馆,1964.

三、公共物品财政供给的公共性与公平性

从西方民主政治的发展进程看,其实就是公民权利逐步扩展的过程。从古代的"贤人会议"向现代议会发展的过程中,围绕赋税权,新兴的市民阶层提出了"不出代表不纳税"(No taxation without representation)的著名口号。新兴市民阶层与封建王权博弈的结果,一方面是封建国家增加了税收,另一方面则是市民阶层的代表不断地进入议会,从而逐步形成了与贵族和国王相抗衡的平民院(下院)。从西方公共财政的成长历程可以发现,王权财政向公共财政转变的一个重要推动力就是纳税人对权利的一种追求,对公共财政提供公共物品享用权的追求。由此可以看出,公共物品供给的均等化是民主政治发展的一个内在需要,是公民追求公平正义的体现,是公民对公共财政享有权利追求的必然要求。

(一)公共物品财政供给的公共性

随着民主政治的发展,财政越来越具有公共的属性。公共财政作为与民主政治相适应的进程,必然随着国家权力的民主化而更具有公共性。

1.社会公共管理事务的增加要求公共财政的投入

随着市场的扩展和社会的发展,社会公共管理的需求不断增加。尤其是工业革命以后,社会化大生产的水平不断提高,产生了一些新社会需求。例如,工业社会的发展对劳动者素质提出新的要求,政府开始将教育纳入公共事务的范畴。德国由于有马丁·路德的新教改革为先导,最早强调了教育的公共性。从18世纪中期起,德国几次修订法令推行义务教育,并于1872年作出6至14岁的八年初等教育为强迫义务教育的规定,成为实行义务教育最早的国家。美国也在19世纪中期发动了公共教育运动。1852年马萨诸塞州通过了美国第一部强迫义务教育的法令——《义务教育法》,为各州实施义务教育树立了楷模。随后,其他州又相继通过了义务教育法令,到20世纪初期,除阿拉斯加外所有的州都通过了义务教育法令,由国家对公民实行12年强迫义务教育。

社会发展使社会事务越来越多,社会管理也越来越复杂,国家也越来越多地承担起社会管理的事务,自由主义的"小政府"越来越不适应社会发展的要

求。到 19 世纪 50 年代,英国等工业国政府的管理水平已经明显落后于社会的要求。建立在政党分赃制基础上的行政人事制度,导致了政府的腐败无能和效率低下。1853 年,英国在克里米亚战争中的惨败触发了行政人事制度的改革,导致了著名的"诺斯科特—杜维廉报告"出台,开启了英国文官制度的改革。文官制度确立的基本精神包括建立统一的文官制度、通过公平竞争的考试选拔官员、择优录取、成立文官学院等。文官制度的建立,为国家承担越来越多的公共管理事务提供了有能力的主体队伍,也使国家的公共管理逐步走上了专业化的道路。

从一定意义上讲,正是在教育、公共设施建设等公共事务扩展,文官制度建立,国家管理专业化水平提高等时代背景下,国家的公共财政管理逐步形成,公共财政的思想和理论也真正诞生和发展起来。到 19 世纪 80 年代,现代公共财政理论开始出现,财政的公共性得到了普通的认同,政府提供社会公共物品也成为公共财政的重要责任,成为政府公共管理活动不可或缺的重要内容。

2.公民基本公共需要的提高要求"公共"财政的建立

公共需要,是指满足社会公共利益的需要。这种需要不是个别需要的累加,而是共同生存和发展的利益。作为社会人的个人不可能只追求个人需要,还会追求更多更大的公共需要,因为公共需要是人类社会生活不可或缺的内容,它是社会和个人赖以生存和发展不可或缺的条件之一。满足公共需要的任务,基本上只能由政府来承担,满足公共需要的活动就是政府提供公共物品的过程。政府的主要职能是提供公共物品与公共服务,包括提供纯粹的公共物品即基本公共物品,如国防、法律与秩序、财产所有权、宏观经济管理、公共医疗卫生、基础教育、环境保护、社会保险和社会福利等;还要提供混合公共物品,如基础设施和公用事业发展等等。[①]而且,从社会的可持续发展来看,保障公共物品特别是基本公共物品的供给是扩大消费的社会基础,是社会可持续发展的需要。

公共需要随着社会发展进步而不断提升。在经济发展初级阶段,政府需要提供社会基础设施。当人均国民生产总值超过贫困线后,人们的消费模式发生变化,对政府公共物品的供给就会提出更高的要求,在高等教育、健康设施等方面的公共需求大量增加。经济进入成熟期,公共支出的主要对象又从提供社会

---

① 世界银行.1997 年世界发展报告——变革世界中的政府[M].蔡秋生等译.北京:中国财政经济出版社,1999:432.

基础设施,转向提供教育、卫生和福利、社会保障和收入再分配。从国际经验看,当人均国内生产总值在 3000~6000 美元之间时,与人的自身发展相关的公共物品需求会呈现全面快速增长的势头。2011 年,我国人均国内生产总值已超过5000 美元,进入中等收入国家行列。在这样的发展阶段,私人物品的供给开始走向过剩,而与人的全面发展需求直接相关的公共物品的需求,如教育、卫生与基本医疗以及基本文化服务等公共需求呈现全面快速增长的势头。新阶段上学贵、看病贵、养老无保障、就业难、房价高等公共物品短缺,取代私人产品短缺,成为城乡居民普遍面临的生活难题。①经过 30 多年的改革开放,随着我国迈入中等收入国家行列,社会矛盾出现阶段性变化,其中一个重要的表现是人民日益增长的物质文化需求的内涵发生了深刻变化,具体体现在人民日益增长的公共物品需求,同公共物品供给不到位、公共服务短缺的矛盾日益突出。在经过 30多年的改革开放后,在初步解决温饱、实现小康以后,我国开始由初步小康向全面小康过渡的阶段,广大社会成员在这些方面的需求越来越大,公共需求增长的速度相当快,对义务教育、基本医疗卫生服务、基本文化服务以及就业保障等的公共需求日益强烈。

　　社会公共需要决定着公共财政的活动。公共财政则着眼于满足社会成员的公共需要,公共财政不应该成为超越市场的力量去满足社会成员的私人需要。有需要就要有供给,满足社会公共需要的供给途径就构成了公共财政活动的对象,这就是要提供公共物品。1997 年世界发展报告认为,当今各国政府不约而同都把满足公共需求、提供公共物品的活动当作其重要职责。"出于这种需要,一种有效的机制出现了,政府的基本职能被确立下来。"②政府在满足公共需求中的责任与政府追求的目标有关。"国家应在对物质利益分配的影响上承担更多的责任;至少应提供最低限度的保障,不使有人生活在最低限度之下,同时鼓励所有通过自己的力量来提高在最低限度之上地位的努力。"③马克思曾经指出,在社会总产品中用于"公共需要"的那部分可以划成三份:①"同生产没有直接关系的一般管理费用";②"用来满足共同需要的部分,如学校、保健设施等";③"为丧失劳动能力的人"等设立的基金。马克思明确预言道,用于满足共同需要的

---

①　迟福林.公共物品短缺时代的政府转型[J].上海大学学报,2011(4).

②　[美]莱斯利·里普森.政治学的重大问题[M].刘晓等译.北京:华夏出版社,2001:42.

③　[法]卢梭.论人类不平等的起源和基础[M].北京:商务印书馆,1997:68.

"这一部分一开始就会显著地增加,并随着新社会的发展而日益增长"①。满足社会公共需要,追求公共利益最大化构成公共财政的出发点和归宿。

3.公共性是公共财政的内在属性

在民主政治与公共财政互动发展的进程中,财政的公共性也不断得到提升,不仅是财政收入公共性的提升,更重要的是财政支出公共性的增强。公共财政的内在属性就在于强调财政的公共性,公共财政不仅是以满足社会公共需要作为财政的主要目标和工作重心,以提供公共产品和服务作为"以财行政"的基本方式,而且还以公民权利平等、政治权力制衡为前提的规范的公共选择作为决策机制。②回顾中国财政功能的演进,我们可以发现其公共性、服务性日渐凸显。1999年的全国财政工作会议上,时任财政部长的项怀诚明确指出:"转变财政职能,优化支出结构,初步建立公共财政的基本框架。"由此拉开了国家财政向公共财政转轨的序幕,我国财政建设开始由建设财政转向公共财政。这种转向的突出特点是:

一是财政公共性和非营利性的增强。公共财政的公共性,就是要更好地满足社会公共需求,促进社会和谐。相对于计划经济条件下生产建设型财政而言,公共财政要逐步退出竞争性生产建设领域,只以满足社会公共需要为职责范围,凡不属于或不能纳入社会公共需要领域的事项,公共财政原则上不介入;而市场无法解决或解决不好的属于社会公共领域的事项,公共财政原则上就必须介入。我们看到,国家财政支出中经济建设支出的比重已经由1978年的64.1%下降到2006年的25.56%,而社会文教费则由1978年的13.1%上升到2006年的26.8%。③我国财政正在逐步退出生产经营性领域,其满足社会公共需要和追求社会公共利益的特征正日渐明显和突出。

二是财政服务性和公平性的增强。长期以来受经济体制和国家发展战略的影响,我国更重视经济转型而忽视社会转型,造成了公共物品供给的短缺和公共服务能力不强。④我国财政体系建设指向公共服务型财政体系建设,重点是以发展社会事业和解决民生为重点,逐步形成惠及全民的基本公共服务体系,要

① 马克思恩格斯文集(第3卷)[M].北京:人民出版社,2009:432-433.

② 贾康.对公共财政的基本认识[J].税务研究,2008(2).

③ 根据《中国统计年鉴2007》中"中国历年国家财政按功能性质分类的支出统计(1950—2006)"计算得出.

④ 刘明慧.公共服务型财政与社会性支出制度建构[J].东北财经大学学报,2007(02).

使财政真正是取公众之财,办公众之事,最终实现公共利益的最大化。这有助于打破城乡公共物品供给的二元体制,实现城乡公平,推进社会发展的均等化。

三是公共财政的公开性和透明性的增强。由于公共财政的一个重要特征就是对所有公民一视同仁地彰显自己的公共性品质。这种普遍性要求公共财政必然具有公开性和透明性。只有公开、透明的公共财政才能更好地立足社会公共需要,推进公共财政对公民公平地享有公共物品的保障。

(二)公共物品财政供给的公平性

从古自今,公平正义都是一种人类社会具有永恒意义的基本价值追求和基本行为准则,甚至人们判断事物的"善"与"恶"也往往以公平正义为准绳,具有公平正义性则为"善",反之则为"恶"。亚里士多德认为:"有一种东西,对于人类的福利要比任何其他东西都更重要,那就是正义。"①美国现代著名的伦理学家罗尔斯认为:"所有的社会基本价值(或者说基本善)——自由与机会、收入与财富、自尊的基础——都要平等地分配,除非对其中一种或者所有价值的不平等分配合乎每一个人的利益。"②马克思、恩格斯始终把公平正义作为社会主义崇高的价值目标。他们认为,在未来社会,人与人之间应该是完全平等的,享有完全平等的政治地位和社会地位,"一切人,或至少是一个国家的一切公民,或一个社会的一切成员,都应当有平等的政治地位和社会地位"③。到了共产主义社会,最终使社会全体成员的才能得到全面的发展,完全实现人与人之间的平等。对于公共财政而言,公平性是其重要价值体现。

1.公共财政来源的普遍性决定了支出的公平性

公共财政形成的一个主要根源于税收普遍性的增长。在王权时代,王室财政主要来源于国王的封建收入,随着国王不能再靠自己过活,国王的财政来源逐渐拓展到对平民的征税,王室财政也就趋于瓦解,公共财政开始萌发。可见,税收的普遍性是公共财政成长的重要基础。

税收是依照法律规定取得政府收入的一种形式,在现代国家活动中具有十

① 周辅成.西方伦理学名著(下卷)[M].北京:商务印书馆,1987:534.
② [美]约翰·罗尔斯.正义论[M].何怀宏等译.北京:中国社会科学出版社,1988:7.
③ 马克思恩格斯选集(第3卷)[M].北京:人民出版社,1995:444.

分重要的地位。由于税收的一个重要目的就是为了公共需要和公共福利,因此,公共财政要求"取众人之财办众人之事"①,要求每个纳税人均等地享受公共财政提供的公共物品,特别是要把更多的财政资金投向公共服务领域,加大财政在教育、卫生、文化等方面的投入,着力发展社会事业,推动基本公共服务的均等化,体现财政支出对公平的保障。

2.公共财政在公共物品供给中的公平功能

事实上,政府提供公共物品是一种社会再分配,是公共财政再分配功能的体现。由于人的自利性、生活的社会性和资源的稀缺性决定了人类之间的利益冲突的绝对性与不可避免性。而且由于公共物品的非竞争性非排他性属性,以及人们搭便车的心理,使得政府对于维护社会公平与正义,实现公共物品的有效供给负有不可推卸的责任。从国际上看,即使是自由市场导向的西方国家,公共财政的公平功能也是十分清楚的。1997年美国的基尼系数是0.48,但是经过税收和转移支付工具的调节以后,个人可支配收入的基尼系数则是0.37。其他发达国家的税收和转移支付的调节力度更大,例如在英国,1995年居民收入的基尼系数是0.51,而经过税收和转移支付调节后可支配收入的基尼系数只有0.34,通过调节后不平等大大降低。②绝大多数经济合作与发展组织(OECD)国家的经验进一步表明,税收和转移支付对于降低社会收入不平等具有非常重要的调节作用。

从公共财政制度所具有的分配效应看公共物品的供给,可以发现,公共财政制度可以通过中央财政的宏观调控以及转移支付等制度,缓解地区间因财力的差异所造成的公共物品供给的不均衡问题。比如,中央对于贫困地区发放的扶贫基金等,一定程度地增加了贫困地区对基本公共物品的享有。在现实生活中,政府通过税收对收入进行再分配以及提供大致均等的公共物品,对实现公共物品的公平享有起到很大作用。

温家宝同志在2010年3月全国两会之后的记者招待会上,就明确指出:"我们国家的发展不仅是要搞好经济建设,而且要推进社会的公平正义,促进人的

① 高培勇.市场经济体制与公共财政框架[M].北京:经济科学出版社,2000.

② Ferreira,Inequality and Economic Performance [J].and Philippe Aghion ,Eve Caroli,Cecilia Garcia-Pealosa,Inequality and Economic Growth:The Perspective of the New Growth Theories[J].*Journal of Economic Literature*,vol.37,no.4(1999).转引自权衡.政府权力、收入流动性与收入分配———一个理论分析框架与中国经验[J].社会科学,2005(5).

全面和自由的发展,这三者不可偏废。集中精力发展生产,其根本目的是满足人们日益增长的物质文化需求。而社会公平正义,是社会稳定的基础。我认为,公平正义比太阳还要有光辉。"所以,我们所建构的公共财政,来自于服务型政府的职能定位,是在完善现代市场体系和凸显政府服务功能统一基础上的新提升。国家和政府不仅要提供公共服务,还需要根据公平正义的核心价值追求,在公共服务的提供上实现均等化。当然,由于资源的约束和个体的差别,并非所有的公共服务内容都能够实现均等化。但是,在教育、卫生、医疗、文化等方面的基本公共物品供给实现均等化,是我国实现公平正义核心价值理念的内在要求,也是我国建构公共财政所重点关注的领域。

四、小结

公共财政是历史发展的产物。伴随国家财政收入来源的普遍性而来的是财政支出也应具有公共性,这种公共性在国家财政中的成长,奠定了现代公共财政发展的内在基础。公共财政是民主政治进程中的重要因素,围绕财政权的斗争也是现代代议制民主成长的重要动因。市场的失灵带来了政府的干预,带来了政府职能的转型,要求政府要承担越来越多的社会责任,即要为社会成员提供公共物品。因此,政府对公共物品的供给是伴随着政府职能的扩展而来的,是政府发挥制度分配功能,维护社会公平正义所致。但政府公共物品的供给必须与一定历史发展阶段相适应,中国在现代化建设的进程中,中国也应遵循政府功能发展与公共财政以及民主政治发展演进的规律,要在满足社会公共需要的基础上维护社会的公平正义,提供均等的公共物品,以维护社会的稳定发展。

第三章

公共物品财政供给困境的典型分析

对公共物品的财政投入进行"典型"分析包括两个方面的含义:一是以教科文卫事业为例具有典型意义。不仅我国公民在这些方面的需求不断提升,存在着供给与需求的差距,而且教科文卫事业的发展是事关国家可持续发展的国计民生。二是以上海为核心进行比较研究具有典型意义。上海在"四个率先"目标的牵引下,公共财政投入结构与发展目标之间的差距将会给予我们一些有益的启示。上海所面临的困境,主要有两个方面:一方面政府公共物品供给的均衡性要求使政府公共物品的财政供给面临巨大的压力;另一方面是上海作为国际化大都市、作为社会主义现代化建设的前沿城市、作为"四个率先"先行城市的发展定位,要求其公共物品供给也应当与此相适应。这就构成了上海的优位发展对公共物品的需求与全国公共物品供给非均等化之间的矛盾。这里以上海为核心,以教科文卫事业财政投入为主要比较内容,分析我国公共物品财政供给中存在的现实困境。

一、增长与均衡的困境:
教科文卫事业公共财政供给的比较分析

在经济发展的一定阶段,公共物品供给的增长需求和经济发展之间的平衡制约着公共财政的投入,而地区之间发展的不均衡造成了公共物品财政投入的不均等。这里主要对四个直辖市进行比较分析,同时还将上海与全国部分省份进行比较,以期发现存在的问题。

(一)规模与结构的冲突：教科文卫事业财政供给的基本情况

在公共物品财政供给过程中，既定规模下的公共财政供给，存在着此消彼长的冲突。而在上海教科文卫事业公共物品的财政供给中也存在同样的问题。

1.我国教科文卫财政投入不断增长

随着经济的快速发展，我国公共财政的指出规模也在不断扩大，教科文卫事业财政支出也水涨船高。总体而言，教科文卫财政支出增长较快，2012年我国教科文卫财政支出为35208.19亿元，占国家财政支出125952.97亿元的28.0%，比1998年的20.0%增长了8个百分点。

就教科文卫财政支出与国家财政支出的增速进行比较（图3-1），可以发现，2006年之后教科文卫财政支出的增长都快于国家财政支出的增长速度，并随着国家财政支出的起伏而起伏，这表明国家对教科文卫的财政投入在不断增加。①

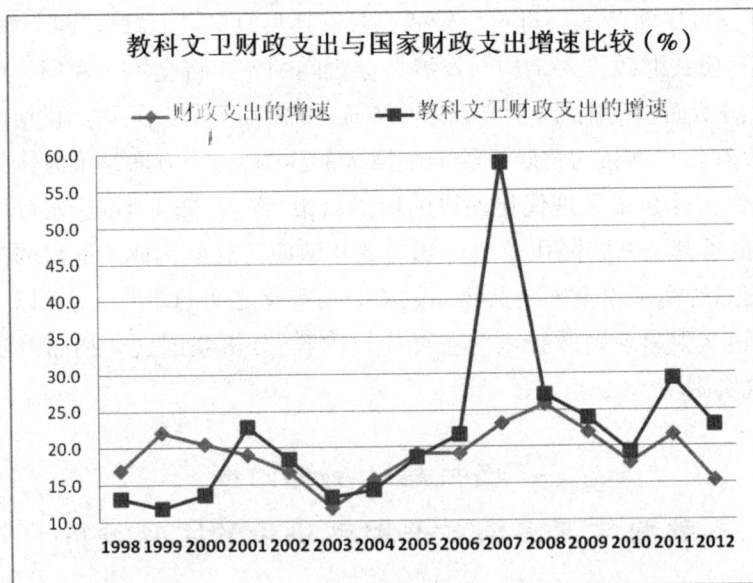

图 3-1 教科文卫财政支出与国家财政支出增速比较

---

① 2007年统计口径发生了变化，才会有近50%的增速。

2.上海教科文卫财政投入的主要指标在多数年份低于北京,居于全国前列,远高于重庆

对教科文卫事业的财政投入总量进行分析,上海市对教科文卫事业的财政投入逐渐增加,上海1998—2005年教科文卫财政支出绝对数额在四直辖市处于首位,2005年教科文卫总支出达到280.37亿。之后,上海增速略有下降,北京教科文卫财政支出绝对数超过了上海。2011年上海教科文卫财政支出总额又超过了北京。而重庆则远远低于上海,绝大多数年份都还不到上海的一半。同时,还可以发现,自2008年后,重庆教科文卫支出明显高于天津。2012年北京为1226.03亿元,上海为1164.23亿元,天津为596.96亿元,重庆为701.84亿元(表3-1)。

就教科文卫财政支出占地方国内生产总值的比重(表3-2)而言,上海一直低于北京。2006年之前上海教科文卫财政支出都在3%左右,最低为2.9%,最高为3.0%。而北京一直都在3%以上,2006年达到4%,之后都在5%以上。天津在主要年份都维持在3%~4%以内,重庆在2005年之前都不到3%,明显低于其他三个直辖市,自2006年起,重庆开始超过3%,2008年开始更是都在4%以上,超过了天津。其中,2007年,各地教科文卫财政支出都大幅度增加,北京教科文卫财政支出占国内生产总值比重迅速提高,由2007年的5.35%提高到2010年的6.34%;上海也有了大幅度增加,2007年上海首次超过4%,但仍然落后于北京和重庆。2007年上海教科文卫财政支出占国内生产总值的比重为4.28%,而北京则为5.63%,高出上海1.35个百分点。到2012年,上海为5.8%,北京为6.9%,相差1.1个百分点;重庆为6.2%,超过上海0.4个百分点,超过天津1.6个百分点。

表 3-1 1998—2012 年四直辖市教科文卫财政支出额(亿元)①

	北　京	天　津	重　庆	上　海
1998	74.99	36.13	29.48	109.24
1999	88.40	41.07	32.55	122.53
2000	107.91	49.22	39.72	137.02
2001	128.96	59.03	49.87	157.33
2002	153.09	67.83	58.29	172.65
2003	182.01	79.82	64.89	197.65
2004	216.82	93.92	75.68	235.45
2005	261.92	110.58	92.26	280.37
2006	323.82	137.16	118.03	320.39
2007	526.32	181.42	177.15	521.34
2008	634.65	230.28	236.80	618.14
2009	733.35	281.63	301.60	748.23
2010	895.32	367.17	377.26	834.33
2011	1015.65	482.78	518.60	1026.57
2012	1226.03	596.96	701.84	1164.23

数据来源:历年《中国统计年鉴》。

① 2006 年之前的数据来自历年《中国统计年鉴》"各地区财政支出"中"科技三项费用、文体广播事业费、教育事业费、科学事业费和卫生经费"五项之和作为教科文卫事业财政的总支出,与 2007 年以后的统计数据比较,这里的支出数是不是一般预算支出并没有说明。2007 年之后的数据为历年《中国统计年鉴》中"各地区财政支出"中教育、科学技术、文化体育与传媒、医疗卫生四项之和作为教科文卫事业财政的总支出,也就是"一般预算支出"中的教科文卫财政支出数额。

表 3-2 1998—2012 年四直辖市教科文卫支出占国内生产总值比重(%)

	北 京	天 津	重 庆	上 海
1998	3.2	2.6	1.8	2.9
1999	3.3	2.7	2.0	2.9
2000	3.4	2.9	2.2	2.9
2001	3.5	3.1	2.5	3.0
2002	3.5	3.2	2.6	3.0
2003	3.6	3.1	2.5	3.0
2004	3.6	3.0	2.5	2.9
2005	3.8	2.8	2.7	3.0
2006	4.0	3.1	3.0	3.0
2007	5.3	3.5	3.8	4.2
2008	5.7	3.4	4.1	4.4
2009	6.0	3.7	4.6	5.0
2010	6.3	4.0	4.8	4.9
2011	6.2	4.3	5.2	5.3
2012	6.9	4.6	6.2	5.8

数据来源:由上表数据计算得出,国内生产总值数据来自各地 2013 年的统计年鉴。

就教科文卫财政支出占地方财政支出的比重而言（表 3-3、图 3-2），1998—2012 年，上海经历了一个 U 形的发展过程,2008 年之后开始每年都有所提升,到 2012 年达到了 27.8%。体现了政府对教科文卫公共物品财政供给能力的强化,政府的服务型也有所体现。四个直辖市进行比较,上海落后于北京。1998—2012 年,教科文卫财政支出占地方财政支出的比重,上海一直低于北京和天津。特别是 2002 年后这一比重降到 20% 以下, 最低的 2004 年为 16.87%。2007 年后上海教科文卫支出占地方财政支出的比重开始逐步上升,但依然落后于北京和天津。重庆则在多数年份都是四个直辖市中比例最低的城市。

表 3—3 1998—2012 年四直辖市教科文卫财政支出占地方财政支出①的比重(%)

	北京	天津	重庆	上海
1998	26.7	26.2	23.4	23.2
1999	24.9	26.1	21.7	23.0
2000	24.4	26.3	21.2	22.5
2001	23.1	25.2	21.0	22.2
2002	24.4	25.6	19.1	20.0
2003	24.8	25.6	19.0	18.2
2004	24.1	25.0	19.1	17.0
2005	24.7	25.0	18.9	17.0
2006	25.0	25.3	19.9	17.8
2007	31.9	26.9	23.1	23.9
2008	32.4	26.5	23.3	23.8
2009	31.6	25.1	23.3	25.0
2010	32.9	26.7	22.1	25.3
2011	31.3	26.9	20.2	26.2
2012	33.3	27.9	23.0	27.8

数据来源:由表 3-1 中数据计算得出。地方财政支出来自历年《中国统计年鉴》。

① 地方财政支出的统计口径,各地统计年鉴与《中国统计年鉴》有差别。北京统计年鉴中的地方财政支出包括一般预算支出和政府基金支出,这一统计在《中国统计年鉴》各地财政支出中是以一般预算支出来统计的。天津、重庆与上海两个统计年鉴中的数据是一致的,把一般预算支出作为地方财政支出。这里,以《中国统计年鉴 2013》中的地方财政支出为准。

教科文卫财政支出占地方财政支出的比重（%）

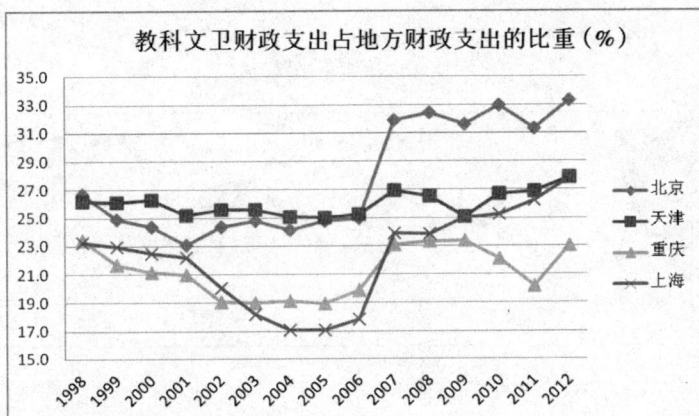

图 3-2 1998—2012 年四直辖市教科文卫财政支出占地方财政支出的比重比较

　　就教科文卫支出与基本建设支出①占地方财政支出的比重而言（图 3-3、图 3-4），上海市教科文卫财政支出低于基本建设财政支出。与北京、天津和重庆相比较，上海的基本建设支出比例是最高的，远远高于其他三个直辖市，基本都在 20% 以上，而其他三个直辖市大多数年份都在 15% 以下，且目前只有上海是教科文卫支出低于基本建设支出，其他三个直辖市都是教科文卫支出高于基本建设支出。1998—2001 年上海的教科文卫支出都高于基本建设支出，这与其他三个直辖市的教科文卫支出高于基本建设支出是一致的。但 2002—2006 年上海基本建设支出逐渐上升，教科文卫支出逐渐下降，使得教科文卫支出低于基本建设支出，这与其他三个直辖市依然是教科文卫支出高于基本建设支出的发展不一致。北京、天津与重庆一直都是教科文卫支出高于基本建设支出。北京在 2001 年教科文卫支出占地方财政支出的比重为最近几年来的最低，是20.97%，基本建设支出达到了最高，为 15.12%，之后，教科文卫支出不断上升，基本建设支出逐渐下降。

---

① 2007 年后统计数据中不再有此项的统计，因此这里的分析截至 2006 年。

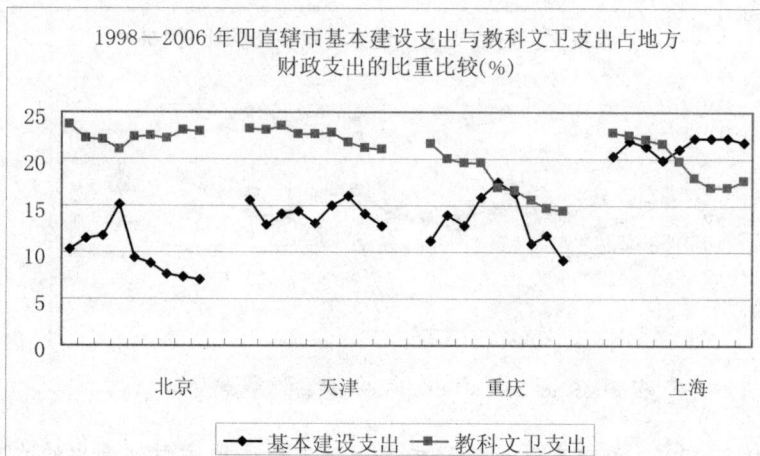

图 3-3 基本建设支出与教科文卫支出占地方财政支出的比重比较

数据来源：中国统计年鉴 2007。

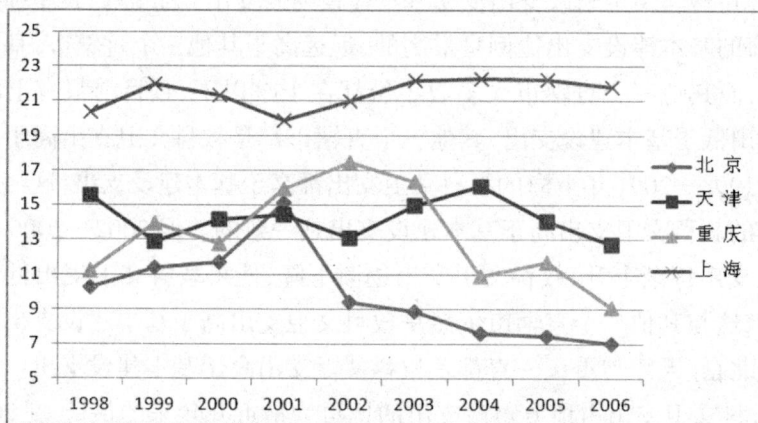

图 3-4 四直辖市基本建设支出占地方财政支出的比重比较

3.上海教科文卫财政支出的增幅较低

就教科文卫事业地方财政支出的年增长率进行分析，上海市对教科文卫的财政投入增长不稳定，且年增长率在多数年份位于四直辖市后列。1999—2012年，上海市教科文卫财政支出的年增长率波动较大，最低的 2001 年只有 9.7%，且有超过一半的年份增长率都在 15%以下。同期北京、天津（除 1999、2002 年）、重庆（除 1999、2003 年）的年增长率都在 15%以上。2007 年,由于统计口径的变化,各地教科文卫地方财政支出都有大幅度增加(表3-4、图3-5)。

通过地方财政支出的增长情况进行比较可以看出,1999—2004年上海市教科文卫财政支出都低于财政支出的增长速度,特别是2002年以后,教科文卫地方财政支出的增长明显低于财政支出的增长。2002年上海教科文卫地方财政支出的年增长率仅为9.7%,还不到地方财政支出年增长率20.9%的一半。从2005年开始,教科文卫财政支出(2007年统计口径的变化增幅极大)基本高于地方财政支出的增幅(表3-5)。事实上,在2006年之前四直辖市教科文卫财政支出的增速都低于地方财政支出的增速。也就是说,教科文卫地方财政支出增幅低于地方财政支出的增幅是较为普遍,而2006年之后的增长也是普遍现象。

表3-4 1999—2012年四直辖市教科文卫财政支出年增长率(%)

	北 京	天 津	重 庆	上 海
1999	17.88	13.67	10.41	12.17
2000	22.07	19.84	22.03	11.83
2001	19.51	19.93	25.55	14.82
2002	18.71	14.91	16.88	9.74
2003	18.89	17.68	11.32	14.48
2004	19.13	17.66	16.63	19.12
2005	20.80	17.74	21.91	19.08
2006	23.63	24.04	27.93	14.27
2007	62.53	32.27	50.09	62.72
2008	20.58	26.93	33.67	18.57
2009	15.55	22.30	27.37	21.05
2010	22.09	30.37	25.09	11.51
2011	13.44	31.49	37.46	23.04
2012	20.71	23.65	35.33	13.41

数据来源:历年《中国统计年鉴》。

各地教科文卫财政支出年增长率（%）

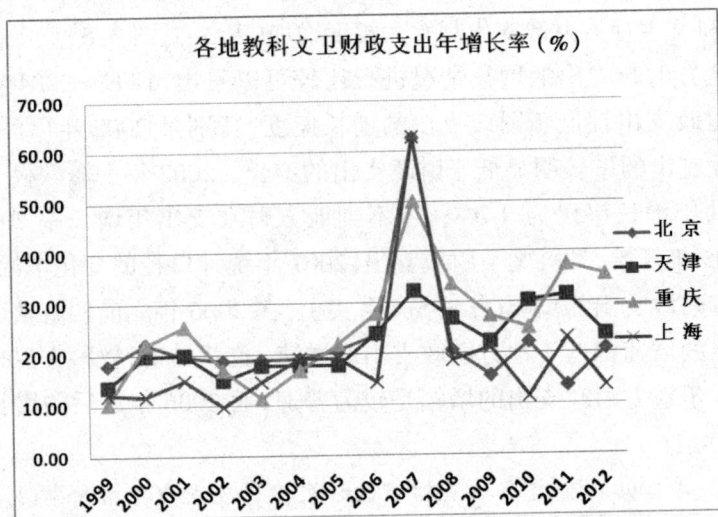

图 3-5 1999—2012 年四直辖市教科文卫财政支出年增长率

表 3-5 上海地方财政支出和教科文卫财政支出的年增长率(%)

	地方财政支出年增长率	教科文卫财政支出年增长率
1999	13.5	12.2
2000	14.1	11.8
2001	16.4	14.8
2002	21.8	9.7
2003	26.2	14.5
2004	27.0	19.1
2005	19.1	19.1
2006	9.1	14.3
2007	21.5	62.7
2008	18.9	18.6
2009	15.3	21.0
2010	10.5	11.5
2011	18.5	23.0
2012	6.9	13.4

教科文卫财政支出与地方财政支出年增长率比较（％）

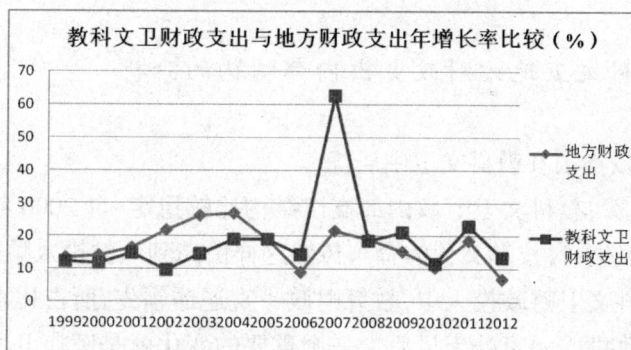

图 3-6 上海教科文卫财政支出与地方财政支出年增长率比较

　　将上海市教科文卫事业财政支出与基本建设财政支出的增幅进行比较（表3-6），可以发现大多数年份上海基本建设财政支出的增幅远远高于教科文卫事业财政支出的增幅。1999—2006 年上海市基本建设财政支出的增幅中，有四个年份即1999、2002、2003、2004 年的增幅都在 22% 以上，最高的是 2003 年达到32.87%。而1999—2006 年教科文卫事业财政支出的最大增幅为 2004 年的 19.12%，2003 年的增幅为 14.48%，不及基本建设财政支出增幅（32.87%）的一半。在一定程度上，基本建设财政支出的增长制约了教科文卫事业财政支出的增长。

表 3-6 1999—2006 年上海地方财政支出项目的年增长率比较(%)

项目 年份	财政支出	基本建设支出	教科文卫支出
1999	13.66	22.65	12.16
2000	13.99	10.64	11.83
2001	16.62	8.81	14.82
2002	20.85	27.61	9.74
2003	25.61	32.87	14.48
2004	26.58	26.94	19.12
2005	18.96	18.84	19.08
2006	9.24	7.14	14.27

　　数据来源：财政支出来自地方统计年鉴，基本建设支出和教科文卫支出来自中国统计年鉴 2007,2008 后的统计年鉴不再有基本建设的统计。

(二)教科文卫地方财政支出内部结构的分析

1.教育财政支出在教科文卫中居优

就全国来看,教科文卫财政内部支出结构比较稳定,自 2006 年以来都保持着教育、医疗卫生、科技和文化体育与传媒这样由高到低的投入顺序。从下图可以看出,在教科文卫财政投入中,教育财政一直遥遥领先,所占比重超过一半还多,而文化财政投入一直处于最后。一个重要的变化就是医疗卫生财政投入的增加,由 2006 年的 16.9%逐渐上升到 20%以上(图 3-7)。相比较而言,科技和文化体育与传媒的财政投入比重有所下降。

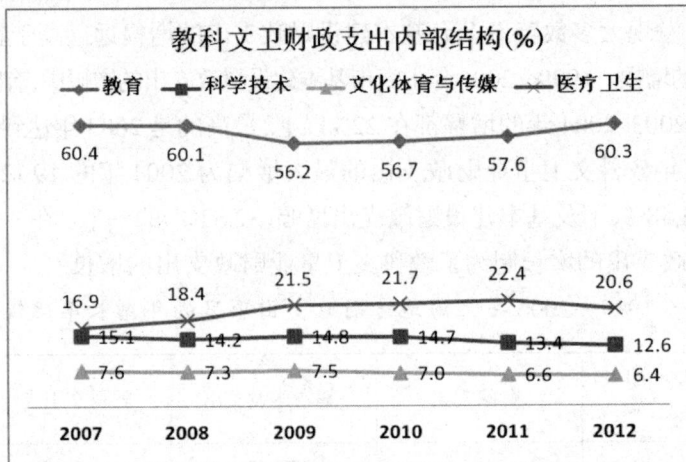

图 3-7 我国教科文卫财政支出内部结构

2.科技财政投入不断增加,文化和卫生财政投入变化有所下降

从四直辖市比较来看,教科文卫财政支出内部结构与全国类似,但又各具地方特点。从上海市教科文卫地方财政支出的内部结构来看(图 3-8),教育一直是教科文卫财政投入的重点,而文化所占份额最少。1998—2006 年,在教科文卫地方财政支出中,其内部结构由高到低是教育、卫生、文化、科技,与其他三个直辖市的内部结构是相同的。1998 年,教育经费占到了 61.8%,卫生经费占23.5%,文化事业经费占 8.9%,科技经费占 5.8%。到 2007 年,其内部结构变为教育、科技、卫生、文化,科技的占比从原来的 10%以内提高到 20%以上,与之相应

的变化是教育由原来的占比60%以上,下降到50%左右。2012年,教育经费占55.7%,卫生经费占17.0%,文化经费占6.2%,科技经费占21.1%。就四个直辖市而言,北京也出现了类似的变化,就是科技支出占比的提高,由原来的不到10%,提高到15%以上(图3-9)。不过,北京的教科文卫财政支出的内部结构没有实质性变化。天津和重庆教科文卫财政支出的内部结构大致保持为教育最高,其后依次是卫生、科技、文化(图3-10、图3-11)。

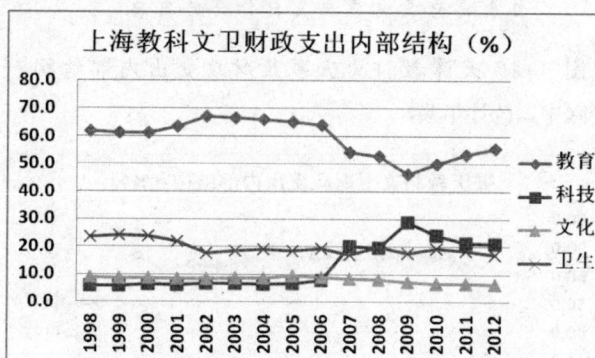

图 3-8 上海教科文卫财政支出内部结构

数据来源:历年《中国统计年鉴》。

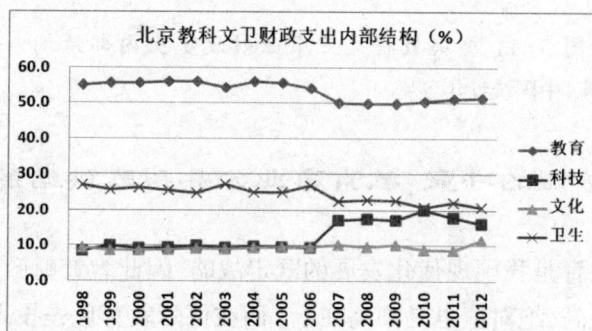

图 3-9 北京教科文卫事业财政支出内部结构

数据来源:历年《中国统计年鉴》。

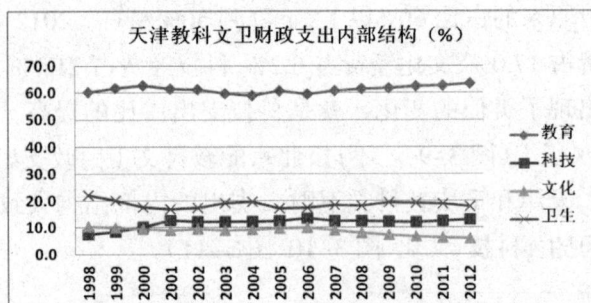

图 3-10 天津教科文卫事业财政支出内部结构

数据来源:历年《中国统计年鉴》

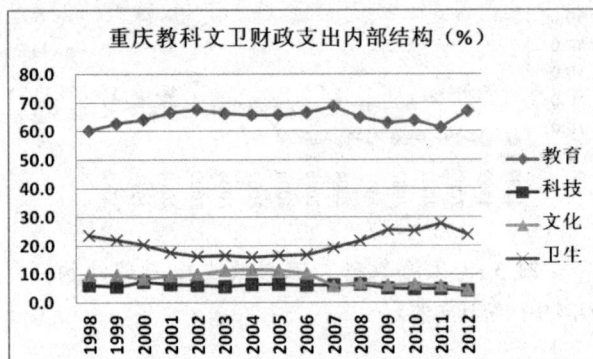

图 3-11 重庆教科文卫事业财政支出内部结构

数据来源:历年《中国统计年鉴》。

二、优先与协调的冲突:教育事业公共财政供给的比较分析

优先发展教育是我国现代化发展的既定战略,因此教育财政支出在教科文卫财政中占比最高,绝对值也是高高在上。而在保障教育优先投入的前提下,如何均衡对其他公共物品的财政投入,是发展中需要协调的一个问题。这里主要以上海为例,通过比较研究,分析教育财政投入的现状。

(一)教育财政投入发展性困境

这里主要从历史发展的角度,从纵向上对上海教育财政投入的基本情况进行基本的梳理。

　　上海市财政性教育经费不断增加。就预算内教育经费而言，从 2000 年的 113.01 亿元增加到 2012 年的 610.75 亿元，增加了 4.4 倍(图 3-12)。同期，上海地方财政支出也不断增加，从 2000 年的 622.84 亿元增加到 2012 年的 4184.02 亿元，增加了 5.7 倍。教育预算内经费的增加幅度远低于地方财政支出的增加幅度。而事实上，从预算内教育经费占地方财政支出的比重也可以发现，这一比重是在不断下降的，从 2000 年占 18.57% 下降到 2009 年只有 12.55%，下降幅度超过 6%(图 3-13)。

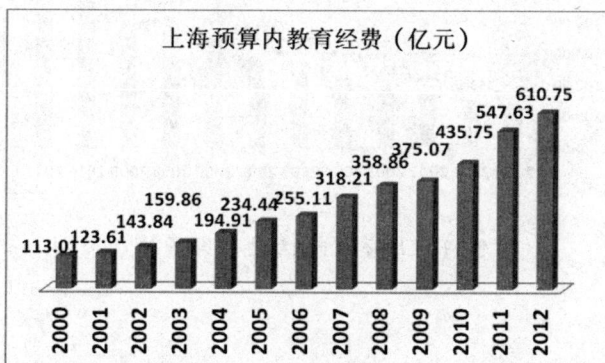

图 3-12 2000—2012 年上海预算内教育经费情况

　数据来源：历年教育部、国家统计局、财政部发布的《全国教育经费执行情况统计公告》。

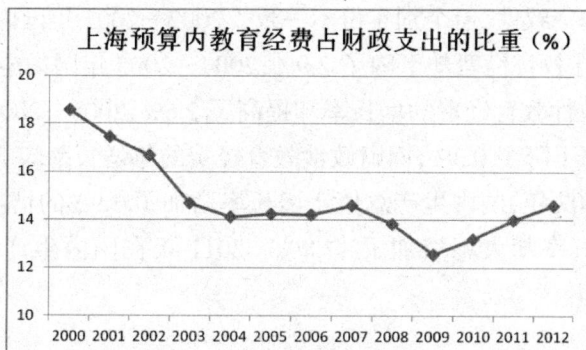

图 3-13 2000—2012 年上海预算内教育经费占地方财政支出的比重

就财政性教育经费总额①来看（图 3-14），上海逐年增加，从 2000 年的
143.67 亿元增加到 2011 年的 722.61 亿元，增加了 4.03 倍。同期上海地方国民
生产总值从 2000 年的 4771.17 亿元，增加到 2011 年的 19195.69 亿元，增加了
3.02 倍（图 3-14）。

图 3-14 上海财政性教育经费情况

数据来源：中国教育经费统计年鉴。

财政性教育经费的增幅略高于地方国内生产总值的增幅。而就财政性教育
经费的年增长率与国内生产总值的年增长率进行比较，二者之间在主要年份还
是表现出增长的一致性，但个别年份不一致。2002—2003 年国内生产总值增长
了 6.4%，财政性教育经费却下降了 2.9%；2004—2005 年国内生产总值增长率
下降了 6%，财政性教育经费的增长率却提高了 2.6%，2005—2006 年，国内生产
总值的年增长率下降了 0.3%，而财政性教育经费的年增长率却下降了 13%。当
然，在 2006—2007 年，国内生产总值年增长率增加了 3.9%的情况下，财政性教
育经费的年增长率却大幅增加了 17.8%。2011 年在国内生产总值增幅只有

---

① 包括中央和地方财政性教育经费。

11.82%的情况下,财政性教育经费增幅为29.38%(图3-15)。

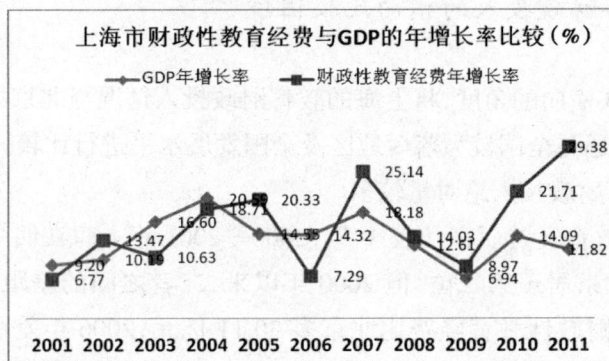

图3-15 上海市财政性教育经费年增长率与国内生产总值年增长率比较

上海市财政性教育经费占国内生产总值的比重来看(图3-16),从2000年的3.01%,下降到2004年的2.83%,最低下降到2.79%(2006年),之后逐渐回升,2011年达到3.76%。

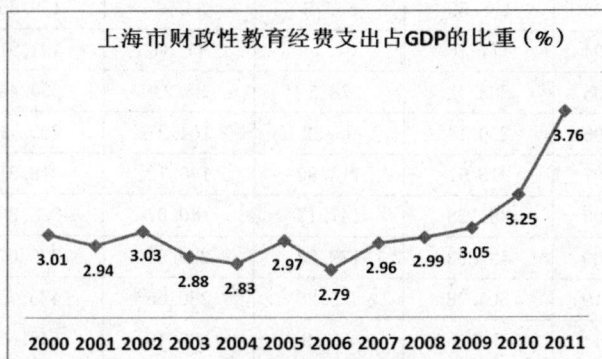

图3-16 2000—2011年上海财政性教育经费支出占国内生产总值的比重

总的来看,上海教育财政投入的总额在不断增加,但这种增长更多地体现了一种自然增长。与地方财政支出的增长相比,上海的增长明显落后,且增长幅度在全国处于后列,这与它"四个率先"的国际大都市的城市定位以及服务型政府的建构相脱节,构成了教育公共财政投入的发展困境。

(二)教育财政投入的横向比较困境

这里主要从横向的角度,将上海的教育财政投入情况与北京、天津、重庆等进行比较,同时还与全国较为落后地区及全国发展水平进行比较。

1.上海教育财政投入绝对量较多

就预算内教育经费而言(表3-7),2000—2001年上海在四个直辖市始终居于第一位,北京居于第二位,但2000年以来,二者之间的差距在不断缩小。2000年,上海财政性教育经费比北京多30.11亿元,2006年差距减少到4.97亿元,而2008年北京比上海多22.42亿元。到2012年,上海与北京基本持平,略低于北京。

表3-7 2000-2012年四直辖市预算内教育经费比较(亿元)

	北京	天津	重庆	上海
2000	82.9	33.83	34.65	113.01
2001	102.9	43.48	44.77	123.61
2002	118.34	47.33	54.96	143.84
2003	138.59	55.75	54.91	159.86
2004	171.16	64.44	71.34	194.91
2005	208.42	78.5	85.24	234.44
2006	250.14	95.22	104.27	255.11
2007	315.97	113.88	146.72	318.21
2008	381.28	147.17	180.07	358.86
2009	431.03	179.83	230.55	375.07
2010	505.78	225.28	280.66	435.75
2011	528.2	302.9	306.18	547.63
2012	611.92	378.75	417.5	610.75

数据来源:历年《全国教育经费执行情况统计公告》。

2000—2012年,上海预算内教育经费由113.01亿元增加到610.75亿元,增加了4倍多。就绝对值而言,上海预算内教育经费在全国的排名处于下降趋势。与教育投入最多的广东省进行比较可以发现,2000年,广东省为186.49亿元,广东是上海的1.65倍;2012年,广东为2320.7亿元,是上海的近3.8倍,差距进一步拉大(表3-8)。就在全国的排名来看(表3-9),上海从2000年在全国第4

位,逐渐下降到 2010 年的第 13 位。这其中,广东省的预算内教育支出一直居于全国首位;北京的预算内教育支出也逐渐增加,在 2008 年超过上海,之后不断增加,2012 年北京与上海分别为 611.92 亿元和 610.75 亿元(表 3-8)。

表 3-8 上海与部分省市的预算内教育经费(亿元)

	上海	北京	浙江	山东	江苏	广东
2000	113.01	82.9	91.25	135.51	136.56	186.49
2001	123.61	102.9	128.72	156.14	161.37	228.85
2002	143.84	118.34	161.31	185.33	191.24	299.05
2003	159.86	138.59	191.57	205.16	210.59	357.08
2004	194.91	171.16	236.7	231.58	264.48	404.66
2005	234.44	208.42	275.23	278.1	319.33	449.17
2006	255.11	250.14	328.11	330.27	377.15	523.32
2007	318.21	315.97	411.73	458.21	507.43	659.75
2008	358.86	381.28	471.55	555.84	618.94	797.98
2009	375.07	431.03	543.91	615.11	710.05	903.57
2010	435.75	505.78	639.27	773.66	877.82	1033.7
2011	547.63	528.2	727.66	1047.94	1026.42	2072.85
2012	610.75	611.92	841.38	1311.11	1263.36	2320.7

数据来源:历年《全国教育经费执行情况统计公告》。

表 3-9 2000—2012 年上海预算内教育经费绝对值在全国 31 个省市中的位次

年份	2000	2001	2002	2003	2004	2005	2006	2007	2008	2009	2010	2011	2012
位次	4	5	6	5	5	5	5	7	10	11	13	8	13

数据来源:根据历年《全国教育经费执行情况统计公告》比较得出。

2.上海教育财政投入年增长率在全国居于后列

就预算内教育经费增加的幅度而言(表3-10),2001—2012年,上海的年增长率在大多数年份都位居全国后列。其中2001年和2009年排在全国31个省市自治区的最后,2006年和2008年仅高于西藏和青海,排在第30位,2012年仅高于宁夏。除2004、2005和2011年上海的年增长率高于全国年增长率外,其余年份都低于全国公共财政预算教育经费的年增长水平,其中差距最大的是2006年,全国预算内教育经费的年增长率为24.05%,上海则仅有8.82%,相差15.23%(图3-17)。

表3-10 上海预算内教育经费年增长率在全国的位次

年份	2001	2002	2003	2004	2005	2006	2007	2008	2009	2010	2011	2012
位次	31	23	9	8	13	30	27	30	31	18	23	30

数据来源:根据历年《全国教育经费执行情况统计公告》比较得出。

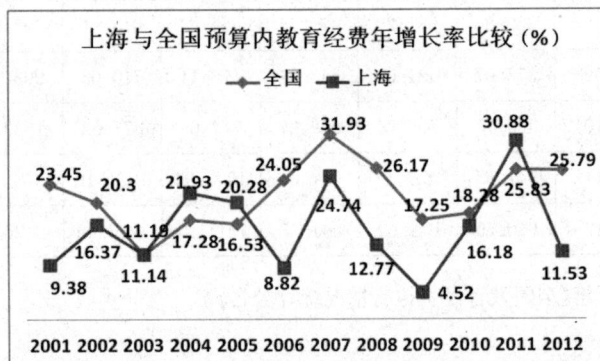

图3-17 上海与全国预算内教育经费年增长率比较
数据来源:历年《全国教育经费执行情况统计公告》。

3.上海教育财政支出占财政支出的比例较低

就预算内教育经费占财政支出的比例而言(图3-18),上海自2001年开始就位居四直辖市之尾,且呈现下降趋势,自2003年上海更是降到15%以下,而其他三个直辖市都在16%以上。在全国范围内进行比较(表3-11),2001—2012年上海居于全国后列。其中在2004—2009年一直是倒数第二,2010年也仅是高于西藏和青海,倒数第三。而且,上海预算内教育经费占财政支出的比例自2004年开始一直都低于全国平均水平(图3-18)。

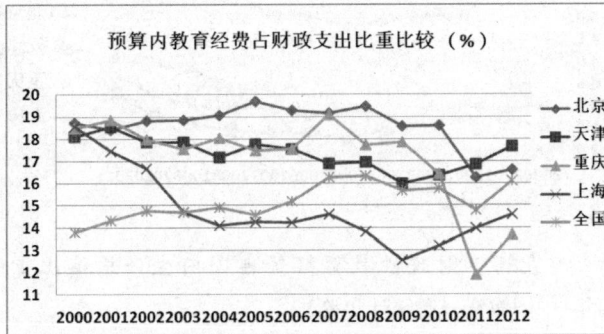

图 3-18 预算内教育经费占财政支出比重比较

表 3-11 上海市预算内教育经费占财政支出比例在全国的排名

年份	2000	2001	2002	2003	2004	2005	2006	2007	2008	2009	2010	2011	2012
位次	14	21	25	28	30	30	30	30	30	30	29	23	26

4.上海教育财政支出占国内生产总值的比重2012年达到了4%的要求

就财政性教育经费(包括地方性财政教育经费和中央财政性教育经费)占国内生产总值的比重而言,2001—2012年,在各地都在逐渐提高财政性教育经费的情况下,上海在全国的位次多居于后列。四个直辖市进行比较,北京都在4%以上,遥遥领先于其他三个直辖市(图3-19)。上海在2000、2001年居于四直辖市的第二位,之后开始下降,居于第三位,仅高于天津。就全国其他省市而言,2000年后,我国较不发达省份的财政性教育投入占国内生产总值的比重多在4%以上,主要有贵州、云南、西藏、陕西、甘肃、青海、宁夏、新疆等省份。像西藏从2004年开始都在10%以上,位居全国首位;甘肃在2009年达到了7.39%,居于全国第二位。对于较发达地区而言,财政性教育经费占国内生产总值的比重在近十年来基本都没有达到规定的4%(北京除外)。上海2012年财政性教育经费占国内生产总值的比重为4.28%,如期实现了教育规划纲要提出的4%目标。

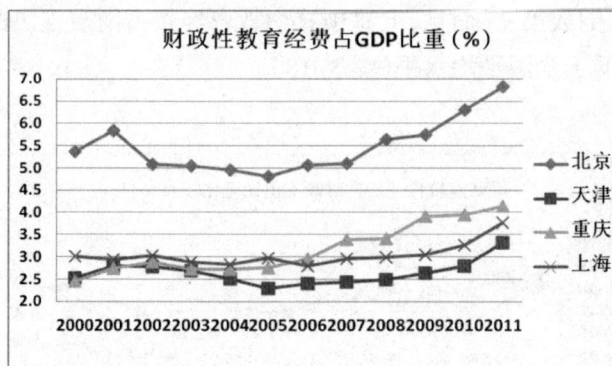

图 3-19　四直辖市财政性教育经费占国内生产总值比重的比较
数据来源:历年《中国教育经费统计年鉴》。

5. 上海预算内教育经费的增幅达到了高于本级财政经常性收入增幅的要求,但处于全国后列

就预算内教育拨款与本级财政经常性收入的增长幅度而言,上海除2001年外,都达到了《教育法》规定的预算内教育拨款要高于本级财政经常性收入增幅的要求,特别是 2010 年高出的比例有所增加,达到了 2.79%,但仍然低于全国平均水平,且差距较大。其中差距最大的是 2007 年,就全国平均水平而言,预算内教育经费高于本级财政经常性收入的 35.88%,而上海仅高出0.11%。而且在一些年份上海的这一数值都位居全国中下游,2001 年上海预算内教育拨款的增幅比本级财政经常性收入的增长低 4.87%,位居全国第 30 位,仅高于当年的江苏省(-8.53%);2003、2004 年达到了一个较高的水平都是第 13 位;2010 年达到了历史最高是第 8 位,2012 年居于全国 23 位,居于后列(表3-12)。

表 3-12 上海财政预算教育拨款增长率
高于财政经常性收入增长率的增幅在全国的排名

年份	2001	2002	2003	2004	2005	2006	2007	2008	2009	2010	2011	2012
位次	30	28	13	13	16	17	29	27	26	8	11	23

数据来源:历年《全国教育经费执行情况统计公告》。

(三)生均教育经费的增长与均衡问题

就生均教育经费总量而言，上海普通小学和高中生均教育经费都居于四直辖市之首，高等学校的生均教育经费是北京最高，普通初中的生均教育经费在2007年上海开始落后于北京，居于全国第二位。以普通小学生均公共财政预算公用经费为例(图3-20)，2000年，上海、北京是重庆的21倍多，差距最大的是2001年，上海为重庆的24.8倍。到2010年，差距明显缩小，上海为重庆的3.7倍，北京为重庆的5倍。将上海、北京的生均教育经费与在全国居于后列的省市进行比较，可以发现差距很大。贵州省的教育投入在全国居于后列，多数年份都居于最后。2000年，普通小学生均公共财政预算公用经费贵州不及上海的零头，只有18元，上海、北京都是贵州的24倍多(表3-13)。普通初中生均公共财政预算公用经费也差不多类似，2000年也只有22.7元，上海、北京分别为贵州的33倍多、31倍多。但值得高兴的是这种差距在显著地缩小，2000—2012年，从普通小学生均公共财政预算公用经费的年均增长率来看，上海、北京分别为25.3%、29.7%，贵州则为41.5%。到2012年，普通小学和普通初中的生均公共财政预算公用经费上海分别是贵州的4.9倍、4.5倍，北京是贵州的7.1倍、6.5倍(表3-13)。虽然我们看到差距在缩小，但公共财政投入的非均等性还很明显。

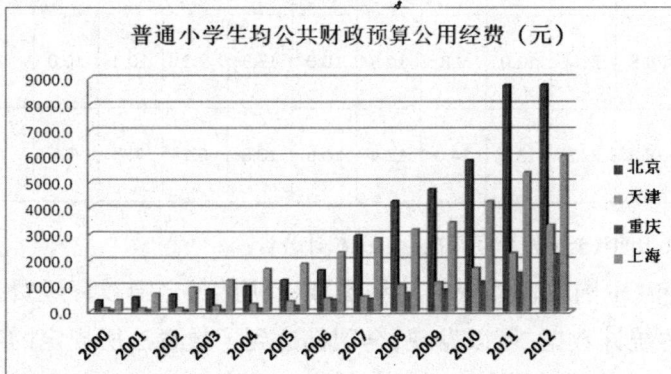

图3-20 四直辖市普通小学生均公共财政预算公用经费比较

表 3-13　上海、北京与贵州普通小学生均公共财政预算公用经费比较(元)

	2000	2001	2002	2003	2004	2005	2006	2007	2008	2009	2010	2011	2012
北京	432.5	566.9	668.0	860.6	984.5	1235.4	1619.4	2951.6	4271.5	4722.9	5837.0	8719.4	8731.8
上海	448.2	699.6	927.2	1229.2	1664.7	1865.7	2308.8	2844.9	3179.7	3453.1	4264.7	5369.2	6021.2
贵州	18.0	10.5	21.9	35.9	55.8	70.9	139.9	198.6	403.3	439.5	579.3	834.2	1236.0
北京为贵州的倍数	24.1	53.8	30.6	24.0	17.6	17.4	11.6	14.9	10.6	10.7	10.1	10.5	7.1
上海为贵州的倍数	24.9	66.4	42.4	34.3	29.8	26.3	16.5	14.3	7.9	7.9	7.4	6.4	4.9

表 3-14　上海、北京与贵州普通初中生均公共财政预算公用经费比较(元)

	2000	2001	2002	2003	2004	2005	2006	2007	2008	2009	2010	2011	2012
北京	722.4	872.0	1064.7	1210.4	1356.4	1794.4	2460.8	4963.6	5796.7	6352.2	8247.7	11241.8	11268.5
上海	754.1	848.2	1133.9	1510.7	1940.0	2114.1	2614.7	3425.9	3915.6	4495.3	5298.5	6837.8	7795.1
贵州	22.7	30.3	49.7	109.8	138.2	170.2	246.7	324.6	638.9	624.1	827.2	1371.6	1739.7
北京为贵州的倍数	31.8	28.8	21.4	11.0	9.8	10.5	10.0	15.3	9.1	10.2	10.0	8.2	6.5
上海为贵州的倍数	33.2	28.0	22.8	13.8	14.0	12.4	10.6	10.6	6.1	7.2	6.4	5.0	4.5

数据来源:历年《全国教育经费执行情况统计公告》。

　　根据历年《中国教育经费统计年鉴》以及历年《全国教育经费执行情况统计公告》中的统计数据,可以发现,全国都达到了教育法所规定的各级教育预算内生均教育事业费和预算内公用经费支出增长的要求。特别是在义务教育阶段,上海的生均教育经费不仅在四直辖市中居于首位,在全国也首屈一指。但通过比较可以发现,各级生均经费的分布并不均衡。就上海市而言(图

3-21),生均公共财政预算公用经费的分配是小学、初中、高中和高校之比,在2000 年为 1∶1.7∶1.5∶5.8(以小学生均公用经费为基准),在这一时期,高等学校占了四类学校生均公共财政预算公用经费的 73.6%。这种状况,在 2002 年之后高校占比基本维持在 45%左右。到 2010 年开始又上升到 50%以上。2012 年,四类学校生均公共财政预算公用经费为 1∶1.3∶1.5∶3.9, 高校的生均公共财政预算公用经费占四类学校总和的 50.8%,生均教育经费的差距有所缩小。但作为 9 年制义务教育阶段,普通小学和普通初中的教育经费还有待于进一步加大投入。

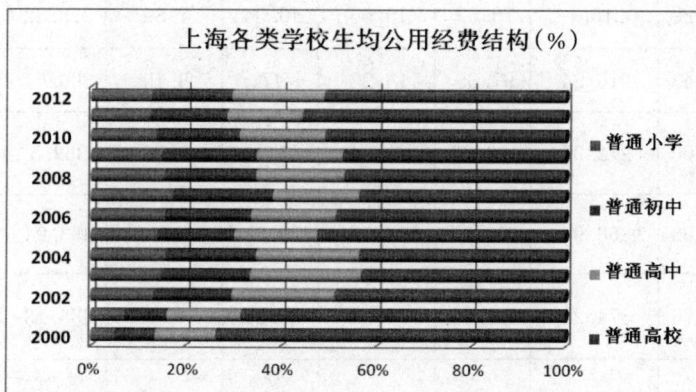

图 3-21 上海各类学校生均公共财政预算公用经费结构①
数据来源:历年《全国教育事业发展统计公报》中"全国教育经费执行情况统计表"。

三、定位与支撑的冲突:科技事业公共财政供给的比较分析

在上海城市发展中,创新型城市的发展定位,带来了政府对财政科技投入的增加,但创新型城市建设是一个长期的过程,需要公共财政提供持续的供给。

(一)科技经费中政府资金的欠缺

上海市科技活动经费中来源于政府的资金部分逐年增加,但是远远低于北

① 这里,把小学、初中、高中和高校生均公共财政预算公用经费之和作为 100%。

京。就科技活动经费筹集额①来看(表3-15),虽上海逐年增加,但北京远远高于上海,都为上海的1.5倍以上。其中,就政府资金的额度而言,北京则为上海的3倍以上。

表3-15 2002—2008年四直辖市科技活动经费筹集总额及其中政府资金额度

(亿元)

	北京	政府资金	天津	政府资金	重庆	政府资金	上海	政府资金
2002	445.29	215.1	70.52	15.06	40.34	7.89	278.32	62.77
2003	492.43	216.24	97.65	18.22	47	8.15	305.57	70.45
2004	602.06	272.35	123.33	21.94	57.41	9.78	362.5	82.67
2005	750.96	306.94	183.05	33.77	75.98	12.71	453.94	99.6
2006	874.76	374.22	197.33	28.08	85.23	13.43	485.13	100.63
2007	992.28	476.03	278.14	34.91	105.56	16.53	561.26	134.94
2008	1088.86	495.97	329.68	43.48	141.56	19.19	585.65	158.46

数据来源:历年《中国科技统计年鉴》。

政府资金在科技活动经费筹集额中所占的比重北京远远高于上海,北京政府资金都在40%以上,而上海只有20%多。2002年北京科技活动经费筹集额为1088.86亿元,是上海585.65亿元的近2倍;而北京的政府资金占了全部筹集额

---

① 2008年以后,由于统计口径的调整,不再设该项统计,故数据只到2008年。

的大约一半,为 495.97 亿元,是上海政府资金的 3 倍多(图3-22)。

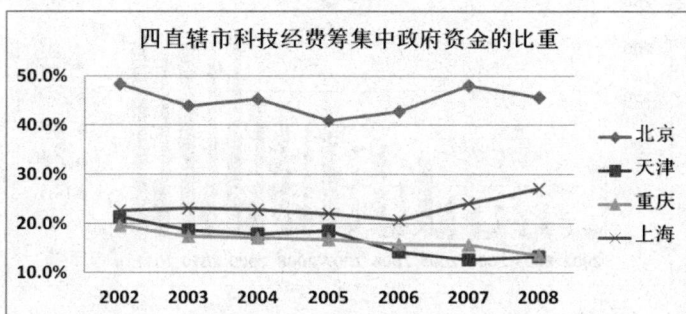

图 3-22 四直辖市科技经费筹集中政府资金的比重

数据来源:历年《中国科技统计年鉴》。2008 年之后没有该统计项。

(二)地方财政科技投入的横向比较

上海地方财政科技投入额居于全国前列,特别是 2009、2010、2011 年,超过了科技投入较多的广东省,居于全国首位。与北京相比,自 2004 年以来,上海地方财政科技拨款超过了北京,居于全国第二。而天津、重庆的地方财政科技投入则远远低于上海,2002 年上海为天津的 1.8 倍、重庆的 4.2 倍。差距最大的是2009 年,上海分别为天津和重庆的 6.4 倍和 13.8 倍(图3-23)。

就地方财政科技投入占地方财政支出的比重而言(图 3-24),上海呈现逐渐递增的趋势。自 2002 年 1.17% 到 2009 年的历史最高 7.2%,增长较快,起伏较大。而同期的北京、广东,呈现出较为稳定的增长特点。广东一直在 3% 以上;北京 2007 年以来都在 5% 以上。而重庆的地方财政科技拨款占地方财政支出的比重都在 1.5% 以下。地区差异大,非均衡性表现明显。

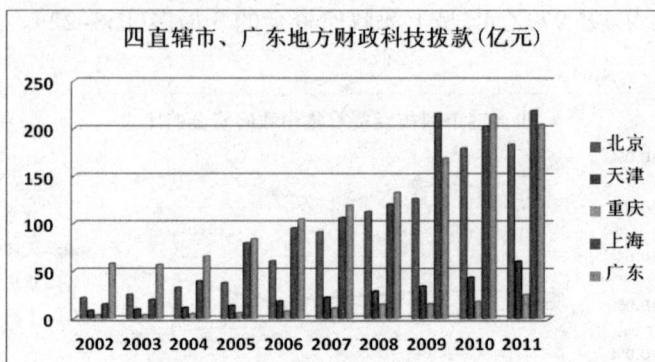

图 3-23 四直辖市、广东地方财政科技投入比较
数据来源:历年《中国科技统计年鉴》。

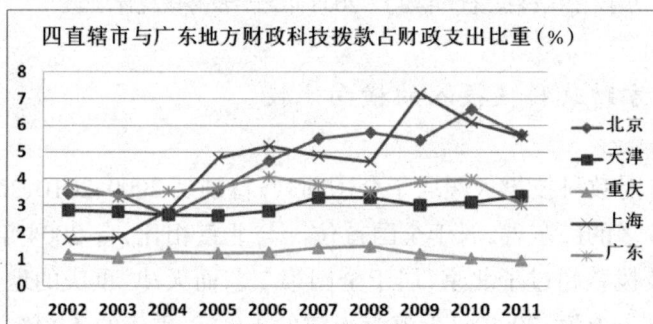

图 3-24 四直辖市、广东地方财政科技投入占财政支出的比重
数据来源:历年《中国科技统计年鉴》。

就地方财政科技支出结构而言(图 3-25),上海市级财政科技支出居于主导地位,2005—2012 年上海市级财政科技拨款占本级财政支出的比重远远高于区县财政科技占本级财政支出的比重,几乎都在 2 倍以上(2011 年为 1.89 倍)。由此可见,区县级财政科技拨款还具有增长的巨大空间。但就各区县财政科技投入情况来看(表 3-16),分布不均衡。区县财政投入较高的是徐汇区、浦东新区、杨浦区和闵行区。2009、2010、2011 年财政科技投入最高的是徐汇区,占区财政支出的 7.4%、7.97%、6.45%,2012 年最高的是杨浦区,为 6.47%。最少的崇明县,2011 年财政支出只超过了 1%,为 1.16%,2012 年为 1.27%。近两年来青浦区县财政投入增长较快,由 2007 年 2.4%增长到 2012 年的 5.0%。

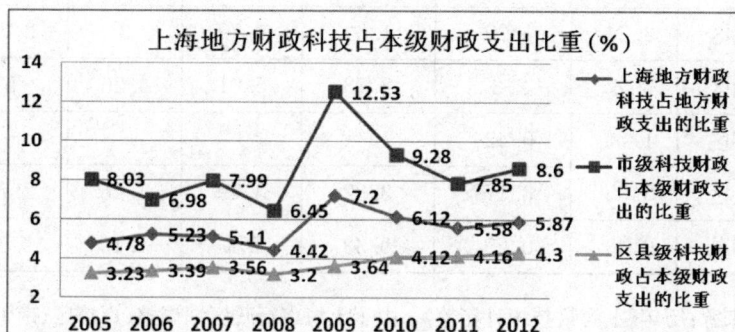

图 3-25 上海地方财政科技占本级财政支出的比重比较

数据来源:历年《上海科技统计年鉴》。

表 3-16 上海各区县科技拨款占本区财政支出比重(%)

	2007	2008	2009	2010	2011	2012
黄浦区	2.11	1.9	2.2	2.21	3.28	3.29
卢湾区	2.68	3.16	4.26	5.22	—	—
徐汇区	4.9 4	5.25	7.4	7.97	6.45	5.29
长宁区	4.81	5.81	3.65	3.72	3.76	3.73
静安区	3.01	3.58	3.57	4.06	4.05	3.77
普陀区	1.59	2.04	3.5	2.8	2.75	2.93
闸北区	2.5	2.51	3.06	4.38	4.33	4.2
虹口区	1.86	2.19	2.33	2.22	2.18	2.08
杨浦区	3.65	3.57	5.07	5.1	6.12	6.47
闵行区	4.27	5.12	5.26	6.48	5.2	5.72
宝山区	1.83	1.91	3.8	4.36	4.48	4.48
嘉定区	1.5	0.57	1.1	1.19	1.76	1.76
浦东新区	7.3	5.19	4.58	4.56	5.3	5.92
金山区	1.45	0.6	0.85	5.19	4.65	4.38

	2007	2008	2009	2010	2011	2012
松江区	3.24	1.29	1.63	1.79	2	2.34
青浦区	2.4	2.3	2.73	5.01	4.26	5
南汇区	1.71	0.42	–	–	–	–
奉贤区	3.05	3.17	3.32	3.49	3.26	2.75
崇明县	0.43	0.29	0.33	0.7	1.16	1.27

数据来源：历年《上海科技统计年鉴》。由于上海市行政区划调整，卢湾区、南汇区被调整合并。

(三)研究与发展(R&D)经费增加的困境

从研究与发展(R&D)经费绝对值来看，研究与发展经费持续增加。2012 年我国研究与发展经费规模首次突破万亿大关，达到 10298 亿元。[1]上海市研究与发展经费自 2002 年的 110.27 亿元增加到 2011 年的 597.71 亿元，增加了 4 倍多。就研究与发展经费总额进行比较，上海居于全国前列，2010 和 2011 年都居于第六位，居于前五位的分别是江苏、广东、北京、山东和浙江。北京远远高于上海，为上海的 1.5 倍以上。2002 年北京为 219.54 亿元，2011 年为 936.64 亿元，分别是上海的 1.99 倍和 1.57 倍。就绝对值而言，广东、江苏也高于上海，两个省份在 2011 年都超过了一千亿元，分别为 1045.49 亿元和 1065.51 亿元，分别是上海的 1.75 倍和 1.78 倍。天津和重庆研究与发展经费投入额较少，重庆到 2011 年才接近上海 2003 年的投入水平。可见，就研究与发展经费而言，地区差距较大(表 3–17)。

① 科学技术发展计划司.2012 年我国 R&D 经费特征分析[OL].科技统计报告,2013(18).中国科技统计网:http://www.sts.org.cn/tjbg/zhqk/documents/2013/1318.pdf.

表 3-17 2002-2011 年 R&D 经费比较(亿元)

	北京	天津	重庆	上海	广东	江苏	浙江	山东
2002	219.54	31.19	12.62	110.27	156.45	117.26	54.29	88.16
2003	256.25	40.43	17.44	128.92	179.84	150.46	75.23	103.8
2004	317.33	53.75	23.65	171.12	211.21	213.98	115.55	142.12
2005	382.07	72.57	31.96	213.77	243.76	269.83	163.29	195.14
2006	432.99	95.24	36.91	258.84	313.04	346.07	224.03	234.13
2007	505.39	114.69	46.99	307.46	404.29	430.2	281.6	312.31
2008	550.35	155.72	60.15	362.3	502.56	580.91	344.57	433.72
2009	668.64	178.47	79.46	423.38	652.98	701.95	398.84	519.59
2010	821.82	229.56	100.27	481.7	808.75	857.95	494.23	672
2011	936.64	297.76	128.36	597.71	1045.5	1065.5	598.08	844.37

从研究与发展经费年增长率来看(表 3-18),我国研究与发展经费持续保持高速增长,2008—2012 年平均增速达到 29.2%(可比价),增速位居全球前列。同一时期,由于受国际金融危机的影响,2008—2011 年间,美国研究与发展经费的年均增长率为 2.1%,英国约 3.9%,法国、德国分别为 4.1% 和 4.5%。[1]上海的年增长率很不稳定,最高的是 2004 年为 32.7%,较低的是 2010 年为 13.8%。通过对四个直辖市和研究与发展经费在全国居于前列的省份 2002—2011 年的年均增长率进行比较可以发现,北京、上海增速最低,分别是 17.5% 和 20.7%,而天津、重庆和广东、江苏、浙江、山东都在 20% 以上,其中,江苏省的年均增长率达到 30.1%。

① 科学技术发展计划司. 2012 年我国 R&D 经费特征分析[OL].科技统计报告,2013(18).中国科技统计网:http://www.sts.org.cn/tjbg/zhqk/documents/2013/1318.pdf.

表 3-18 R&D 经费年增长率比较(%)

	北京	天津	重庆	上海	广东	江苏	浙江	山东
2003	16.7	29.6	38.2	16.9	15.0	28.3	38.6	17.7
2004	23.8	32.9	35.6	32.7	17.4	42.2	53.6	36.9
2005	20.4	35.0	35.1	24.9	15.4	26.1	41.3	37.3
2006	13.3	31.2	15.5	21.1	28.4	28.3	37.2	20.0
2007	16.7	20.4	27.3	18.8	29.1	24.3	25.7	33.4
2008	8.9	35.8	28.0	17.8	24.3	35.0	22.4	38.9
2009	21.5	14.6	32.1	16.9	29.9	20.8	15.8	19.8
2010	22.9	28.6	26.2	13.8	23.9	22.2	23.9	29.3
2011	14.0	29.7	28.0	24.1	29.3	24.2	21.0	25.7
年均增长率	17.5	28.5	29.4	20.7	23.5	27.8	30.6	28.5

就研究与发展经费占国内生产总值的比重而言(表 3-19),上海居于全国前列,且呈递增趋势,但远低于北京。上海直到 2011 年才超过 3%,而北京一直都在 5%以上,天津在 2%左右,重庆则在 1%左右。上海 2011 年最高,为 3.11%,而同期北京则为 5.76%。而广东、江苏、浙江和山东的研究与发展经费占国内生产总值的比重则相对较低,近两年来主要在 2%左右。

表 3-19 R&D 经费占国内生产总值的比重比较(%)

	北京	天津	重庆	上海	广东	江苏	浙江	山东
2002	5.07	1.45	0.63	1.92	1.16	1.11	0.68	0.86
2003	5.1	1.57	0.77	1.93	1.14	1.21	0.78	0.86
2004	5.24	1.73	0.89	2.21	1.12	1.43	0.99	0.95
2005	5.55	1.96	1.04	2.31	1.09	1.47	1.22	1.05
2006	5.5	2.18	1.06	2.5	1.19	1.6	1.42	1.06
2007	5.4	2.27	1.14	2.52	1.3	1.67	1.5	1.2

续表

	北京	天津	重庆	上海	广东	江苏	浙江	山东
2008	5.25	2.45	1.18	2.59	1.41	1.92	1.6	1.4
2009	5.5	2.37	1.22	2.81	1.65	2.04	1.73	1.53
2010	5.82	2.49	1.27	2.81	1.76	2.07	1.78	1.72
2011	5.76	2.63	1.28	3.11	1.96	2.17	1.85	1.86

数据来源:中国科技统计网。

就研究与发展经费内部结构而言,从经费来源看,企业在研究与发展经费中的主体地位稳步加强,2012年上海达到426.33亿元,占研究与发展经费的62.75%;政府资金占比有所提高,2012年占研究与发展经费的33.23%(表3-20)。从活动类型看,基础研究投入相对较为稳定,主要年份都在6%左右,2012年为7.2%;应用研究投入相对波动较大,2003年占29.2%,到2012年只占到13.5%;试验发展经费呈逐步上升,2003年为64.1%,2007年达到82.8%,之后都在75%以上,2012年占研究与发展经费的79.3%(表3-21)。研究与发展经费按执行部门来看,企业是科研主力,多数年份占比都在60%以上;其次是科研机构,多数年份占比都在20%以上;高等院校的研究与发展经费占比有所下降,由2003年占比13.33%,逐年下降,近年来占比都在9%以上,2012年只有9.08%(表3-22)。

表3-20 上海 R&D 经费按资金来源投入结构分析(%)

	政府资金	企业资金	国外资金	其他资金
2002	26.07	45.36	11.17	17.40
2003	30.66	58.14	1.29	9.91
2004	32.97	51.79	3.28	11.96
2005	23.86	67.31	1.70	7.13
2006	23.58	68.00	2.16	6.25
2007	25.40	67.97	2.39	4.24
2008	28.02	66.96	1.04	3.98
2009	26.67	67.62	2.83	2.87
2010	29.64	66.07	1.41	2.87
2011	29.43	65.59	1.71	3.26
2012	33.23	60.87	1.06	4.84

数据来源:《上海科技统计年鉴2007》和《上海科技统计年鉴2013》。

表 3-21 上海 R&D 经费按活动类型分内部结构(%)

	基础研究	应用研究	试验发展
2002	7.1	21.9	71.0
2003	6.7	29.2	64.1
2004	6.1	26.1	67.8
2005	5.0	15.1	79.9
2006	5.5	16.0	78.5
2007	5.5	11.7	82.8
2008	7.3	13.7	79.0
2009	6.8	16.7	76.5
2010	6.5	14.3	79.2
2011	6.3	15.5	78.2
2012	7.2	13.5	79.3

数据来源:《上海科技统计年鉴 2007》和《上海科技统计年鉴 2013》。

表 3-22 上海 R&D 经费按执行部门分比例结构(%)

	科研机构	企业	高等院校	其他
2002	26.57	59.62	11.54	2.27
2003	29.81	54.68	13.33	2.18
2004	25.41	61.79	11.11	1.69
2005	21.01	67.30	11.10	0.60
2006	20.91	68.41	10.24	0.44
2007	18.86	72.25	8.54	0.35
2008	22.24	67.89	9.52	0.35
2009	20.54	68.14	9.50	1.82
2010	21.87	66.70	9.51	1.92
2011	22.35	66.57	9.17	1.91
2012	26.64	62.75	9.08	1.54

数据来源:《上海科技统计年鉴 2007》和《上海科技统计年鉴 2013》。

四、规划与供给的冲突:文化事业公共财政供给的比较分析

党的十七大报告提出要推动社会主义文化大发展大繁荣,提高国家文化软实力;党的十七届六中全会通过了《中共中央关于深化文化体制改革,推动社会主义文化大发展大繁荣若干重大问题的决定》,推动文化发展繁荣的国家战略规划受到越来越多的重视;党的十八大报告提出要"扎实推进社会主义文化强国建设",凸显了文化发展对国家能力提升的重要性。与文化发展重要性的提升相应的,是对政府文化公共物品的财政供给提出了更高的要求。

(一)文化事业投入不断增加,但占国家财政支出比重变化不大

我国文化事业费逐年增加, 从 2002 年的 83.66 亿元, 增加到 2013 年的530.49 亿元(图 3-26),增长了 5 倍多,年均增长率为 18.3%,与我国财政支出的年均增长率保持一致。从文化事业费占财政支出的比重(图 3-27)来看,变化不大。从人均文化事业费来看 (图 3-28), 从 2002 年的 6.51 元增加到 2013 年的38.99 元,增长了近 5 倍,年均增长率为 17.7%。相比较而言,我国文化事业费投入在教科文卫财政投入中所占比例最低。可以说,我国文化事业费的增长更多的是一种自然增长,即随着国家财政支出的增长而增长,并未体现出文化事业发展的需求,这与建设社会主义文化强国、提高文化软实力的建设目标还有很大差距。

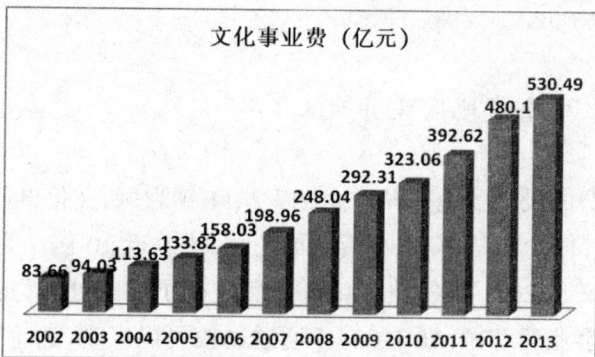

图 3-26 2002—2013 年我国文化事业费

数据来源:《中国文化文物统计年鉴 2013》。

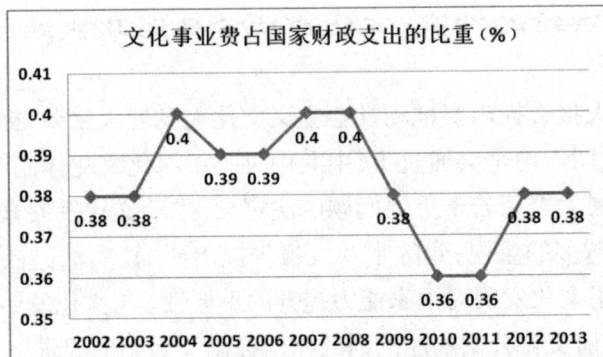

图 3-27 文化事业费占国家财政支出的比重

数据来源:《中国文化文物统计年鉴 2013》。

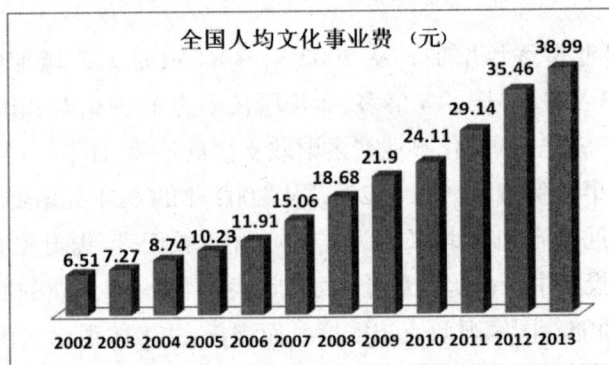

图 3-28 全国人均文化事业费

数据来源:历年《中国文化文物统计年鉴》。

(二)文化事业费地区差异大

文化事业费的投入各地差异较大。以 2011 年为例,文化事业费最多的是广东为 33.7 亿元,最少的是西藏,只有 3.4 亿元,相差近 10 倍。为了说明这种差异,笔者将 2002 至 2011 年各地文化事业费进行了加总处理,也就得出了近十年来各地文化事业费总额(表 3-23)。通过比较可以发现,近十年来,文化事业费居前列的是广东、浙江、上海、江苏和北京(图 3-29),居于后列的是西藏、海南、宁夏、青海和贵州。文化事业费最多的广东累计为 179.9 亿元,最少的西藏为

11.1 亿元,相差 15 倍多。

表 3-23 2002—2011 年 31 省份文化事业费总额及
2011 年文化事业费(亿元)

地区	2002—2011年	2011年
北京	101.2	17.9
天津	39.5	7.5
河北	49.6	9.3
山西	51.9	11.2
内蒙古	58.6	12.8
辽宁	67.4	10.9
吉林	48.9	9.3
黑龙江	48.1	8.8
上海	119.6	24.2
江苏	116.4	22.8
浙江	153.0	28.9
安徽	47.3	9.1
福建	60.3	10.8
江西	39.7	7.0
山东	93.0	17.5
河南	60.7	12.2
湖北	64.1	10.8
湖南	52.3	9.9
广东	179.9	33.7
广西	45.1	8.3
海南	15.1	3.7
重庆	38.3	9.4
四川	84.9	20.6
贵州	33.1	7.5
云南	62.3	12.2
西藏	11.1	1.9
陕西	48.5	11.9
甘肃	35.0	8.3
青海	16.5	3.4
宁夏	16.1	3.6
新疆	42.2	8.8

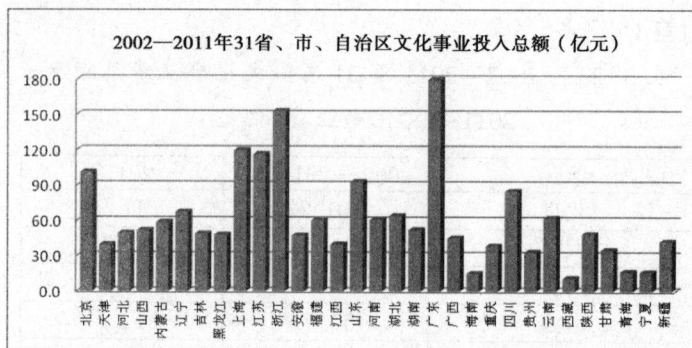

图 3-29 2002—2011 年各地区文化事业费投入总额

就全国范围内人均文化事业费而言,大致呈现东部地区较高,西部地区次之,中部地区最低的态势。2002—2011 年居于全国后列的省份主要有河南、河北、安徽、湖南、山东等(表 3-24),且与人均事业费最高的上海差距很大。上海的人均文化事业费一直走在全国前列(图 3-30),主要年份上海的人均文化事业费都居于全国首位,大大超过了国务院《文化建设"十一五"规划》(2006—2010 年)规定的 2010 年人均文化事业费达到 15.6 元的标准。2011 年,上海人均文化事业费为 103.01 元,为最低的河北省 12.85 元的 8 倍多。天津的人均文化事业费大约只有上海的一半,重庆则远远落后于上海。事实上,2011 年全国人均文化事业费为 29.14 元,还有 11 个省份没有达到上海 2000 年的水平(人均文化事业费 25.45 元)。可见,文化财政投入的非均衡性表现得尤为突出。

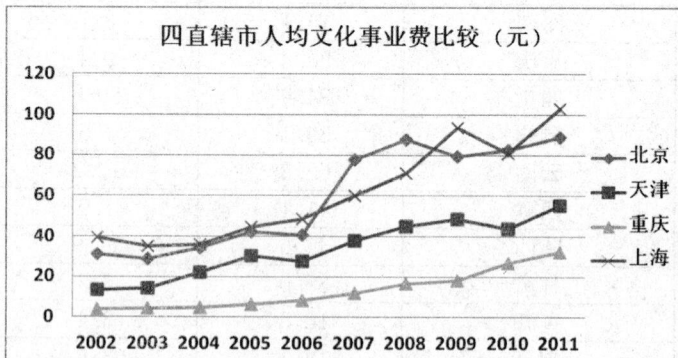

图 3-30 四直辖市人均文化事业费比较

数据来源:2005、2009、2011 年《中国文化文物统计年鉴》。

表 3-24　部分地区人均文化事业经费排名比较

	2002	2003	2004	2005	2006	2007	2008	2009	2010	2011
北京	2	2	2	2	2	1	1	2	1	2
天津	4	5	4	3	4	3	3	3	7	6
重庆	25	24	24	23	22	20	18	18	13	13
上海	1	1	1	1	1	2	2	1	2	1
浙江	5	4	5	5	5	5	6	6	6	7
河北	26	25	26	25	25	30	31	31	31	31
山东	22	21	20	21	21	22	24	28	27	25
河南	31	31	31	31	31	31	30	30	30	30
湖南	29	29	29	26	27	29	28	27	28	29
安徽	28	26	28	30	30	29	29	29	29	28

(三)领先与低比重:上海文化事业财政投入的尴尬

上海对文化事业的财政拨款额度是逐渐递增的,近十年的文化事业费投入总额在全国居于第三位,仅次于广东和浙江;人均文化事业费主要年份都在全国居于前列(表3-24)。就文化事业费占财政支出的比重而言(图3-31),上海文化事业费占财政支出的比重最高的是 2009 年,居全国第三位,为 0.62%,这与浙江主要年份都在 0.7%以上以及北京和福建大多数年份都在 0.6%以上还有差距。这与国务院《文化建设"十一五"规划》(2006—2010 年)规定的文化事业费占财政总支出的比重达到 0.8%的要求还有一定差距。

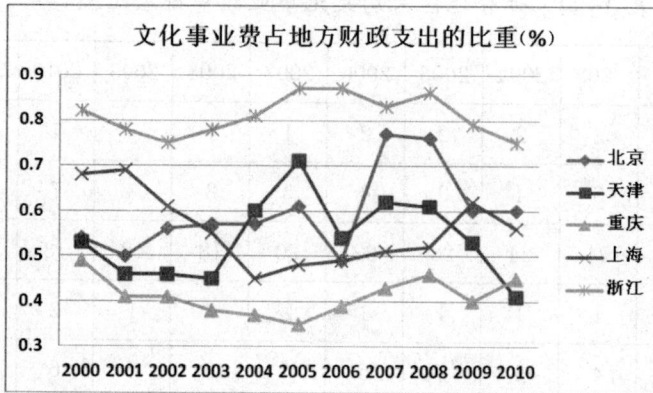

图 3-31 文化事业费占财政支出比重比较

数据来源:《中国文化文物统计年鉴》2012、2009、2007、2005。

表 3-25 部分地区文化事业费占财政支出比重排名比较

	2002	2003	2004	2005	2006	2007	2008	2009	2010
北京	7	6	6	4	10	2	2	4	2
天津	20	19	5	3	5	3	5	7	14
重庆	28	29	29	29	21	17	12	18	11
上海	4	7	22	9	11	8	10	3	4
浙江	2	1	1	1	1	1	1	1	1

数据来源:《中国文化文物统计年鉴》2012、2009、2007、2005。

五、需求与短缺的冲突:医疗卫生事业公共财政供给的比较分析

"看病难、看病贵"是当前突出的社会问题。社会对基本医疗卫生公共物品供给的需求在不断提升,但医疗财政投入不足造成了医疗卫生资源绝对不足,无法满足基本医疗卫生服务需求,从而造成了需求与短缺之间形成了强烈的冲突。

(一)增长与差距:卫生总费用的增长和人均卫生费用差距的缩小

我国卫生总费用不断增加。根据不同来源的数据显示,各地卫生总费用不断增加。就全国来讲,从2002年的5,790.0亿元增长到2012年的27,846.8亿元(图3-32),增长了近5倍,年均增长率为19.1%。就上海卫生总费用来看,上海居于全国前列,远远高于天津、重庆,大约为660亿元,上海在2009年也只有656.66亿元;2011年两地的差距进一步缩小,北京为977.3亿元,上海为931.0亿元(表3-26)。

图3-32 2002—2012年全国卫生总费用

表 3-26 四直辖市部分年份卫生总费用(亿元)

	北京	天津	重庆	上海
2002	262.4	97.0	87.9	220.3
2003	314.2	117.6	114.6	266.2
2004	357.2	129.9	133.4	315.5
2005	432.8	152.2	165.9	362.1
2006	497.4	171.7	–	401.5
2007	523.2	225.9	–	485.7
2008	668.5	264.1	–	559.8
2009	689.6	315.5	–	656.7
2010	814.7	355.7	432.97	752.0
2011	977.3	411.1	512.03	931.0
2012	–	479.8	–	–

数据来源:北京 2002—2010 年数据来自《北京统计年鉴 2013》,2011 年数据来自《2013 中国卫生统计年鉴》;天津数据来自《天津统计年鉴 2013》;重庆数据来自张彦奇等:"1997—2005 年重庆市卫生总费用筹资水平、结构及趋势变化分析",《中国卫生经济》,2008 年第 3 期,重庆 2010、2011 年数据分别来自《2012 中国卫生统计年鉴》和《2013 中国卫生统计年鉴》;上海数据来自上海卫生局副局长夏毅等:"上海市卫生总费用现状分析",载《中国卫生政策研究》,2010 年第 1 期;金春林、王力男、李芬:"上海市卫生总费用来源法与机构法核算结果差异原因分析",载《中国卫生经济》2013 年第 8 期。因 2009 年数据与《中国统计年鉴2011》中的上海卫生总费用是一样的,所以以此数据为准。

就卫生总费用占国内生产总值的比重来看(图 3-33),呈现曲折上升的趋势,2007 年卫生总费用占国内生产总值的比重从 2002 年的 4.9%逐渐下降为 4.3%,2009 年之后这一比重上升到 5%以上,2012 年达到了 5.4%。上海卫生总费用占国内生产总值的比重较低(表 3-27)。从现有数据分析,上海卫生总费用占国内生产总值的比重大大低于北京和全国水平。上海卫生总费用占国内生产总值的比重 2002 年为 3.84%,北京则为 6.08%。北京最低的年份是 5.31%,而上海最高的是 2011 年,也只有 4.85%;全国卫生总费用占国内生产总值的比重在 2009 年则超过了 5%,达到了 5.15%,上海大大低于北京和全国平均水平。到 2011 年,北京为 6.01%,全国平均为 5.2%,上海只占到 4.85%。而《中国统计年鉴

2013》公布的 30 个省、市、自治区 2011 年卫生总费用占国内生产总值比重中上海居第 18 位。

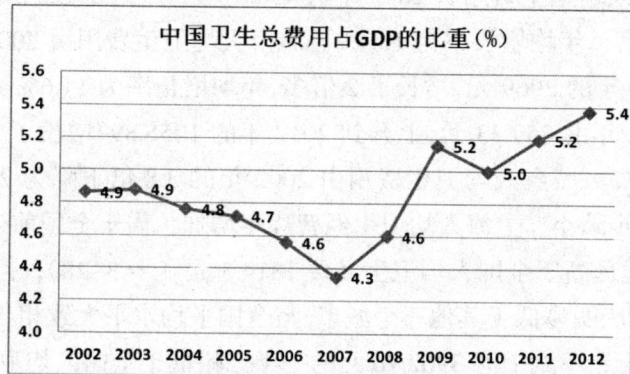

中国卫生总费用占GDP的比重(%)

图 3-33 中国卫生总费用占国内生产总值的比重

数据来源:《2013 中国卫生统计年鉴》。

表 3-27 四直辖市及全国卫生总费用占国内生产总值比重(%)

	北京	天津	重庆	上海	全国
2002	6.08	4.51	3.94	3.84	4.86
2003	6.27	4.56	4.48	3.98	4.88
2004	5.92	4.18	4.40	3.91	4.76
2005	6.21	3.90	4.78	3.92	4.72
2006	6.13	3.85	–	3.80	4.56
2007	5.31	4.30	–	3.89	4.34
2008	6.01	3.93	–	3.98	4.60
2009	5.67	4.19	–	4.36	5.15
2010	5.77	3.86	5.46	4.38	5.00
2011	6.01	3.64	5.11	4.85	5.20
2012	–	3.72	–	–	5.37

数据来源:北京数据和上海 2009 年数据是由前述数据除以国内生产总值得出,国内生产总值数据来自各地《统计年鉴 2011》;天津数据来自《天津统计年鉴 2011》;全国数据来自《2013 中国卫生统计年鉴》;重庆数据来源同上。

　　就全国人均卫生费用情况进行分析(图3-34)，我国城乡人均卫生费用不断增加。全国人均卫生费用从2002年的450.8元上升到2012年的2056.6元，增加了约3.6倍，年均增长率为16.4%。城市人均卫生费用由2002年的987.1元上升到2012年的2969元，增长了2倍多，年均增长率为11.6%。农村人均卫生费用从2002年的259.33元，上升到2012年的1055.89，增长了3倍多，年均增长率为15.1%。城乡人均卫生费用由2002年的3.8倍下降为2012年的2.8倍，差距进一步缩小。上海人均卫生经费逐年增加，居于全国前列，2009年为3417.76元，远远高于全国人均卫生经费1314.3元（表3-28），但低于北京的4179.87元。重庆明显低于其他三个城市，与全国平均水平大致相当。2011年重庆为1754.14元，不到上海3962.76元的一半，略低于全国人均卫生经费1807元。将北京、上海的人均卫生费用与全国最低的省份比较(在有统计的省份中，2009和2010年最低的都是江西，2011年最低的是贵州)，2009年，北京为4179.87元，是全国最低的江西省人均卫生费用886.51元的4.7倍多；2010年北京为4147.2元，是全国最低的江西省992.04元的近4.2倍；2011年，北京为4841.29元，是全国最低的贵州省1220.91元的近4倍。由此可见，人均卫生经费地区差异巨大，非均等性特点明显。

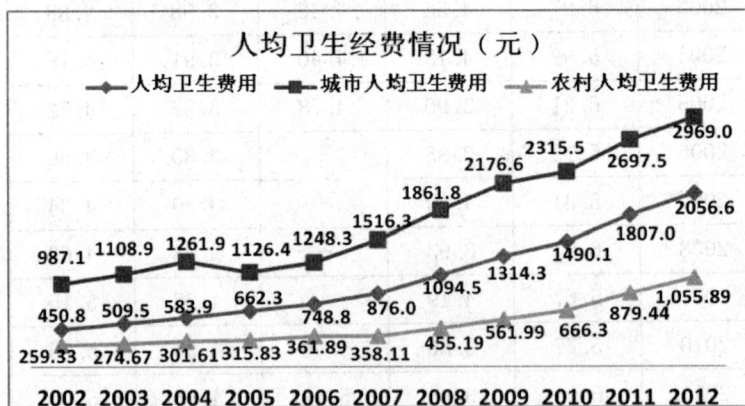

图3-34 人均卫生费用情况

表 3-28 全国与部分省市部分年份人均卫生费用(元)

	北京	天津	重庆	上海	全国	江西	贵州
2009	4179.87	2568.46	–	3417.76	1314.3	886.51	–
2010	4147.2	2737.28	1500.98	–	1490.1	992.04	–
2011	4841.29	3034.87	1754.14	3962.76	1807.0	–	1220.91

数据来源:全国的数据来自《2013中国卫生统计年鉴》,其余数据来自2010、2011和2012年《中国卫生统计年鉴》。

(二)增长与增速:医疗卫生财政支出分析

我国医疗卫生财政支出逐年增加,由2007年的1989.98亿元增加到2012年的7254.11亿元(图3-35),增长了2.5倍多,年增长率超过了26%。从医疗卫生财政支出占国家财政支出的比重看(图3-36),国家医疗卫生财政支出比重不断提高,由2007年占4%上升到2012年的5.75%。

就上海医疗卫生地方财政支出[①](表3-29)而言,总体上呈持续的增加趋势,由2002年的30.5亿元增加到197.3亿元,增长了近5.5倍,年均增长率为20.5%。相比较而言,2002—2012年,上海的医疗卫生财政支出年均增长率在四个直辖市中位居最后,北京、天津和重庆分别是21.1%、24.6%和33.4%。就医疗卫生财政支出占地方一般预算财政支出比重而言(表3-30),上海在四直辖市中也居于最后。特别是近年来,北京一直都在6%以上,有的年份超过了7%,天津也都在4%以上,有的年份超过了5%,重庆则由2002年的3.1%上升到2007年之后的5%以上,上海则是由2002年的3.5%,逐渐增加到接近5%。

---

① 此处的数据采自《中国统计年鉴》"各地区财政支出"条目中的"医疗卫生",因此,称之为医疗卫生地方财政支出。

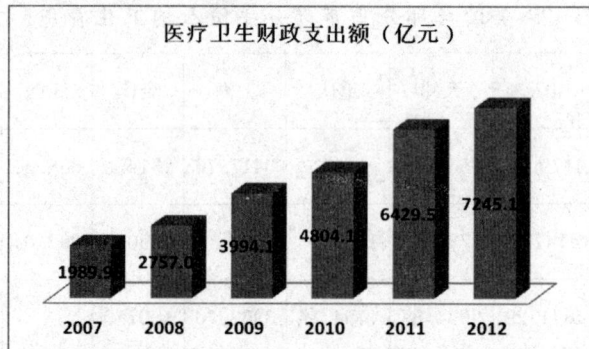

图 3-35 我国医疗卫生财政支出额

数据来源:历年《中国统计年鉴》。

图 3-36 医疗卫生财政支出占国家财政支出的比重

数据来源:历年《中国统计年鉴》。

表 3-29   四直辖市地方财政支出中的医疗卫生支出额(亿元)

	2002	2003	2004	2005	2006	2007	2008	2009	2010	2011	2012	年均增长率%
北京	37.9	49.6	54.1	65.6	87.1	119.0	145.1	166.6	186.8	225.5	256.1	21.1
天津	11.7	15.3	18.3	19.0	23.8	33.1	41.9	54.2	70.1	90.5	105.9	24.6
重庆	9.4	10.8	12.1	15.2	19.8	34.0	51.6	76.7	94.9	143.7	167.4	33.4
上海	30.5	36.4	45.0	52.2	61.5	88.8	122.3	132.9	160.1	190.0	197.3	20.5

数据来源:历年《中国统计年鉴》中地方财政支出的医疗卫生支出数据。

表 3-30　四直辖市医疗卫生财政支出占地方一般预算财政支出①的比重(%)

	2002	2003	2004	2005	2006	2007	2008	2009	2010	2011	2012
北京	6.0	6.8	6.0	6.2	6.7	7.2	7.4	7.2	6.9	6.9	6.9
天津	4.4	4.9	4.9	4.3	4.4	4.9	4.8	4.8	5.1	5.0	4.9
重庆	3.1	3.2	3.0	3.1	3.3	4.4	5.1	5.9	5.6	5.6	5.5
上海	3.5	3.3	3.3	3.2	3.4	4.1	4.7	4.4	4.8	4.9	4.7

数据来源:历年《中国统计年鉴》中地方财政支出的医疗卫生支出数据。

(三)增长与负担:政府卫生支出的增长与个人卫生支出的重负

　　我国政府卫生支出不断增长（图 3-37）, 从 2002 年的 980.51 亿元增长到 2010 年的 5688.64 亿元,增长了近 5 倍,年均增长率为 21.6%,快于同期卫生总费用 14.8% 的年均增长率。从卫生总费用的构成看(图 3-38),政府卫生支出比例不断提高,个人卫生支出比例不断下降,但政府卫生支出占比还是低于个人卫生支出占比。2011 年,政府卫生支出占 30.7%,个人卫生支出占 34.8%,社会卫生支出占 34.6%,个人依然是卫生费用的主要承担者。从各地卫生支出情况看(表 3-31),多数省份的政府卫生支出低于社会卫生支出和个人卫生支出,根据已有的数据,2009 年,北京、云南、甘肃、青海、新疆的政府卫生支出高于个人卫生支出,但除北京外,四个省份的个人卫生支出也都高于社会卫生支出。2009 年政府卫生支出占比最高的是青海省,为 39.8%;社会卫生支出最高的是北京,为 44.7%;个人卫生支出占比最高的是宁夏,达到了 43.2%。2011 年,政府卫生支出最高的是贵州,为 48.7%;社会卫生支出最高的是上海,为 56%;个人卫生支出占比最高的是吉林,达到了 44.6%。由此可见,在我国卫生总费用中,个人卫生支出仍然占较高比重,个人负担较重。

---

① 这里用于计算的地方财政支出的数据是地方一般预算财政支出,二者并不完全一致。

图 3-37 2002—2010 年我国政府卫生支出总额
数据来源:《2011 中国卫生统计年鉴》。

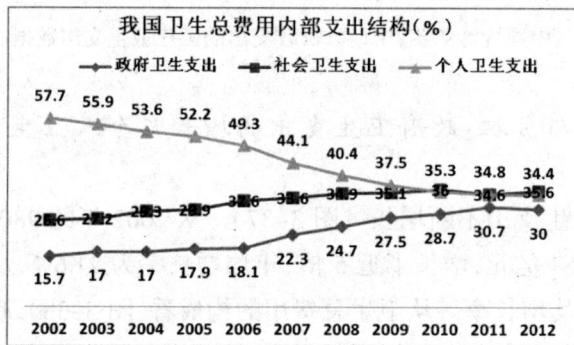

图 3-38 我国卫生总费用内部支出结构比例
数据来源:《2013 年中国卫生统计年鉴》。

表 3-31 2009 年部分省市卫生总费用结构(%)

	政府卫生支出	社会卫生支出	个人卫生支出
全　国	27.5	35.1	37.5
北　京	29.1	44.7	26.2
天　津	20.6	41.0	38.3
河　北	28.0	29.8	42.2

续表

	政府卫生支出	社会卫生支出	个人卫生支出
山　西	28.6	30.6	40.9
黑龙江	23.9	33.1	43.0
上　海	21.5	55.9	22.6
江　苏	23.4	40.7	35.9
浙　江	21.1	39.3	39.5
福　建	28.8	38.4	32.9
江　西	36.4	24.5	39.1
山　东	21.8	36.9	41.3
湖　北	27.0	33.6	39.4
广　东	23.6	36.6	39.8
云　南	39.2	24.1	36.7
甘　肃	38.8	26.4	34.8
青　海	39.8	30.1	30.0
宁　夏	29.1	27.8	43.2
新　疆	34.6	35.4	30.0

数据来源:《2011 中国卫生统计年鉴》。

表 3-32 2011 年各地区卫生总费用及其构成

年份	卫生总费用 (亿元)				卫生总费用构成 (%)			卫生 总费 用占 GDP 比重 (%)	人均卫生 总费用 (元)
	合计	政府 卫生 支出	社会 卫生 支出	个人 卫生 支出	政府 卫生 支出	社会 卫生 支出	个人 卫生 支出		
全 国	24345.91	7464.18	8416.45	8465.28	30.7	34.6	34.8	5.15	1806.95
北 京	977.26	275.48	453.16	248.62	28.2	46.4	25.4	6.01	4841.29
天 津	411.10	104.40	155.34	151.36	25.4	37.8	36.8	3.67	3034.87
河 北	1058.22	338.67	273.64	445.91	32.0	25.9	42.1	4.32	1461.53
山 西	559.01	183.00	176.99	199.02	32.7	31.7	35.6	4.97	1555.72
内蒙古	550.40	187.39	145.44	217.57	34.0	26.4	39.5	3.83	2217.84
辽 宁	885.62	210.16	322.60	352.86	23.7	36.4	39.8	3.98	2020.59
吉 林	515.33	156.72	128.76	229.85	30.4	25.0	44.6	4.88	1874.33
黑龙江	730.54	186.84	234.82	308.88	25.6	32.1	42.3	5.81	1905.43
上 海	930.24	215.70	520.86	193.68	23.2	56.0	20.8	4.85	3962.76
江 苏	1543.26	407.46	647.05	488.75	26.4	41.9	31.7	3.14	1953.79
浙 江	1419.41	328.43	550.27	540.71	23.1	38.8	38.1	4.39	2598.22
安 徽	891.65	302.18	232.06	357.41	33.9	26.0	40.1	5.83	1494.04
福 建	617.68	189.71	243.79	184.18	30.7	39.5	29.8	3.52	1660.43
江 西	587.48	234.16	155.81	197.52	39.9	26.5	33.6	5.02	1308.88
山 东	1648.65	425.10	616.02	607.53	25.8	37.4	36.9	3.63	1710.70
河 南	1259.40	418.75	305.92	534.73	33.2	24.3	42.5	4.68	1341.50
湖 北	926.27	278.04	280.85	367.37	30.0	30.3	39.7	4.72	1608.66
湖 南	881.64	282.55	247.71	351.38	32.0	28.1	39.9	4.48	1336.71
广 东	1851.75	501.73	712.15	637.87	27.1	38.5	34.4	3.48	1762.74
广 西	665.67	260.46	189.15	216.06	39.1	28.4	32.5	5.68	1433.08
海 南	163.30	55.71	64.83	42.76	34.1	39.7	26.2	6.47	1862.06
重 庆	512.03	165.95	151.07	195.02	32.4	29.5	38.1	5.11	1754.14
四 川	1221.03	414.61	391.38	415.04	34.0	32.1	34.0	5.81	1516.80
贵 州	423.53	205.66	96.27	121.60	48.6	22.7	28.7	7.43	1220.91
云 南	679.67	255.78	205.23	218.66	37.6	30.2	32.2	7.64	1467.66
陕 西	730.98	225.15	221.58	284.26	30.8	30.3	38.9	5.84	1952.93
甘 肃	393.60	161.59	99.26	132.75	41.1	25.2	33.7	7.84	1535.00
青 海	109.27	47.69	31.28	30.30	43.6	28.6	27.7	6.54	1923.12
宁 夏	116.31	45.53	28.13	42.65	39.1	24.2	36.7	5.53	1818.94
新 疆	510.00	181.22	193.87	134.91	35.5	38.0	26.5	7.72	2309.05

数据来源:《2013 中国卫生统计年鉴》。

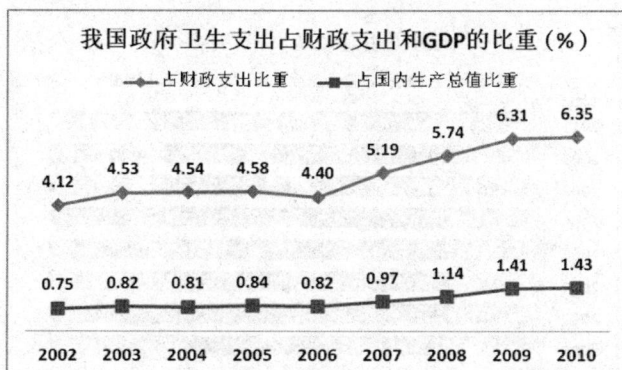

图 3-39 我国政府卫生支出占财政支出和国内生产总值的比重
数据来源:《2011 中国卫生统计年鉴》

　　就上海卫生总费用支出结构来看,一个突出的特点是在政府卫生支出增加和个人卫生支出减少的同时,社会卫生支出居于主导地位。上海的社会卫生支出多数年份都在 50% 以上(图 3-40),减轻了政府的财政压力和个人的卫生支出压力。而北京也具有同样的特点(图 3-41),其社会卫生支出占 40% 以上。二者相比较而言,北京的政府卫生支出占比比社会卫生支出占比高,个人卫生支出占比也比上海高, 原因就在于社会的社会卫生支出所占比例更高。天津在 2009 年之后社会卫生支出在卫生总费用中占比最高(图 3-42),而观察 2011—2013 年《中国卫生统计年鉴》所公布的部分省份卫生总费用支出结构可以发现,对于欠发达地区而言(表 3-33),往往是政府卫生支出不断增加,且占比较高,其次是个人卫生支出,最后是社会卫生支出,而经济发达地区往往是社会卫生支出占比最高。经济发展水平对各地卫生支出产生了较大影响。

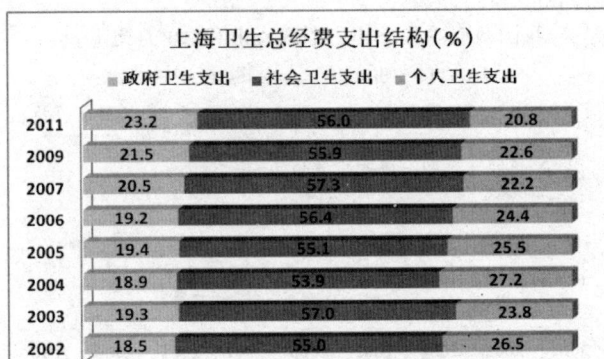

图 3-40 上海卫生总经费支出结构

数据来源：2009、2011 年数据来自 2011 和 2013 年的《中国卫生统计年鉴》，其余数据参见夏毅、荆丽梅等："上海市卫生总费用现状分析"，《中国卫生政策研究》，2010 年第 1 期。

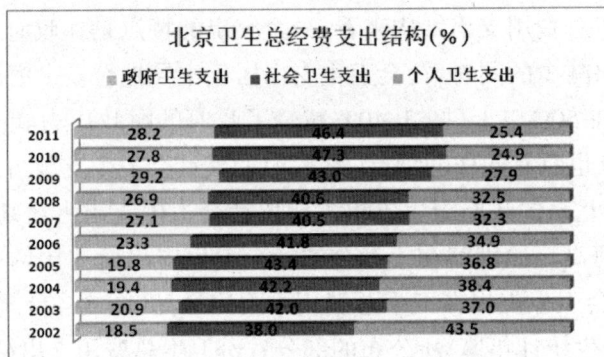

图 3-41 北京卫生总经费支出结构%

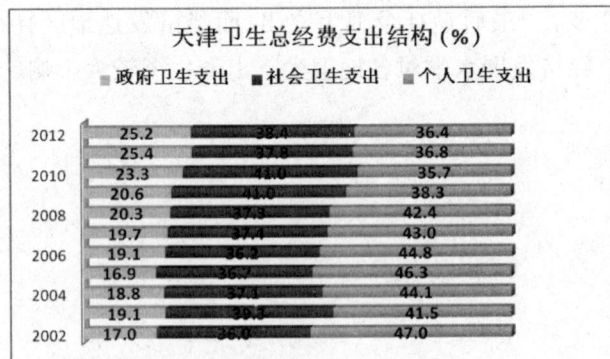

图 3-42 天津卫生总经费支出结构

数据来源：《天津统计年鉴 2013》。

图 3-43 2011 年四直辖市卫生总费用支出结构

数据来源:《中国统计年鉴 2013》。

表 3-33 2009-2011 年部分欠发达省份卫生总费用结构%

	政府卫生支出			社会卫生支出			个人卫生支出		
	2009	2010	2011	2009	2010	2011	2009	2010	2011
江西	36.4	40.7	39.9	24.5	25.4	26.5	39.1	34	33.6
云南	39.2	39.1	37.6	24.1	28.9	30.2	36.7	32	32.2
贵州	-	46.6	48.6	-	22.4	22.7	-	31	28.7
广西	-	37.2	39.9	-	31	28.4	-	31.8	32.5
甘肃	38.8	39.5	41.1	26.4	25.1	28.6	34.8	35.4	27.7
新疆	34.6	37.5	35.5	35.4	35.8	38	30.0	26.7	26.5

数据来源:2011 年、2012 年、2013 年的《中国卫生统计年鉴》。

六、小结

通过比较分析发现：第一，就全国而言，我国教科文卫财政支出不断增加，占国家财政支出或国内生产总值的比重不断上升，但地区差异较大。经济欠发达地区即使增长速度较快，但绝对值与公共服务需求仍有较大差距，与东部地区的差距也较大。第二，我国公共财政投入不均衡，不仅有公共服务具体内容的不均衡，更有地区之间的不均衡。第三，对于本书重点研究对象的上海，是全国实现"四个率先"的国际化大都市，其公共物品的财政投入并未如人们所想象的那样也走在全国的前列，有的财政投入还落在了全国的后列（如文化事业费占财政支出比重在 2004 年在全国竟然排在第 22 位），与其率先发展的定位还有差距。而且其本身教科文卫公共财政投入并不均衡，教育最高，其次是科技，之后是卫生和文化，其内部结构如何实现有效的均衡，如何协调各类公共物品财政投入的均衡也是上海公共物品财政供给中所需要解决的一个重要问题。同时，上海教科文卫财政投入与其他省市比较的正负两方面差距，显示我国公共物品财政供给地区差距较大，非均衡性明显。

由此可以得出如下结论：中国作为一个正在发展中的大国，要实现全面建成小康社会的目标，优先发展和均衡发展是必须要解决的一对矛盾，如何在公共物品财政供给方面既能有效促进公共物品的均衡发展，同时也不影响较为发达地区发展的积极性，是我国现代化进程中必须要面对的问题。特别是像上海作为"四个率先"发展的国际化大都市，就其公共物品财政供给的情况来看，其区县之间、城乡之间公共物品财政供给的非均等性是存在的，但并未像在全国范围内表现的那样突出和典型。上海公共物品财政供给的矛盾，主要表现为发展的优位对公共物品财政供给的需求和上海与其他省市之间公共物品财政供给的非均衡性之间的矛盾，简言之，即优位需求与地区均衡的矛盾。一定程度上讲，这一矛盾成为上海实现"四个率先"向国际化大都市迈进的发展过程中所面临的突出问题，也是我国在全面深化改革、全面建成小康社会进程中公共物品财政供给的两难选择。

第四章

公共物品财政供给的指标建构

政府对公共物品的供给是基于社会公共需求,但由于"搭便车"问题以及偏好显示问题的存在,使得公共物品供给量的多少实际上是由政府来决定的。作为基本公共服务重要内容的教科文卫公共事业,公共财政应该发挥基础性保障功能。要正确衡量各级人民政府在教科文卫事业财政投入保障功能,需要构建一套科学、可行的指标体系,以实现公共物品的有效供给而又不影响社会经济的良好运行。

一、法制视角:公共物品财政供给指标的文本分析

公共财政作为一种与市场经济相适应的一种财政类型,必然是法治财政。法治财政首先应当是良法之治,建立在科学合理基础上的财政法律程序的正当性与正义性,是保障财政收入分配在总体上公平与效率的基本法律前提。教科文卫事业是关系民生和社会发展的公共物品,多年来,党和国家制定了多部法律法规和各项事业发展规划,明确了国家和各级政府在推动教科文卫事业上的责任,规定了教科文卫事业公共财政投入的发展目标。上海市委、市人大、市政府按照中央精神、国家的有关法律法规和国务院教科文卫事业发展规划的要求,结合本地实际情况,制定了促进和保障教科文卫事业发展的地方性法规以及发展规划,明确了公共财政在教科文卫事业发展中的基本责任和目标。这里主要从文本的角度对教科文卫事业财政投入的指标进行分析,寻找我国教科文卫事业公共物品供给的规范性依据。

（一）国家关于公共物品财政供给的规范性指标

1.教育财政供给的目标与要求

《中共中央关于教育体制改革的决定》(1985 年 5 月)规定:在今后一定时期内,中央和地方政府的教育拨款的增长要高于财政经常性收入的增长,并使按在校学生人数平均的教育费用逐步增长。

《中国教育改革和发展纲要》(1993 年 2 月 13 日)规定:逐步提高国家财政性教育经费支出(包括:各级财政对教育的拨款,城乡教育费附加,企业用于举办中小学的经费,校办产业减免税部分)占国民生产总值的比例,本世纪末达到 4%。各级政府必须认真贯彻《中共中央关于教育体制改革的决定》所规定的"中央和地方政府教育拨款的增长要高于财政经常性收入的增长,并使按在校学生人数平均的教育费用逐步增长"的原则,切实保证教师工资和生均公用经费逐年有所增长。要提高各级财政支出中教育经费所占的比例,在"八五"期间逐步提高到全国平均不低于 15%。省(自治区、直辖市)级财政、县(市)级财政支出中教育经费所占比例,由各省(自治区、直辖市)政府确定。

《中华人民共和国教育法》(1995 年 3 月 18 日)规定:各级人民政府教育财政拨款的增长应当高于财政经常性收入的增长,并使按在校学生人数平均的教育费用逐步增长,保证教师工资和学生人均公用经费逐步增长。

《义务教育法》(修订)(2006 年 9 月 1 日实施)规定:国务院和地方各级人民政府将义务教育经费纳入财政预算。国务院和地方各级人民政府用于实施义务教育财政拨款的增长比例应当高于财政经常性收入的增长比例,保证按照在校学生人数平均的义务教育费用逐步增长,保证教职工工资和学生人均公用经费逐步增长。规范财政转移支付制度,加大一般性转移支付规模和规范义务教育专项转移支付,支持和引导地方各级人民政府增加对义务教育的投入。

《国家教育事业发展"十一五"规划纲要》(2007 年 5 月 18 日)规定:各级政府要依法落实教育经费的"三个增长",财政年度预算和执行结果都要达到教育经费支出的法定增长水平,并确保财政性教育经费增长幅度明显高于财政经常性收入增长幅度,逐步使财政性教育经费占国内生产总值的比例达到 4%。

《国家中长期教育改革和发展规划纲要(2010—2020 年)》(2010 年 7 月)规定:要健全以政府投入为主、多渠道筹集教育经费的体制,大幅度增加教育投入。各级政府要优化财政支出结构,统筹各项收入,把教育作为财政支出重点领域予以优先保障。严格按照教育法律法规规定,年初预算和预算执行中的超收收入分配都要体现法定增长要求,保证教育财政拨款增长明显高于财政经常性收入增长,并使按在校学生人数平均的教育费用逐步增长,保证教师工资和学生人均公用经费逐步增长。按增值税、营业税、消费税的3%足额征收教育费附加,专项用于教育事业。提高国家财政性教育经费支出占国内生产总值比例,2012年达到4%。

《国家教育事业发展第十二个五年规划》(2012年6月)指出,要完善教育公平制度。以义务教育均衡发展为重点,建立区域、城乡和校际差距评价指标体系,促进教育资源向重点领域、关键环节、困难地区和薄弱学校倾斜。以扶持困难群体为重点,建立全面覆盖困难群体的资助政策体系和帮扶制度。切实加大财政性教育经费投入。建立起较为完善的保障教育优先发展的投入体制,2012年财政性教育经费占国内生产总值的比例达到4%,并保持稳定增长。

《国务院关于深入推进义务教育均衡发展的意见》(国发[2012]48号)(2012年9月5日)指出,推进义务教育均衡发展的基本目标是:每一所学校符合国家办学标准,办学经费得到保障。教育资源满足学校教育教学需要,开齐国家规定课程。教师配置更加合理,提高教师整体素质。学校班额符合国家规定标准,消除"大班额"现象。率先在县域内实现义务教育基本均衡发展,县域内学校之间差距明显缩小。到2015年,全国义务教育巩固率达到93%,实现基本均衡的县(市、区)比例,达到65%;到2020年,全国义务教育巩固率达到95%,实现基本均衡的县(市、区)比例,达到95%。

2.科技财政供给的目标与要求

《中长期科学和技术发展规划纲要(2006—2020年)》(2006年2月发布)规定:我国全社会研究开发投入占国内生产总值的比例逐年提高,到2010年达到2%,到2020年达到2.5%以上。

《国家"十一五"科学技术发展规划》(2006年10月)规定:大幅度增加财政科技投入,强化科技投入增长的保障机制。确保各级政府在年初预算分配和财政超收分配中,财政科技投入增长幅度达到法定增长的要求。调整财政科技投入结构,加强对非竞争性科技创新活动的支持力度,合理安排经费比例,加大对基础研究、社会公益性研究、前沿高技术研究、科技基础条件建设的支持。

《国家"十一五"基础研究发展规划》(2006年10月)规定:切实增加对基础

研究的投入。对基础研究的投入是对国家未来竞争力的战略性投资。健全中央财政投资基础研究的保障机制，充分发挥国家财政对基础研究投入的主体作用。鼓励有条件的企业投资基础研究和自主开展基础研究；鼓励社会力量对基础研究的投入。把基础研究作为科技投入的重点，采取有效措施，切实加大投入力度，使基础研究的投入在"十一五"期间有明显的提高，为落实《规划纲要》确定的基础研究战略任务提供经费保障。

《中华人民共和国科学技术进步法》(2007年12月19日)第四十五条规定：国家逐步提高科学技术经费投入的总体水平。全国研究开发经费应当在国民生产总值中占适当的比例，并逐步提高，以同科学技术、经济、社会发展相适应。全国研究开发经费占国民生产总值的具体比例，由国务院予以规定。国家财政用于科学技术的经费的增长幅度，高于国家财政经常性收入的增长幅度。任何单位和个人不得挪用、克扣、截留国家财政用于科学技术的经费。

《国家"十二五"科学与技术发展规划》(2011年7月)规定："十二五"期间，研发投入强度要大幅提高。全社会研发经费与国内生产总值的比例提高到2.2%。基础研究和前沿技术研究投入持续增加，企业研发投入强度明显提升，科技创新投融资渠道进一步拓展。继续加大财政科技投入，落实《科学技术进步法》，国家财政科技投入的增长幅度应当高于国家财政经常性收入的增长幅度。落实中央财政科技经费的稳定增长机制，有效带动和促进地方财政加大科技投入。

3.国家对文化财政供给的目标与要求

《文化事业发展第十个五年计划纲要》(2001年10月18日)规定：各级政府应当继续实行支持文化事业发展的有关政策，增加对公益文化事业的投入。中央和地方财政对文化事业投入要随着经济的发展逐年增加，其增加幅度不低于同年财政收入的增长幅度，切实解决文化事业投入总量偏少、比例偏低的问题。

《文物事业"十五"发展规划和2015年远景目标(纲要)》(2002年10月19日)规定："十五"期间，中央对文物维修、考古发掘、文物保护单位、博物馆安全防护及珍贵文物征集的补助经费和文物保护设施建设投资补助经费，在现有的基础上有较大幅度的增长。

《文化建设"十一五"规划》(2006年9月)规定：中央和地方财政对文化事业的投入，要随着经济的发展逐年增加，其增加幅度不低于财政收入的增长幅度。2010年，争取人均文化事业费达到15.6元，文化事业费占财政总支出的比重达到 0.8%，人均公共图书馆购书费达 1.0 元。到 2010 年城市中每 10 万人拥有 1 个公共文化服务机构，农村乡镇综合文化设施覆盖率达 98%以上，人均拥有公共图书馆藏书册数达 0.6 册。

《国家"十一五"时期文化发展规划纲要》(2006 年 9 月)规定:加大政府对文化事业的投入力度，扩大公共财政的覆盖范围，中央和地方财政对文化的投入增幅不低于同级财政经常性收入的增长幅度。

《国家"十二五"文化改革发展规划纲要》(2012 年 2 月)规定:保证公共财政对文化建设投入的增长幅度高于财政经常性收入增长幅度，提高文化支出占财政支出比例，增加公共文化服务体系建设资金和经费保障投入。

《文化部"十二五"时期公共文化服务体系建设实施纲要》(2013 年 1 月 14 日)指出，公共文化服务体系以公共财政为支撑，要构建覆盖城乡、结构合理、功能健全、实用高效的公共文化服务体系，这是满足人民群众基本文化需求、保障人民群众基本文化权益的主要途径。其具体发展目标为:①保证公共财政对文化建设投入的增长幅度高于财政经常性收入增长幅度，提高文化支出占财政支出比例。②到"十二五"期末，全国 60%以上文化馆、公共图书馆达到部颁三级以上评估标准。基本实现全国所有地市级城市都建有设施达标、布局合理、功能完善的文化馆、公共图书馆。县乡两级公共文化设施规范化、标准化水平进一步提升。基本实现每个行政村和城市社区建有文化活动场所。③到"十二五"期末，全国人均拥有公共图书馆藏书达到 0.7 册。各级文化馆(站、室)、公共图书馆和文化共享工程基层服务点基本建有公共电子阅览室。文化共享工程资源量争取达到 530 百万兆字节以上，入户率达到 50%左右。国家数字图书馆资源总量争取达到 1000 百万兆字节以上。④到"十二五"期末，全国博物馆总数达到 3500 个，国家一二三级博物馆总数达到 800 个。法人治理结构规范化、管理专业化的民办博物馆建设率达到 10%。⑤到"十二五"期末，逐步实现全国地市级城市建有设施达标、布局合理、功能健全的国有美术馆。⑥到"十二五"期末，中西部地区争取每县配备 2 台流动文化车。⑦到"十二五"期末，文化馆(站)、博物馆、公共图书馆、美术馆等基本服务项目健全并向社会免费开放。

4.国家对卫生财政供给的目标与要求

《卫生事业发展"十一五"规划纲要》(2007 年 5 月)规定:增加政府卫生投入，落实政府公共服务和社会管理职能，强化各级政府经费保障责任，逐步提高政府卫生支出占财政总支出的比重，改变居民医药费用个人支付比例过高的状况。

《中共中央、国务院关于深化医药卫生体制改革的意见》(2009 年 3 月 17 日)规定:明确政府、社会与个人的卫生投入责任。确立政府在提供公共卫生和基本医疗服务中的主导地位。公共卫生服务主要通过政府筹资,向城乡居民均等化提供。基本医疗服务由政府、社会和个人三方合理分担费用。中央政府和地方政府都要增加对卫生的投入,并兼顾供给方和需求方。逐步提高政府卫生投入占卫生总费用的比重,使居民个人基本医疗卫生费用负担有效减轻;政府卫生投入增长幅度要高于经常性财政支出的增长幅度,使政府卫生投入占经常性财政支出的比重逐步提高。

《国务院关于印发医药卫生体制改革近期重点实施方案(2009—2011 年)的通知》(2009 年 3 月 18 日)规定:专业公共卫生机构人员经费、发展建设经费、公用经费和业务经费由政府预算全额安排,服务性收入上缴财政专户或纳入预算管理。按项目为城乡居民免费提供基本公共卫生服务。提高公共卫生服务经费标准。2009 年人均基本公共卫生服务经费标准不低于 15 元,2011 年不低于 20 元。中央财政通过转移支付对困难地区给予补助。各级政府要认真落实《意见》提出的各项卫生投入政策,调整支出结构,转变投入机制,改革补偿办法,切实保障改革所需资金,提高财政资金使用效益。为了实现改革的目标,经初步测算,2009—2011 年各级政府需要投入 8500 亿元,其中中央政府投入 3318 亿元。

《中华人民共和国精神卫生法》(2012 年 10 月 26 日)规定:各级人民政府应当根据精神卫生工作需要,加大财政投入力度,保障精神卫生工作所需经费,将精神卫生工作经费列入本级财政预算。国家加强基层精神卫生服务体系建设,扶持贫困地区、边远地区的精神卫生工作,保障城市社区、农村基层精神卫生工作所需经费。

《卫生事业发展"十二五"规划》(2012 年 10 月 8 日)规定:完善政府卫生投入机制,政府卫生投入增长幅度要高于经常性财政支出增长幅度,逐步提高政府卫生投入占经常性财政支出的比重。

5.简要的分析

通过以上分析文本可以发现,国家有关法律法规文件等对教科文卫事业财政投入的具体规定是不同的,对教育的财政投入指标规定比较明确和详细。虽然我国早在 1993 年的《中国教育改革和发展纲要》中就规定:"国家财政性教育经费支出(包括:各级财政对教育的拨款,城乡教育费附加,企业用于举办中小学的经费,校办产业减免税部分)占国民生产总值的比例,本世纪末达到4%",但许多省份并未在21世纪到来之前达标,2010年的《国家中长期教育改革和发展规划纲要(2010—2020年)》似乎发出了最后的通牒,要求"提高国家财政性教育经费支出占国内生产总值比例,2012年达到4%"。对科技的财政投入,除一以贯之地明确要求国家财政用于科学技术的经费的增长幅度要高于国家财政经常性收入的增长幅度之外,还有一个国际性的规范指标就是R&D经费占国内生产总值的比重的具体要求。2006年的《中长期科学和技术发展规划纲要(2006—2020年)》要求我国全社会研究开发投入占国内生产总值的比例逐年提高,到2010年达到2%,到2020年达到2.5%以上;《国家"十二五"科学与技术发展规划》要求在"十二五"期间,全社会研发经费与国内生产总值的比例提高到2.2%。对文化的财政投入,规定财政对文化事业的投入的增幅不低于财政收入的增长幅度,在2006年的"十一五"规划中才有了具体指标的明确规定,要求到2010年,争取人均文化事业费达到15.6元,文化事业费占财政总支出的比重达到0.8%。对卫生的财政投入,规定政府卫生投入增长幅度要高于经常性财政支出的增长幅度,使政府卫生投入占经常性财政支出的比重逐步提高;再就是关于人均卫生经费的具体规定:2009年人均基本公共卫生服务经费标准不低于15元,2011年不低于20元。比较而言,除卫生财政投入外,其他财政投入都有较为具体的指标规定,而卫生没有明确的指标性规定。

(二)上海关于公共物品财政供给的规范性指标

1.上海市教育财政投入的目标与要求

《上海市国民经济和社会发展第十一个五年规划纲要》(2006年1月20日)规定:确保教育投入"三个增长",继续保持各级政府对教育投入的持续增长,"十一五"期间,政府财政性教育投入相当于全市生产总值比例达到4%。

《上海教育事业发展"十一五"规划纲要》(2007年8月)规定:在"十一五"期间,确保教育投入"三个增长",政府财政性教育投入相当于全市生产总值的比例达到4%,新增部分重点向郊区倾斜。

《上海市中长期教育改革和发展规划纲要》(2010年9月)规定:坚持教育优先发展,不断加大各级政府对教育的投入力度,使教育投入与教育改革和发展要求相匹配。市、区县两级政府教育财政拨款的增长应高于财政经常性收入的增长,保证教育财政拨款达到法律规定的增长要求,并使按在校学生人数平均的教育费用逐步增长,保证教师工资和学生人均公用经费逐步增长,依法保证教师平均工资水平不低于或高于公务员平均工资水平,并逐步提高。

《上海市国民经济和社会发展第十二个五年规划纲要》(2011年1月)规定:财政性教育投入占地方财政支出的比重达到15%,人民群众获得更优质、多样、公平的受教育机会。

《上海市基础教育改革和发展"十二五"规划》(2011年12月)规定:拓宽经费来源渠道。各区(县)要切实落实"三个增长"的法定要求,保证财政资金优先投入教育。

《上海市教育改革和发展"十二五"规划》(2012年1月)规定:2012年全市财政性教育支出占一般预算支出的比例达到15%,以后逐年增加。

2.上海市科技财政投入的目标与要求

《上海市科学技术进步条例》(2000年7月13日)规定:全市研究开发经费应当占本市国内生产总值的百分之二以上。市财政用于科学技术进步的经费的年增长幅度,应当高于财政收入的年增长幅度;其中,研究开发经费的年增长幅度应当高于财政支出的年增长幅度。各区、县财政用于科学技术进步的经费的年增长幅度,应当高于本地区财政收入的年增长幅度。

《上海中长期科学和技术发展规划纲要(2006—2020年)》(2006年3月31日)规定:确保市财政用于科学技术进步的经费的年增长幅度高于财政收入的年增长幅度,其中研究开发经费的年增长幅度应当高于财政支出的年增长幅度。到2010年,全社会R&D经费支出相当于地区生产总值的比重达2.8%以上。到2020年,全社会研究开发(R&D)经费支出相当于地区生产总值的比重达3.5%以上。

《上海市人民政府关于实施"上海中长期科学和技术发展规划纲要(2006—2020年)"若干配套政策的通知》(2006年5月)规定:到2010年,市级财政科技专项投入总量占当年财政支出的比例不低于7%,区县财政科技专项投入总量占当年财政支出的平均比例达到5%。

《上海市科学技术进步条例》(修订)(2010年11月1日实施)规定:本市建立以政府投入为引导,以企业投入、市场融资、外资引进等多渠道社会投入为主体的科学技术经费投入体制。本市逐步提高科学技术经费投入的总体水平。市和区(县)财政用于科学技术经费的年增长幅度,应当高于本级财政经常性收入的年增长幅度。全社会科学技术研究开发经费应当占国内生产总值的

2.5%以上。

《上海市国民经济和社会发展第十二个五年规划纲要》(2011年1月)规定:科技创新能力显著增强,全社会研发经费支出相当于全市生产总值比例达到3.3%左右。

《上海市科学和技术发展"十二五"规划》(2012年5月)规定:到2015年,全社会研发经费支出相当于全市生产总值比例达到3.3%左右,地方财政科技经费支出占地方财政支出比重达到6.5%,工业企业研发投入占主营业务收入比重达到1.5%,每百万人口发明专利授权数达到600件,高技术产业增加值占工业增加值比重达到30%,知识密集型服务业增加值占国内生产总值比重达到25%。

3.上海市文化财政投入的目标与要求

《上海市群众文化事业发展规划纲要(2004—2010年)》规定:将"社区文化中心建设纳入城市规划",从城市住房开发投资中提取1%的比例资金用于社区公共文化设施建设。群众文化的运作费用主要依靠政府投入,要纳入政府的财政预算,保证日常运作经费的投入,达到当年财政支出总额的1%(不包括基本建设投入),并随财政收入的增长而增长,增长比例应并不低于当年政府支出的增长幅度。

《上海文化文物广播影视发展"十二五"规划》(2011年4月)规定:全面落实中央关于"形成以政府投入为主、社会力量积极参与的稳定公共文化服务投入机制"的要求,确保本市各级财政每年对公共文化建设的投入应占同级财政年支出比例的1%,且增幅不低于同级财政经常性收入增幅。

4.上海市卫生财政投入的目标与要求

《上海市区域卫生规划(2001—2010年)》规定:加大政府对卫生的投入力度,原则上政府对卫生的投入不低于同期同级财政支出的增长幅度,并增加对卫生执法监督机构、公共卫生事业机构、政府举办的非营利性医疗机构及其他卫生机构的财政补助和基本建设投资。

《上海市卫生发展"十一五"规划》(2007年2月28日)规定:随着经济发展逐年增加政府对卫生事业的投入,原则上政府对卫生事业投入的增长幅度不低于同期财政经常性支出的增长幅度。

《上海市卫生改革与发展"十二五"规划》(2012年2月)规定:"十二五"期间,政府卫生投入增长幅度要高于财政经常性支出的增长幅度,政府卫生投入占财政经常性支出比重逐步提高。

5.简要的分析

上海关于教科文卫事业财政投入的相关规定与国家基本上保持了一致性,尤其是在教育和卫生领域没有任何超越性的规定,其不同之处在于对科技和文化投入的规定。上海对科技财政投入规定的指标明显高于国家的规定,对文化财政投入的规定在群众性文化财政投入的具体投入比重上作出了具体的指标规定。

(三)国内公共物品财政供给的常用指标

1.教育财政投入评价常用指标

教育是立国之本。随着我国各项教育战略的实施,包括中央和地方各级人民政府在内,都将教育问题看作是政府财政投入的重点领域。衡量教育发展重在评价各级人民政府教育财政支出的规模和水平。目前国内衡量教育公共财政支出的常用指标(表4-1),包括教育财政拨款的年增长率、财政性教育经费占国内生产总值的比例、公共教育财政占教育经费的比重、教师工资年增长率、生均教育费用等量化指标。

表4-1 我国教育财政投入常用指标及来源

指　　标	来源和依据
教育财政拨款的年增长率	《中华人民共和国教育法》 《国家教育事业发展"十一五"规划纲要》 《国家教育事业发展第十二个五年规划》
财政性教育经费占国内生产总值的比例	《国家教育事业发展"十一五"规划纲要》 《国家教育事业发展第十二个五年规划》
生均教育费用	《中华人民共和国教育法》 《国家教育事业发展"十一五"规划纲要》 《国家教育事业发展第十二个五年规划》

2.科技财政投入评价常用指标

一个国家的发展取决于该国的创新能力,而最重要的创新能力就体现在科技创新能力上。我国各级人民代表大会和各级人民政府,就科技财政的投入规模、发展水平、重点支持方向以及未来的发展目标等,已经有多部法规文件作出有关指标性规定。科技领域衡量一级人民政府科技财政保障作用的常用指标(表4-2),包括国家财政用于科学技术经费的增长幅度、研究与发展经费占国内生产总值的比重、财政科技经费占科技经费总量的比重、科技经费的内部支出结构等指标。

表 4-2 我国科技财政常用指标及来源

指 标	来源和依据
科学技术经费投入水平	《中华人民共和国科学技术进步法》
国家财政用于科学技术经费的增长幅度	《中华人民共和国科学技术进步法》 《上海市科学技术进步条例》 《上海中长期科学和技术发展规划纲要(2006—2020年)》 《国家"十二五"科学与技术发展规划》
研究开发经费占国内生产总值的比例	《中华人民共和国科学技术进步法》 《中长期科学和技术发展规划纲要(2006—2020年)》 《上海市科学技术进步条例》 《上海中长期科学和技术发展规划纲要(2006—2020年)》 《国家"十二五"科学与技术发展规划》
研究开发经费年增长幅度	《上海中长期科学和技术发展规划纲要(2006—2020年)》
市区财政在科技投入中的比例	《上海市科学技术进步条例》 《上海市人民政府关于实施"上海中长期科学和技术发展规划纲要(2006—2020年)"若干配套政策的通知》 《上海市科学和技术发展"十二五"规划》

3.文化财政投入评价常用指标

基本公共文化服务已经成为关系到民众生活质量的基础性公共服务的重要内容。长期以来,我国各级人民政府,特别是基层人民政府,通过基层文化馆、公共文化设施建设、公益性文化活动等形式为群众提供文化服务。政府在提供基本文化服务时,须本着注重公益、群众喜闻乐见、形式丰富多彩、多方参与共享的原则,确保基本公共文化服务能够落到实处,让群众享受高质量的文化活动和文化产品。课题组认为,衡量公共文化财政保障功能的指标(表4-3),包括文化财政投入占地方国内生产总值的比重、文化财政投入占文化经费的比重、财政对文化事业投入的增长幅度、政府对文化基础设施投资补助经费、人均文化事业费、文化事业费占财政总支出的比重、人均公共图书馆购书费、每10万人拥有公共文化服务机构数、农村乡镇综合文化设施覆盖率、人均拥有公共图书馆藏书册数等。

表4-3 我国文化财政常用评价指标及来源

指标	来源和依据
文化财政投入增长幅度	《文化事业发展第十个五年计划纲要》 《文化建设"十一五"规划》 《国家"十二五"文化改革发展规划纲要》 《文化部"十二五"时期公共文化服务体系建设实施纲要》
文物保护经费	《文物事业"十五"发展规划和2015年远景目标(纲要)》
人均文化事业费	《文化建设"十一五"规划》
文化事业费占财政总支出比重	《文化建设"十一五"规划》 《国家"十二五"文化改革发展规划纲要》 《文化部"十二五"时期公共文化服务体系建设实施纲要》
人均公共图书经费、人均拥书量	《文化建设"十一五"规划》 《国家"十二五"文化改革发展规划纲要》 《文化部"十二五"时期公共文化服务体系建设实施纲要》
社区公共文化设施经费比例	《上海市群众文化事业发展规划纲要2004—2010》 《国家"十二五"文化改革发展规划纲要》 《文化部"十二五"时期公共文化服务体系建设实施纲要》

4.医疗卫生财政投入评价常用指标

对于中国这样的发展中国家来说,公共卫生服务的基础薄、条件差、覆盖范围窄、社会需求大等问题一直制约着公共卫生服务改进的步伐。各级人民政府在医疗卫生领域的财政投入规模与效益成为衡量政府公共卫生职能的重要内容。国内各级政府在医疗卫生财政方面的常用评价指标(表4-4),涉及卫生财政支出占国内生产总值的比重、卫生支出占财政总支出的比重、政府卫生投入占卫生总费用的比重、政府卫生投入增长幅度、人均基本公共卫生服务经费等。

表4-4　我国卫生财政评价常用指标及来源

指　　标	来源和依据
卫生支出占财政总支出比重	《国务院发布卫生事业发展"十一五"规划纲要》
政府卫生投入增长幅度	《中共中央、国务院关于深化医药卫生体制改革的意见》 《上海市区域卫生规划(2001—2010年)》
政府卫生投入占经常性财政支出的比重	《中共中央、国务院关于深化医药卫生体制改革的意见》 《上海市卫生发展"十一五"规划》 《卫生事业发展"十二五"规划》
政府卫生投入占卫生总费用的比重	《中共中央、国务院关于深化医药卫生体制改革的意见》
政府卫生投入重点	《中共中央、国务院关于深化医药卫生体制改革的意见》
人均基本公共卫生服务经费	《国务院关于印发医药卫生体制改革近期重点实施方案(2009—2011年)的通知》

可以看出,我国长期以来使用的评价指标仅仅注重了公共财政投入量,而政府财政投入的实际产出效果、社会事业发展的质量以及社会公共服务提供中的公平性问题尚未纳入教科文卫公共事业财政投入的衡量指标之中。近年来,公共服务的公平性、均等化、区域间差异等问题日益引起各级政府和社会的关注。全面建设和谐的社会主义小康社会,在注重公共财政对教科文卫事业保障功能的同时,必须致力于推动公共财政在教科文卫服务中促进社会公平的功能,建设一个人人共享、绝大多数群众满意的全民型公共服务体系。因此,在衡量教科文卫事业公共财政投入的现状时,既要注重"量"的指标,又要考虑"质"的指标,做到"刚性保障"与"公平、均等化公共服务"相结合,以更科学、合理的指标体系来评估各级政府教科文卫财政投入与社会需求、社会发展之间是否一致。

二、专业视角:国际组织关于公共物品财政供给的相关指标分析

(一)联合国教科文卫组织相关指标

公民是否能够共享社会经济发展,均等地享受基本公共服务是衡量一个社会发展水平的重要指标。反映各项具体基本公共服务的均等化程度和不同基本公共服务间的水平均等情况时,需要通过另一个相对指标即各项基本公共服务人均支出来实现。公共服务均等化通过人均情况下某一具体的基本公共服务所获得的财政支出来反映。某项人均财政支出较高,则该项基本公共服务的标准较高;反之,某项人均财政支出较低,则基本公共服务的标准较低。[1]

1.教育发展指标

教育发展水平是衡量一个国家和地区社会发展水平的重要指标。联合国在评估发展中国家以及各国可持续发展的能力方面,将教育指标(表4-5)看作是一个基础性的指标,关系到评估对象的人力资源总量。一般来说,教育指标包括两个方面:教育水平和识字率。通过"接受五年小学教育的儿童"和"接受中学教育水平的成人"占人口的比例可以评估某一个国家和地区的教育发展水平。通过对"成人识字率"的测量,可以评估一个社会总人口的识字率,从而评估该国家或地区的教育发展水平。由此可见,对于教育发展指标的评价更加注重的是基础教育,在我国称之为义务教育,它应当成为我国教育公共财政投入的重要评价指标。

表4-5 联合国可持续发展指标中的教育指标[2]

教育	教育水平	接受五年小学教育的儿童
		接受中学教育水平的成人
	识字率	成人识字率

2.卫生发展指标

联合国在评估某一个国家或者地区的可持续发展能力时,卫生发展状况是一项重要的指标。这一项评估包括社会成员的营养状况、死亡率、卫生水平、是

---

① 钟镇强、宋丹兵.基本公共服务均等化及其评价指标体系[J].吉林工商学院学报. 2008(3): 47.

② 彭惜君.联合国可持续发展指标体系的发展[J].四川省情.2004(12):33.

否拥有安全的饮用水以及医疗保护的水平。通过评估儿童营养状况可以测量该地区社会成员的营养水平;通过测量5岁以下儿童存活率、人口预期寿命可以评估该国或者该地区的死亡率;通过测量拥有地下管道设备人口占总人口的比例来评估该国家或地区卫生发展水平;借助于饮用健康用水人口占该国或地区人口的比例可以测量该国或地区的饮用水状况;借助于医疗设备受惠人口占总人口比例、儿童传染病免疫状况以及避孕普及率就可以分析该国或地区的医疗保护水平。营养状况、死亡率、卫生水平、是否拥有安全的饮用水以及医疗保护的水平合成了该国或该地区可持续发展的卫生基础(表4-6)。可见,基本医疗卫生服务是保障一国国民健康的基本要求,政府应当加强对基本医疗卫生服务的财政投入。

表4-6 联合国可持续发展指标中健康指标[①]

	营养状况	儿童的营养状况
健康	死亡率	5岁以下儿童的成活率
		人口期望寿命
	卫生	拥有地下管道设备人口占总人口之比
	饮用水	饮用健康用水的人口
	医疗保护	享有医疗设备的人口占总人口之比
		儿童传染免疫
		避孕普及率

(二)经济合作与发展组织(OECD)相关指标

1.OECD 的教育发展指标

经济合作与发展组织(Organization for Economic Co-operation and Development,简称 OECD)作为世界范围内有重要影响的经济组织,不仅在经济领域对各国有着深刻影响,它所出版的《教育概览:OECD 指标》也极具研究价值。这里简要对其教育发展的主要指标进行介绍。

(1)教育机构的产出与学习的影响力:①高中毕业率及成年人达此教育程度的情况,②第三级教育的毕业率、结业率及成年人达此教育程度的情况,③分科的毕业生情况,④4年级学生的阅读能力,⑤15岁青年的阅读素养,⑥15岁青

---

① 彭惜君.联合国可持续发展指标体系的发展[J].四川省情.2004(12).

年的数学及科学素养,⑦校际学生成绩差异的表现,⑧15 岁青年的阅读能力测验情况,⑨15 岁青年的阅读参与情况,⑩15 岁青年的自主学习,⑪学生成绩的性别差异,⑫不同受教育程度的劳动力的市场参与情况,⑬15~29 岁人口的教育年限、工作年限及失业年限,⑭教育的回报:教育与收入,⑮教育的回报,即人力资源与经济增长间的联系。

(2)教育经费和人力资源投入:生均教育支出,教育支出占国内生产总值的比重,公共教育投资与私人教育投资的相对比例,公共教育支出总额,政府对学生及其家庭的公共补贴,服务部门及资源部门的教育支出。

(3)受教育机会、教育参与及教育进步:学校的预期及入学率,第三级教育的入学率、完成年限及参与中等教育的情况,第三级教育中的留学生,青年人的教育与工作状况,低教育程度的青年人的现状。

(4)学习环境及学校组织:为中小学学生提供的全部教学时间,班级规模及学生与教学人员的比率,师生运用信息及通讯技术的情况,教师的培训及专业发展,公立中小学教师的工资,教学时间及教师的工作时间,教师的供给与需求,教师及教育从业人员的年龄与性别分布。

2.OECD 的科技发展指标

OECD 是国际上科技统计和指标开发的领先组织。科技指标已从当初的研究与发展资源指标逐步发展为包括科技与经济结合的创作以及从专利和技术国际收支反映科技产出的指标体系。OECD 1984 年出版的《经济合作与发展组织科学技术指标》,就是典型的研究与发展投入描述模式,以研究与发展经费和研究与发展 人员这两类指标对成员国的研究与发展 资源总量、变化趋势以及结构特征进行了分析,这是典型的研究与发展投入描述模式。1999 年出版的《OECD 科学技术和产业指标》共分为三部分。第一部分是"以知识为基础的经济",从无形投资、以知识为基础的产业、信息和通讯以及研究与发展经费这四个方面选择指标进行描述和分析。第二部分是"全球化的挑战",从国际贸易、外国投资、技术的国际化、产业研究与发展的国际化四个方面选择指标进行描述和分析。第三部分是"经济的表现和竞争力",从生产率、单位劳动成本、科技产出以及国际贸易等方面用指标来分析。1995 年 OECD 科技政策委员会的部长级会议一致同意开发能测度创新行为和与知识经济产出有关的 "新科技指标",进一步研究科学系统的趋势和面临的挑战,为评价、监测及制定政策提供数据。对新科技指标的研究,主要是通过 10 个项目来进行的,它们是:人力资源的流动,基于专利的指标,创新的经济价值,科技系统活动与网络,服务业的科技活动,企业的创新,公司的创新能力与吸收能力,产业研究与发展的国际化,政府对创新的支持,信息与通信技术。[①]这 10 个项目可以归纳为以下四类指标。

(1)知识指标。知识是经济增长的主要推动力,特别是在发达国家,知识对经济的增长和竞争力的推动作用超过了劳动和资本,成为最重要的投入。关于知识的指标,目前还处于早期开发阶段,只包括三个指标对研究与发展、高等教育和软件的投资。

(2)创新支出。在创新经费中,研究与发展支出大概占一半。

(3)科技产出。企业引进新技术来改进产品和工艺并投放市场;从公共部门分离出来的科技型公司;高技术产业贸易水平;国际技术收支[②](表 4-7)。

表 4-7　OECD 早期科技评价指标[③]

投入指标	"黑箱"	产出指标
R&D	创新活动	创新成果
无形资产	流动	专利
固有技术	链条	生产率
风险资本	信息通讯技术	技术收支平衡
创新费用	全球化	高技术贸易
人力资本	知识流	文献计量

(4)蓝天指标。"蓝天指标"就是开发一些新的指标,第一是人力资本的流动,第二是以专利为基础的指标,第三是企业的创新能力,第四是产业的国际化,第五是政府怎样给创新提供支撑。

在参考国外相关科技评价指标的基础上,中国科技管理部门制定了系统的科技评价指标,从科技人力资源、研究与发展投入和分布、政府研究机构的科技活动、高等学校的科技活动、大中型企业的科研活动、科技活动产出和高技术产业发展等几个方面评价了我国科技发展水平。[④]上海市科委对本市科技财政投入

---

①　成邦文.OECD 的科技统计与科技指标[J].商业频道,2002(3).

②③　丹尼尔·马尔金.发展科技指标,促进政策的分析和评估——OECD 的经验[J].科技管理研究,2003(1、2).

④　中华人民共和国科学技术部. 中国科学技术发展报告 2006 [M]. 北京:科学技术文献出版社,2008:263.

产出的绩效评估指标体系进行研究,从科技直接产出(论文、专著、奖励、专利、人才培养)、经济效益产出(成果转让、高新技术产品、国内生产总值贡献)以及社会效益产出(带动后续资金投入)三个方面综合评价科技财政投入绩效(表4-8)。

表 4-8 财政科技投入绩效评价①

科技投入指标		科技产出指标	
财政科技投入总量	衡量政府对科技活动的资金支持	每万常驻人口拥有专利申请量	衡量财政科技投入直接成果产出效率
财政科技投入占财政支出比重		每万常驻人口拥有专利授权量	
从业人员(每万人中科技活动人员数)	衡量科技人力资源	高新技术产品产值占地区工业总产值比重	衡量财政科技投入促进高新技术产业发展的效率
		全社会劳动生产率	衡量财政科技投入促进社会经济发展的效率

(三)世界银行教科文卫事业发展的评价指标

1.注重教育产出与教育平等

世界银行在《2000年世界发展指标》一书中,从教育投入、受教育机会、教育效率、教育成果、性别与教育五部分,共16项指标来评价一个地区教育发展水平。该项评价指标体系包括用于教育的公共支出占国内生产总值的百分比、用于不同教育级别每个学生的支出、教师津贴的支出占经常性支出总额的百分比、小学生与教师比、义务教育年限、各级教育毛入学率、净入学率、读到五年级的人占同龄级人口百分比、中小学生复读率、失学儿童人数、成人文盲率、青年文盲率、预期受教育年限、中小学女教师占教师总人数的百分比、中小学女学生占学生总人数的百分比、中小学生中女童失学率。②

在关注教育产出的同时,世界银行也注重教育服务中的公平、平等问题。世界银行的研究报告发现,中国教育服务中的不平等问题比较明显。不平等问题

---

① 罗卫平、陈志坚.基于DEA的广东省21个地市财政科技投入绩效评价[J].科技管理研究,2007(3).
② 世界银行.2000年世界发展指标[M].中国财政经济出版社,2000:68-87.

主要表现在:第一,从教育的经费投入来看,直辖市市区的学校获得的教育经费最高,其次是直辖市县,再次是一般市区,一般农村县最低。直辖市市区的学生平均教育事业性经费都在一般农村县的 3 倍以上。第二,在教育可及性、教育质量和就学机会上,城乡之间存在着显著的差异。第三,农村人力资本存量远远落后于城市。①

2.医疗卫生平等

世界银行认为中国在人民健康方面取得了长足的进步,但是由于城乡之间、地区之间发展不平衡,中国城乡之间和不同地区之间的卫生服务水平仍存在较大的差异,并体现在卫生健康投入、卫生服务可及性和人民健康水平等多个维度,而且这种差异有日趋加大的趋势。首先,卫生健康投入方面,城市和农村人均卫生费用的绝对差距自 1990 年以来不断增大,城乡之间的健康投入显著的差异性也是导致城乡居民健康水平差距的主要原因。其次,城乡居民在对卫生服务的可及性和利用程度上存在着显著的差异。农村卫生技术人才在乡镇卫生院和村卫生室这两级医疗机构中相当匮乏。同时,卫生资源向大中城市不合理地过度集中,这种不合理的资源配置直接影响了农村居民对卫生服务的可得性,加剧了城乡之间的资源拥有不平等现象。②

3.文化发展综合指标

文化是一种特殊的公共物品,作为面向基层群众的文化服务与一个社会的价值取向、公众需求和社会发展水平具有密切的关系。在衡量一个城市和地区文化发展水平时必须考虑公共文化的价值导向、回应性以及时代性。从价值导向来看,衡量一个城市和地区的公共文化的发展水平要看该城市和地区公共文化生活的价值导向是否符合科学、健康、公益的正确方向。各种类型的公共文化活动必须有助于弘扬社会主义价值观,为群众提供健康的文化素材。公共文化发展还必须坚持满足社会大多数成员的文化需求,其回应性要求公共文化的形式和内容必须是群众喜闻乐见、容易参与和获取的。公共文化活动必须以群众为中心,公共文化服务要体现对公众需求的回应力,要有效地回应并满足公众需求。公共文化的发展水平还受到一个城市和地区社会发展程度的影响。社会发展的程度指的是社会企事业组织的发育、独立和成熟的程度,社群团体组织

---

①② 胡鞍钢.追求公平的长期繁荣——《世界银行 2006 年发展报告》中文版序言[J].国际经济评,2006(3).

的独立程度和参与意识，大众传播媒介对社会的介入程度和自身的现代化程度，社会公众的素质等方面。社会发展程度会影响公共文化服务种类的提供、服务质量的确定、评估工具的选取、指标的确定，最终会影响到划分与评定等级的各种标准的确定。在制定衡量公共文化发展水平的各项指标时，必须充分考虑这些因素。

从公共文化建设的方面来看，可以从公共文化的基础设施和场所、公共文化活动的内容和效果以及公共文化活动管理的效率等方面来衡量一个城市和地区公共文化的发展水平。公共文化基础社会和场所的评价包括公共图书馆、博物馆、美术馆、群众文化馆、影剧院、音乐厅、体育馆、公园、广场、非物质文化遗产、烈士陵园等基础设施和场地的建设规模、数量和面积、藏书量、投入资金、使用人数等指标。公共文化活动的衡量指标包括电影院的数量和投入资金、展览场次和接待人数、音乐会的活动次数和参加人数、文化艺术节的投入资金和参加人数以及文化艺术表演的场次等。对于公共文化的管理绩效可以从文化管理部门信息发布、投入资金、发行数量等指标来衡量。从基础设施和场地、公共文化活动以及管理绩效三个方面可以综合衡量一个城市和地区公共文化的建设情况（表4-9）。

表 4-9 公共文化建设评价指标体系①

一级指标	二级指标	三级指标
公共文化基础设施和场所	公共图书馆	馆舍面积、藏书量、图书馆借阅率、每年新增图书量
	博物馆、美术馆	馆舍面积、投入资金量、接待参观者人次（年）
	文化馆（站）	周围服务半径的覆盖率、周围居民的参与度
	影剧院、音乐厅	平均开展活动场次（年）、投入资金量
	公园、文化广场、体育馆（广场）	设施数量、设施面积、投入资金量
	非物质文化遗产	占地面积、投入资金量、接待参观者人次（年）
	烈士陵园、纪念馆	接待参观者人次（年）

① 李丽君.公共文化建设评估指标体系研究[J].调查研究,2008(7).

一级指标	二级指标	三级指标
公共文化活动	电影	馆舍面积、投入资金量
	展览	投入资金量、接待参观者人次（年）
	音乐会	活动次数、人参加数（年）
	文化节、艺术节	投入资金量、人参加数（年）
	高雅艺术（音乐会、话剧、歌剧）	剧院上座率、投入资金量
	表演团体、文艺演出	演出场次（年）
	体育比赛、健身活动	活动次数、人参加数（年）
公共文化信息发布部门和管理部门	出版社	投入资金量、出版书籍数（年）
	杂志社	发行数量（年）
	电视台、电台	部门数量、收视率
	网站	数量、点击率
	报社	发行数量（年）
	文化协会	部门数量、工作人员数量
	管理部门	部门数量、工作人员数量

公共文化活动涉及不同的产业、多个部门，其运作方式包括完全市场化、完全公益化或者公私混合型运作方式，难以准确衡量公共文化活动中政府机构以及公共财政的角色和功能。在评估公共文化的发展水平时，就必须选择具有典型性、代表性和普遍意义的核心指标，来构建综合评价一个城市和地区公共文化发展水平的指标体系。评价公共文化的发展水平，可从投入—产出的综合角度来衡量，包括从公共文化产业的总体规模、发展水平、经济效益、市场化程度、政府投入规模和社会效益等多项指标评来价公共文化发展水平（表4–10）。

表 4-10 公共文化产业的评价指标体系①

评价角度	实用指标	关联指标
总体规模	总产值	经营收入
	增加值	增加值
	从业人员数	从业人员数
	年末固定资产净值	固定资产净值
发展水平	增加值增长率	增加值
经济效益	资金利税率	利税总额、资产总额
	百元固定资产增加值	增加值、固定资产原值
市场化程度	居民文化消费比重	人均文化消费支出、总消费支出
政府投入	文化产业财政补助	财政补助收入
	占增加值的比重	增加值
对社会的贡献	国民经济贡献率	增加值增量、国内生产总值增量
	就业比重	文化产业从业人数

三、国际化视角：
上海与香港、新加坡、纽约公共物品财政供给的比较分析

作为现代化国际大城市,上海市要成为全球资本、信息、人才的聚集地,就必须提供具有竞争力的生活和工作环境。在完善基本公共服务建设的过程中,上海市不仅要领先于国内的其他城市,还应该具备国际视野,逐步缩小与其他国际大城市之间的差距,通过进一步提高基本公共服务的发展水平,创造优良的生活和工作环境,提升在国际和地区竞争格局中的优势。本书通过简要分析香港、新加坡、纽约等在教育、科技、文化和卫生等领域的公共财政投入现状,找出上海市在国际大城市建设中存在的差距,确立未来的发展目标,以便进一步完善基本公共服务。

---

① 张永红等.文化产业统计指标体系的设计与实施[J].统计与决策,2004(6).

(一)香港、新加坡、纽约教科文卫事业公共财政的供给现状

1.香港

根据瑞士洛桑国际管理学院公布的全球竞争力排名，中国香港自 2011 年开始取代新加坡成为全球竞争力排名第一的国家和地区，成为亚洲地区最具有国际竞争力的大都市。香港因其开放、民主和优良的服务，成为亚洲地区人才、资金、信息和货物流通的集散地，在诸多增进香港国际竞争力的因素中，特区政府高效的公共服务供给和管理体制起到重要的作用。从整体上看，香港特区在公共服务领域采取了一种市场化为导向的"小政府、大社会模式"，政府部门、私营部门与第三部门之间建立密切的合作关系，共同提供公共服务。这一模式的核心理念体现在三个方面：第一，政府注重政策规划和资源管理；第二，在政策执行领域建立多元合作的政策执行模式，引入竞争机制，提高执行绩效；第三，通过严格、科学的绩效管理，提高公共服务质量。①在这一管理模式的基础上，香港特区政府在教育、科技、文化和卫生领域的公共财政投入并不占居主体地位。香港公共财政的基本理念即审慎理财、量入为出、简单而低税率的税制，"市场主导、政府促进"的方针决定了港府在基本公共物品供给如教育、科技、文化和卫生领域的投入规模。就"按政策组别划分的公共开支"而言，教育和卫生支出占政府支出的比重都在 10% 以上（图 4-1），其教育公共支出和卫生支出占政府支出的比重的差别不像大陆和上海那样差距比较大。

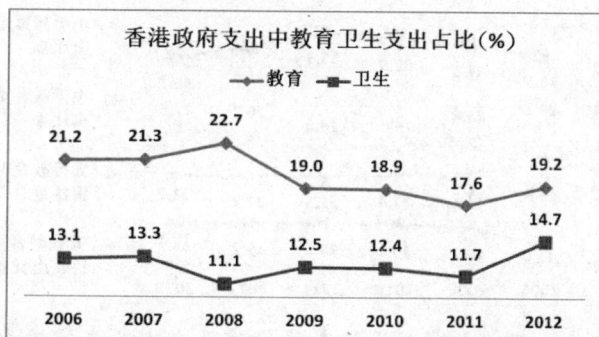

图 4-1 香港教育、卫生支出占政府支出的比重

① 吴巧瑜.香港社会公共事务管理模式的改革及其启示[J].学术论坛.2002(4).

数据来源：《中国统计年鉴2013》和《中国统计年鉴2011》中"按政策组别划分的公共开支"项目。

在教育领域，就香港经常性教育支出而言，2008年为749.95亿港元，2012年为766亿港元，2013年为768.56亿港元，增长不明显。香港政府教育支出占国内生产总值的比重一直维持在3%左右。2006年至2012年，港府教育支出占国内生产总值的比重最高为4.4%（2008），最低为3.3%（2007）[①]（图4-2）。在各类教育支出中，中学教育支出占比最高，其次是高等教育和小学（图4-3），与我国总体情况和上海的教育支出结构有所不同，我国和上海都是高等教育支出占比最高，其次是中学和小学。

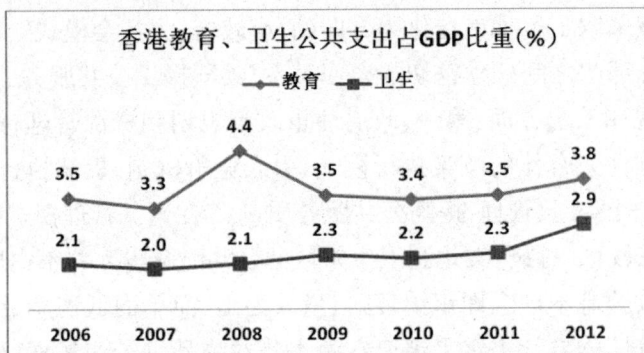

图 4-2 香港政府教育、卫生公共支出占地方 GDP 比重

数据来源：国内生产总值数据来自《中国统计年鉴2013》，由上表数据计算得出。

图 4-3 香港政府一般收入账目下的教育经常开支中各类学校教育支出比例

数据来源：香港特别行政区政府教育局网站。

---

① 数据来源于香港统计月刊。

就科技领域而言,香港2009、2010年研究与发展经费占国内生产总值的比重分别为0.79%和0.76%。从香港2002—2010年科技研究与发展支出结构来看(图4-4),港府政府财政支出仅仅占很小一部分,主要年份都维持在2%左右的比例,自2008年以来,开始有所提升,为3.1%,2009和2010年又有了进一步提高,分别为4.1%和4.5%。相反,来自于高等教育机构和工商机构的科技研究与发展资金一直是科技投资的主体。高等教育机构投入的科技研究与发展资金占据科技研究与发展资金总额的一半左右。近年来,随着工商机构加大对科技研究和发展的资金投入,高等教育机构所占的比例有所下降。2007年,高等教育机构与工商机构投入科技研究与发展资金占97.6%,各占48.8%,政府财政投入仅占2.4%。这种以"市场化"为导向的科技研究与发展资金投入结构决定了港府很小一部分公共财政用于科技领域的投资(图4-4)。

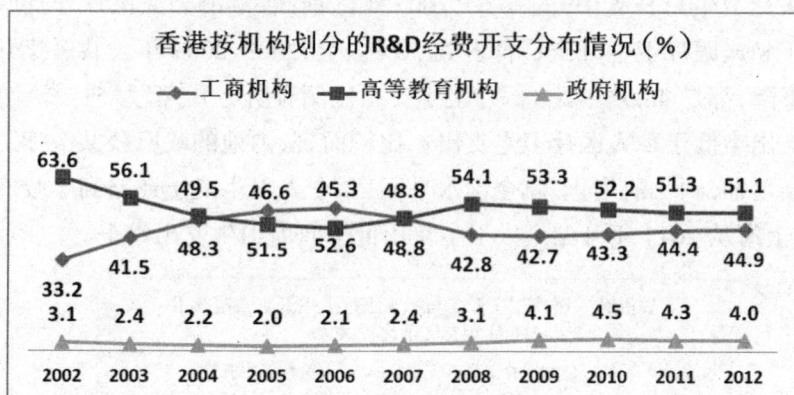

图 4-4 香港按机构划分的 R&D 经费开支分布情况
数据来源:香港特别行政区政府统计处网站。

在卫生领域,香港特区政府的卫生财政支出占国内生产总值的比重,多数年份都在5%左右,内地多数年份都在4%以上,大陆从2009年开始超过5%,并在2011年超过香港,达到了5.2%,这说明我国大陆公民的医疗卫生支出不断增加,人们更加关注医疗卫生需求(图4-5)。

中国内地和香港医疗卫生总费用占GDP比重（%）

◆ 香港　■ 内地

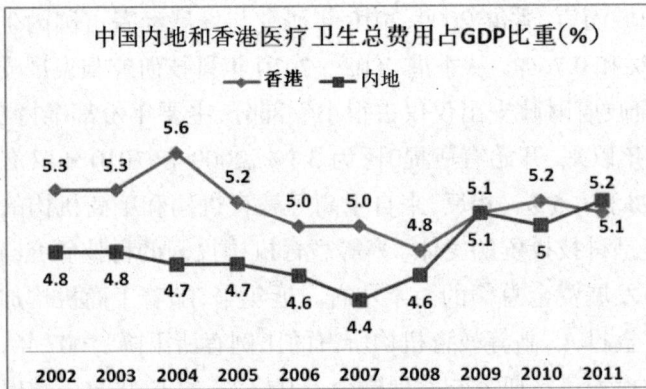

图 4-5 中国内地和香港的医疗总费用占 GDP 比重①

数据来源：香港食物及卫生局网站：http://www.fhb.gov.hk/。

在医疗卫生总开支中（图 4-6），2007 年之前，香港的公共医疗开支所占的比重高于私人医疗卫生开支，都占到 50% 以上，2008、2009 年公共医疗开支比例有所下降，都是 48.9%；私人医疗卫生支出比例有所上升，都为 51.1%。公共医疗卫生支出略低于私人医疗卫生支出。比较而言，内地的政府公共医疗卫生支出在不断增加，到目前为止，就全国水平而言，个人卫生支出还略高于政府卫生支出，但上海从 2011 年开始个人卫生支出低于政府卫生支出水平。

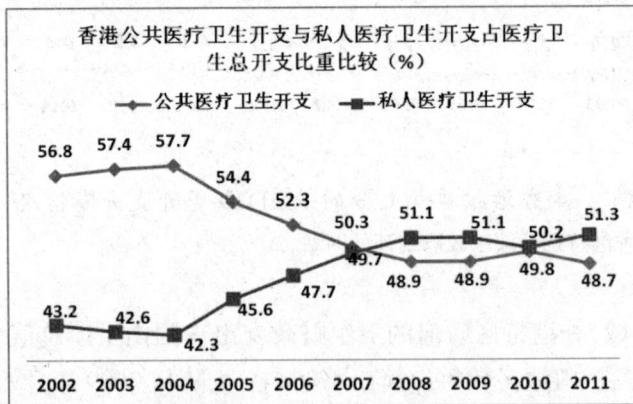

香港公共医疗卫生开支与私人医疗卫生开支占医疗卫生总开支比重比较（%）

◆ 公共医疗卫生开支　■ 私人医疗卫生开支

图 4-6 香港公共医疗卫生开支与私人医疗卫生开支所占比重比较

---

① 由于统计口径的不同，中国内地的医疗卫生总费用占 GDP 的比重与前述数据并不完全一致。

2.新加坡

新加坡的公共服务模式是以政府为主导的公共服务模式，它强调的是政府的强力调控和垄断，表现为政府在公共服务的生产、提供和监管中均是强势的支配力量，依照政府的计划性和权威性严格遏制公共服务市场化所带来的分散性和私立性。[①]但在公共服务的提供过程中，新加坡政府积极鼓励社会组织和团体承担公共服务的供给职能，通过民主化、市场化的方式改善公共服务质量。在科技研究与发展领域，坚持市场化资金投入导向，鼓励私人部门成为科技研究与发展资金的主要来源。从2006年至2012年，私人部门资金投入占科技研究与发展资金投入的比重一直高于60%；政府部门财政投入所占的比例基本维持在10%左右(图4-7)。[②]

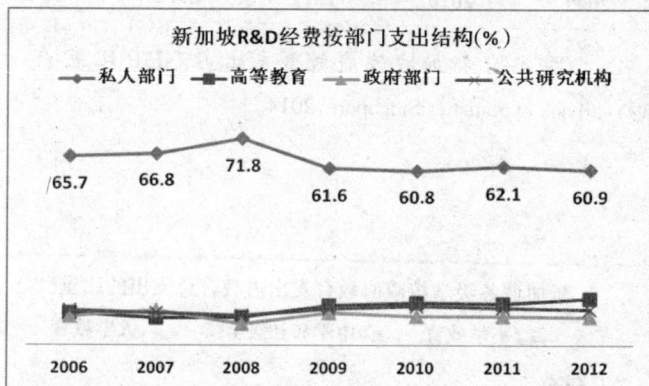

新加坡R&D经费按部门支出结构(%)

◆ 私人部门　■ 高等教育　▲ 政府部门　— 公共研究机构

65.7　66.8　71.8　61.6　60.8　62.1　60.9

2006　2007　2008　2009　2010　2011　2012

图 4-7 新加坡科学研究与发展(R&D)按部门支出结构

数据来源：Yearbook of Statistics Singapore, 2014。

在教育领域，新加坡政府财政支出用于小学、中学、初级学院、技术学院、理工学院和大学，以及特殊教育以及其他等项目。新加坡政府用于教育事业的财政支出占国内生产总值的比重一直超过3%(图4-8)。在政府教育财政支出中（图4-9），用于小学教育的支出占政府教育支出的20%以下，而中学和初级学院教育以及大学教育所占比重都在20%以上。从生均教育经费上还可以看出(表4-11)，新加坡非常重视职业教育，职业教育的生均教育经费几乎是小学、中学和大学三类学校生均教育经费之和；大学教育也是新加坡政府支出的重点，2013年大学的生均教育经费为21,839美元，是小学生均教育经费8,669美元的2.5倍，是中学生均教育经费11,606美元的1.9倍，差距较大。[③]

---

① 顾丽梅.英、美、新加坡公共服务模式比较研究[J].浙江学刊,2008(5)

②③ 数据来源于新加坡统计年鉴。

新加坡政府教育支出占GDP比重(%)

3.10

3.06

3.14

3.00

3.19

| 2009 | 2010 | 2011 | 2012 | 2013 |

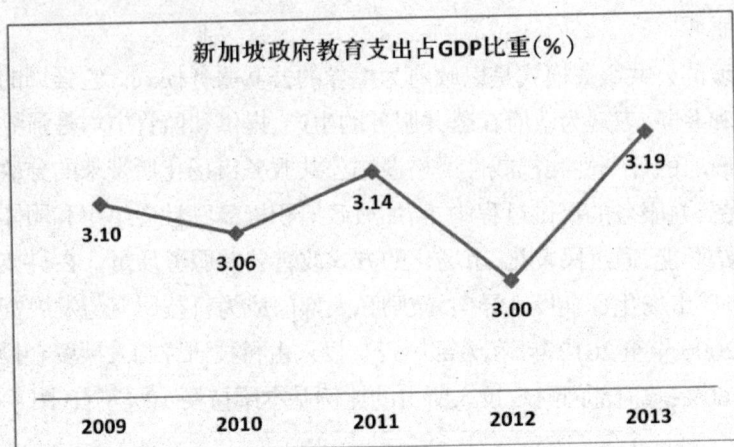

图 4-8 新加坡政府教育支出占 GDP 比重

数据来源：Yearbook of Statistics Singapore,2014。

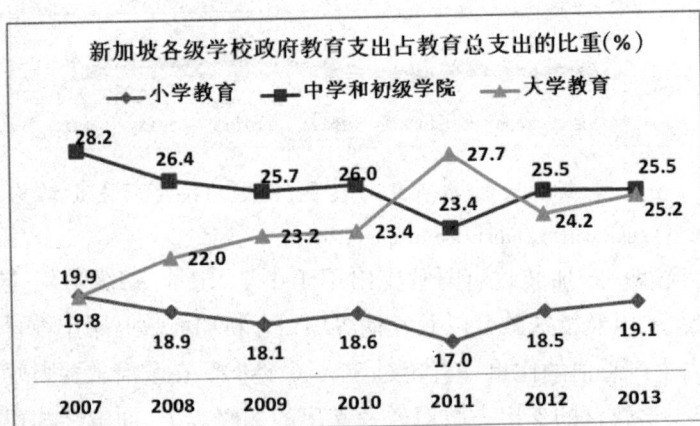

新加坡各级学校政府教育支出占教育总支出的比重(%)

━◆━ 小学教育 ━■━ 中学和初级学院 ━▲━ 大学教育

28.2

26.4

25.7

26.0

27.7

25.5

25.5

23.2

23.4

23.4

24.2

25.2

22.0

19.9

19.8

18.9

18.1

18.6

17.0

18.5

19.1

| 2007 | 2008 | 2009 | 2010 | 2011 | 2012 | 2013 |

图 4-9 新加坡各级学校政府教育支出比重

数据来源：Yearbook of Statistics Singapore,2014。

表 4-11 新加坡各级学校人均教育经费

新加坡各级学校人均教育经费（美元）						
2007	**2008**	**2009**	**2010**	**2011**	**2012**	**2013**
小 学 5,026	5,397	5,537	6,624	6,712	7,396	8,669
中 学 7,230	7,551	7,736	9,008	9,022	9,940	11,606
职业学院 35,411	35,679	33,499	38,722	38,415	39,311	41,864
大 学 19,011	19,664	18,868	20,630	20,505	20,816	21,839

数据来源：Yearbook of Statistics Singapore，2014。

在卫生领域，新加坡医疗卫生总开支占国内生产总值比重较高（图 4-10），主要年份都在 3%~4%，2009 年达到了 5.1%。在医疗卫生总开支中，私人卫生支出占主体，政府卫生支出仅占到 1/3 左右，2011 年为 31.0%（图 4-11）。

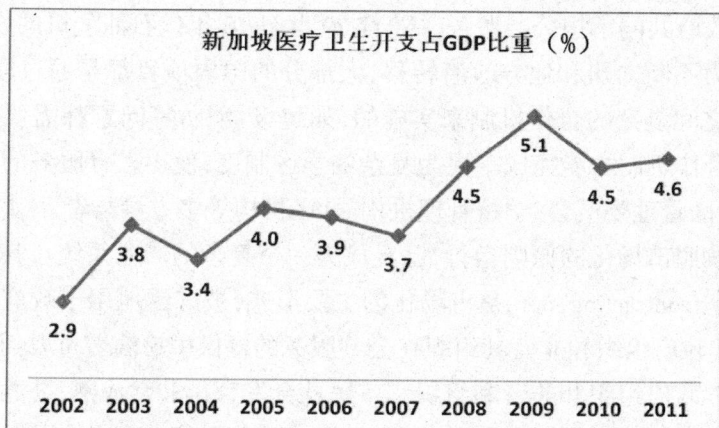

图 4-10 新加坡医疗卫生开支占 GDP 比重

数据来源：Yearbook of Statistics Singapore，2014。

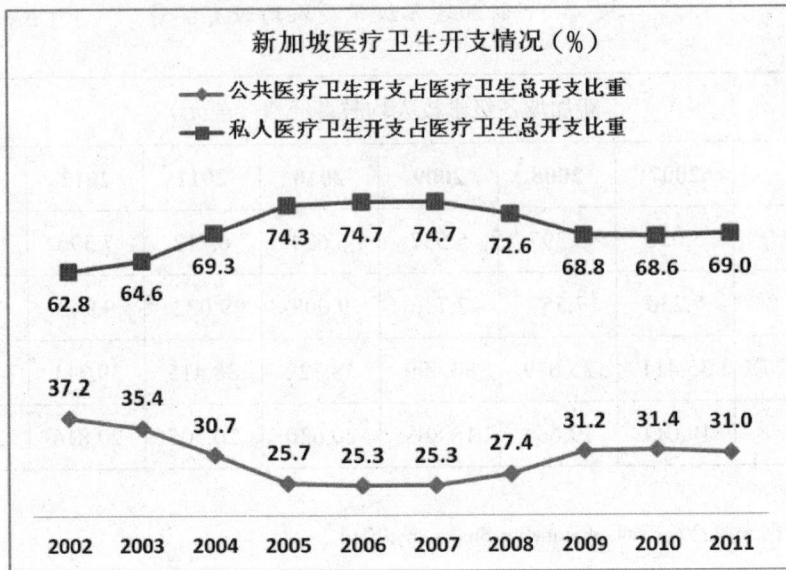

图 4-11 新加坡公共医疗卫生开支和私人医疗卫生开支比重

数据来源:来自香港食物及卫生局网站。

3.纽约

美国公共服务基本模式的核心是以市场为主导、以竞争为基础。美国联邦、州与地方政府共同承担公共服务。随着 20 世纪 70 年代石油危机的发生,联邦政府的权力不断向州和地方政府转移,大部分的国内项目都是通过联邦、州和地方政府之间复杂的合作机制来实施的,如垃圾、消防等问题都需要借助于复杂的多元合作机制才能完成。更为复杂的学区制度,使得教育服务的提供涉及州政府、学区管理委员会、学校管理机构、社区机构等多方参与者。①美国的公共服务完全按照市场化的原则运行,已经成为一个复杂的产业系统。其中公共服务合同外包(contracting-out)是市场化的主要形式,被广泛地用于政府的公共服务领域。非政府组织和非营利组织在公共服务的提供中扮演着重要而积极的角色。美国非政府组织和非营利组织和市民社会发育得非常成熟,公共服务的提供几乎无法离开非政府组织和非营利组织。②随着联邦政府在公共服务方面的职能扩张,州政府之下的各级政府在公共服务方面的职能被削弱。

① [美]文森特·奥斯特罗姆等.美国地方政府[M].北京:北京大学出版社,2004:135-137.
② 顾丽梅.英、美、新加坡公共服务模式比较研究[J].浙江学刊,2008(5).

从纽约政府的教育、卫生支出①来看,教育支出远远高于卫生支出,2006 年,教育支出是卫生支出的 7.4 倍,2012 年这一数值变为 10.3 倍。从政府支出来看,教育支出和卫生支出并没有每年持续增长的趋势,而是随着政府支出的变化而变化(表 4-12)。政府教育支出占政府支出的比重比较稳定,近年来都保持在 30% 以上,而政府卫生支出则有下降的趋势,2007 年政府卫生支出占政府支出的比重达到 4.7%,之后下降到 4% 以下,2012 年这一比重变为 3.2%(图4-12)。

表 4-12 纽约市政府教育、卫生支出总额(亿美元)

	2006	2007	2008	2009	2010	2011	2012
政府总支出	1097.9	640.6	687.4	673.6	760.5	760.5	752.7
政府教育支出	345.6	196.5	216.0	215.3	247.5	256.0	249.6
政府卫生支出	47.0	30.3	23.1	25.7	25.5	24.8	24.2

数据来源:纽约市政府网站:http://comptroller.nyc.gov。

图 4-12 纽约市政府教育支出和卫生支出占政府支出的比重
数据来源:纽约市政府网站:http://comptroller.nyc.gov。

①　Comprehensive Annual Report For 2012,http://comptroller.nyc.gov/wp-content/uploads/documents/CAFR2012.pdf,P8;Comprehensive Annual Report For 2010,http://comptroller.nyc.gov/wp-content/uploads/documents/cafr2010.pdf,P8;Comprehensive Annual Report For 2008,http://comptroller.nyc.gov/wp-content/uploads/documents/cafr2008.pdf,P7。

(二)公共物品财政供给的比较

上海市与香港、新加坡、纽约在教科文卫事业发展方面存在哪些不同？通过对香港、新加坡和纽约在教育、科技研究与发展、文化和卫生事业基本数据的分析,在教育财政支出结构、科技研究与发展、文化财政支出结构以及卫生经费占国内生产总值比例等方面与上海市进行比较。

1.教育财政支出结构不同

从教育财政支出占地方国内生产总值的比重来看,我国在该项指标上不断提高,2009 年开始超过3%,2011 年达到 3.76%。香港的教育支出占国内生产总值的比重较高,2008 年达到 4.39%,之后有所下降,2012 年为 3.81%。新加坡、纽约的该项指标均超过 3%(表 4-13)。

从各级教育财政支出的结构看,上海的政府教育财政支出与香港、新加坡支出结构有相似支出,就是高校支出占比较高,但在职业教育方面,上海还需要进一步加大投入力度。

表 4-13 教育财政支出占 GDP 比重比较(%)

	2006	2007	2008	2009	2010	2011	2012
中国	—	2.68	2.87	3.06	3.13	3.49	4.09
上海	2.79	2.96	2.99	3.05	3.25	3.76	—
香港	3.45	3.26	4.39	3.51	3.42	3.51	3.81
新加坡	—	—	—	3.10	3.06	3.14	3.00
纽约	2.90	2.80	3.10	3.10	3.20	3.20	3.00

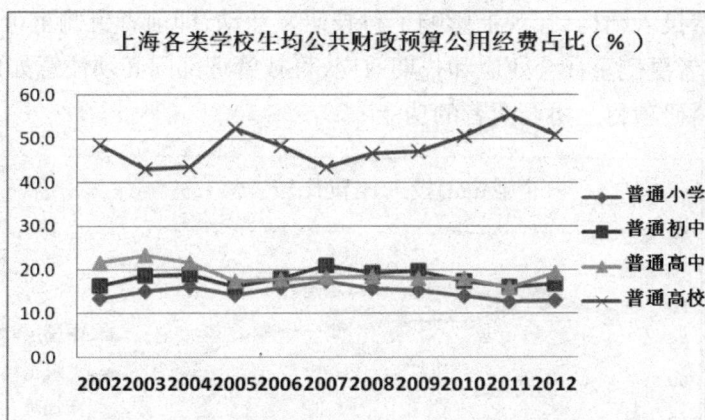

图 4-13 上海各类学校生均公共财政预算公用经费占比

2.科技研究与发展资金来源途径不同

市场化导向的多元资金筹集结构是科技研究与发展资金筹集的共有模式。从中国与沪港新三地比较来看,私人部门(企业)投资都占据了科技研究与发展的最大比重。比较而言,中国大陆以及上海和新加坡的研究与发展经费 60% 以上都来自企业,香港的企业投入一般在 50% 以下(图 4-14)。从政府研究与发展经费投入来看(图 4-15),中国大陆和上海的比重都在 20% 以上,新加坡的比重在 10% 左右,香港都在 5% 以下。上海市来自于企业的科技资金投入占的比重最高,远远大于香港和新加坡在这项指标上的数据。从政府财政资金投入占科技研究与发展资金结构来看,上海市在这项指标上也明显高于香港和新加坡。从科技研究与发展的投资结构来看,主要的差别在于香港高等教育机构科技研究与发展资金占比较高,达到 40% 以上(图 4-16)。通过比较发现,我国(包括上海)政府和企业在科技研究和发展中所发挥的作用非常明显,相对来说高等教育和公共研究机构发挥的作用比较薄弱。在这一点上,香港颇为不同,尽管私人企业的资金投入构成了科技研究与发展的主要来源,但是高等教育机构和公共研究机构也发挥明显的作用。以香港为例,高等教育机构一直是研究与发展资金的主要来源。在新加坡,高等教育部门和公共研究机构的资金投入占据了近三分之一的科技研究与发展经费。像对香港和新加坡而言,我国(包括上海)在研究与发展经费结构方面还需要逐步走向更加多元化的途径,私人企业和政府仍然构成科技经费投入的主要来源,高等教育机构、公共研究机构、研究基金会以及银行贷款等筹资方式还有发挥更大作用的空间。我国以企业和政府为主体的科技经费投入结构,客观上影响了科技研发活动,即前者更侧重市场效应、短期效应,后者更侧重社会效应和长期效应,科技管理部门必须注意如何在基础性研究等科研项目上协调两者的功能。

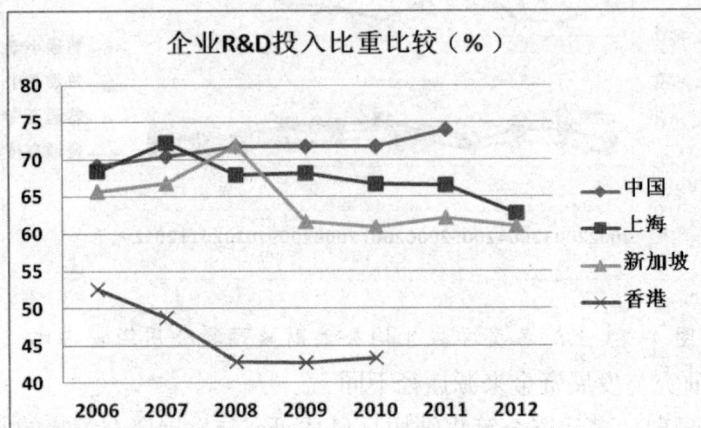

图 4-14 私人部门 R&D 投入比重比较

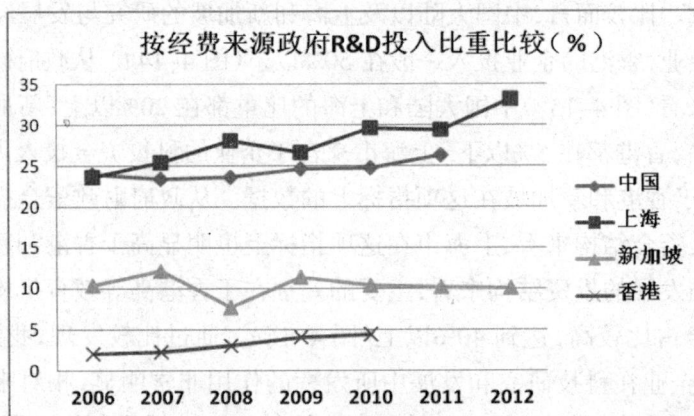

图 4-15 政府 R&D 投入比重比较

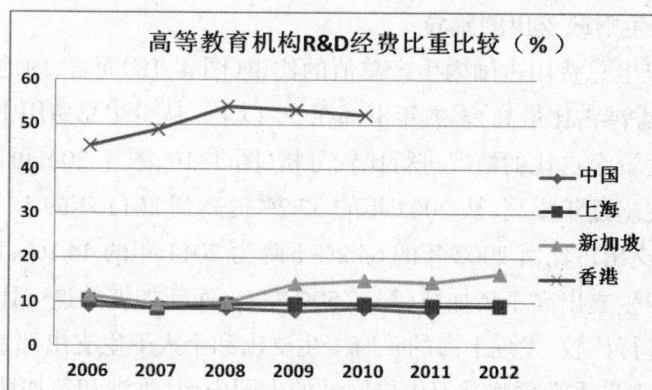

图 4-16 高等教育机构 R&D 投入比重比较

3.文化事业支出结构

在文化事业财政拨款中,上海市文化事业拨款占地方国内生产总值比重明显低于香港。从可得数据来看,自 2004—2006 年,上海市在该项指标上均落后于香港(图 4-17)。从文化财政拨款的用途来看,与香港相比,上海市文化财政拨款被用于人员开支的比例过高。比较上海市主要文化部门文化经费来源结构可以看出,群众文化、文物保护、公共图书馆等文化部门主要经费来自财政拨款,而对于艺术表演场所的文化经费来源则在财政拨款居于次要地位。2005—2007年,群众文化部门的财政拨款所占比例分别为 55.79%、49.61%和61.41%,文物保护部门的财政拨款比例分别为 60%以上;而公共图书馆的财政拨款比例更高,在 80%左右。但这些支出主要用于人员开支和公用开支。2006 年上海的文化事业经费支出中,人员开支和公用开支占74.85%。

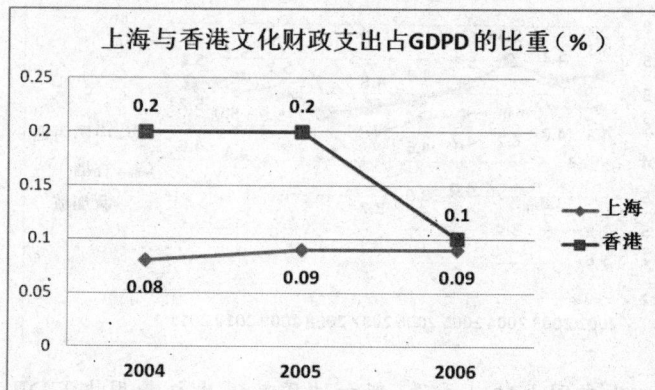

图 4-17 上海与香港文化财政支出占 GDP 比重比较

4.医疗卫生财政支出的差异

就医疗卫生总费用占国内生产总值的比重(图4-18)而言,内地介于香港和新加坡之间,香港占比最高,多数年份都在5%以上。从卫生总费用中政府卫生资金和个人卫生资金占比的情况进行比较分析(图4-19、图4-20),可以发现,中国的政府卫生支出逐年提高,从2002年的37.2%提高到2011年的55.9%。与此同时,个人卫生支出占比由2002年的64.2%下降为2011年的44.1%。同时还分析,香港政府的卫生支出高于新加坡,都在50%左右,而新加坡的这一比重在30%左右。与上海进行比较,发现上海的政府卫生支出和个人卫生支出都是最低的。通过比较发现,来自香港食物及卫生局网站的中国内地、香港和新加坡的卫生支出数据只有"公共医疗卫生开支比重—占医疗卫生总开支的百分比"和"私人医疗卫生开支比重—占医疗卫生总开支的百分比"两个统计项,也就是说,公共医疗卫生开支和私人医疗卫生开支之和是百分之百。而我们在计算上海的卫生支出时,除政府卫生支出和个人卫生支出外,还有社会卫生支出,而社会卫生支出在上海的卫生总费用中所占的比重都在50%以上。如果同样把上海的政府卫生支出和个人卫生支看作百分之百的话,其政府支出也在不断提高,由2002年的41%上升到2011年的52.7%,个人卫生支出由2002年的59%下降到2011年的47.3%。由此可以看出,政府卫生支出规模受到卫生公共服务供给体制的影响。香港、新加坡注重市场机制在医疗卫生领域的功能,通过公私合作等途径引入多元化医疗卫生服务供给者,分散了政府财政压力。近年来我国加强社会建设,着力推进医疗卫生体制改革,有助于扩大日益增加的政府公共卫生财政供给。

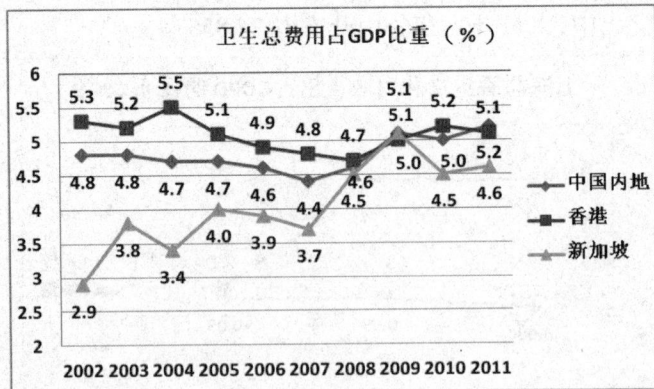

图4-18 中国大陆与香港、新加坡医疗卫生总费用占GDP比重

数据来源:除上海之外的数据都来自香港食物及卫生局网站,上海数据来自《中国卫生

统计年鉴》。

政府卫生支出占卫生支出的比重比较（%）

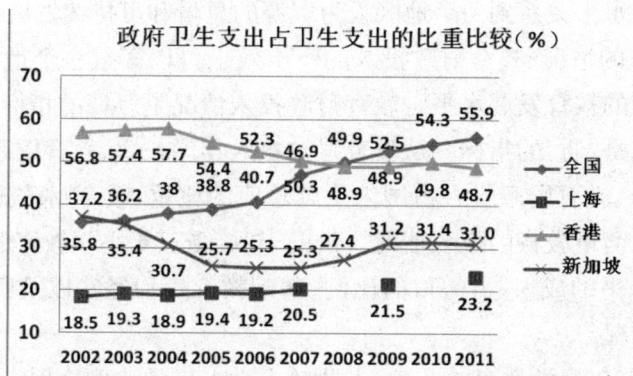

图 4-19 政府医疗卫生支出占卫生总费用的比重

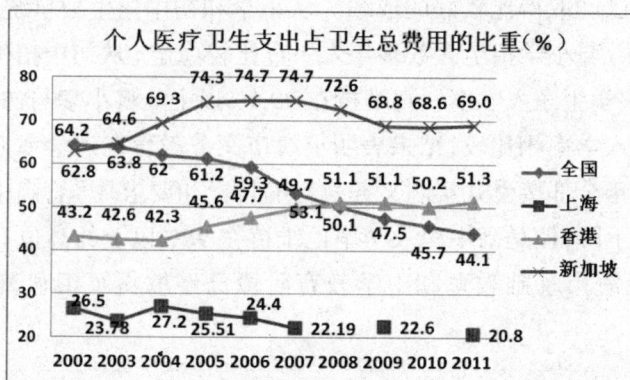

个人医疗卫生支出占卫生总费用的比重（%）

图 4-20 个人医疗卫生支出占卫生总费用的比重

(三)教科文卫发展指标的比较

准确把握上海在教科文卫公共服务上与国际的发展差距,不仅仅需要进行
"量"的比较,还应该从"质"的角度,即各个城市在教科文卫事业领域发展指标
来评估上海的发展差距。联合国、联合国教科文组织、世界银行、世界卫生组织
等国际性组织从公平性、可持续性的视角制定的评价教育、科技、文化和卫生事
业发展水平的指标,具有重要的参考意义。利用这些评价指标,可以更好地把握
上海市教科文卫事业发展水平,进一步明确未来的发展方向。

1.教育发展水平比较

教育发展水平关系到一个地区人力资源的总量和可持续发展水平。借助于教育财政投入的情况、教育财政投入的产出效果可以衡量一个地区、一个城市甚至一个国家的教育发展水平。教育财政投入情况是"量"的指标,教育财政投入的产出情况是"质"的指标。从教育财政投入年增长率、教育财政投入占地方财政支出比重、教育财政投入占国内生产总值的比重、教育财政投入占教育经费的比重可以衡量教育的投入情况。借助于"接受五年小学教育的儿童"和"接受中学教育水平的成人"占人口的比例、基础教育生均经费以及师生比可以衡量教育产出状况。

从"接受五年小学教育的儿童"占适龄入学人口的比例这项指标来看,上海市小学生净入学率多年来一直比较平稳,维持在较高点即99.99%左右,表明上海市基础教育已经取得比较好的成绩。从小学和初中招生数量统计来看,上海市初中招生人数与小学招生人数多年来一直比较稳定。从初中招生净入学率来看,上海市初中学生净入学率一直维持在99.9%以上。将小学与初中招生人数、小学与初中净入学率相比较,结果表明上海市义务教育在入学率方面已经基本实现适学青少年全部接受九年制义务教育的目标和要求。尽管高中阶段招生人数近年来有所下降,但是高中净入学率也维持在96%以上的高位。从净入学率整体上看,上海市基础教育和中学教育阶段已经取得了很显著的成绩(图4-21)

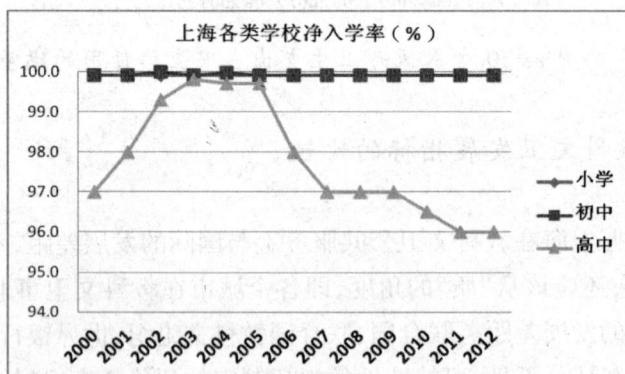

图 4-21 上海市中小学学生净入学率

数据来源:历年《上海市统计年鉴》。

从教育投入来看,上海市与新加坡上存在较大的距离。在小学生均教育经费比较中,上海、新加坡两地以美元计算的生均教育经费差距比较大。2005 年,上海市生均小学教育经费（生均预算内事业费与生均预算内公用经费之和计算）换算成美元后约 1557 美元,[①]而新加坡则为 3820 美元,后者是前者的 2.5 倍。2010 年,上海市小学生均教育经费为 3239 美元,实现大幅度增长之后仍然与新加坡存在较大差距。同年,新加坡生均小学教育经费为 6659 美元,是上海的 2 倍多（图 4-22）。就生均教育经费的分布而言,新加坡是大学（University）所占比例最高,都在 60%左右;再次为中学,占 20%以上;最后是小学,占 15%左右。近两年来, 大学所占的比重有下降趋势,2009 和 2010 年分别为 58.7%和 56.7%,小学和中学的占比都有所提高,2010 年分别为 18.3%和 25%（图 4-23）。上海与新加坡总体结构大致相同,比较而言,上海的中学占比要高出新加坡十个百分点（图 4-24）。

图 4-22 2005—2010 年上海、新加坡小学生生均教育经费比较

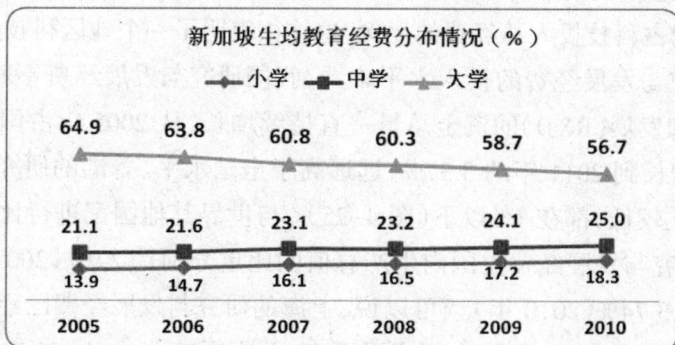

图 4-23 新加坡生均教育经费分布情况[②]

① 上海市生均教育经费与美元换算率 1 美元 =6.3 元人民币,下同。
② 把小学和中学以及大学（University）生均教育经费之和作为 100%进行计算。

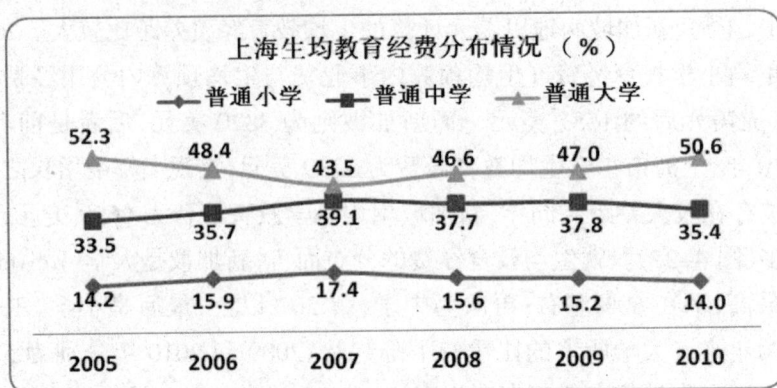

图 4-24 上海生均教育经费分布情况①

2.科技发展水平比较

科学技术是经济增长的主要动力之一。一个地区科技发展水平的高低影响着该地区产业发展、经济发展和国际竞争力。衡量科技发展水平以及财政投入的传统做法是研究与发展投入描述模式,即分析以研究与发展经费和研究与发展人员这两类指标对成员国的研究与发展资源总量、变化趋势以及结构特征。但是传统的评价指标仅仅注重投入,忽视了产出即对投入的结果的分析。OECD开发新科技指标从科技投入和科技产出两个方面来衡量一个地区的科技发展水平,其评价指标更科学、更准确。从科技投入来看,新科技指标包括对研究与发展、高等教育和软件的投资;从产出来看,包括创新成果、专利数量、国际高技术收支平衡情况。在衡量科技投入质量的指标体系中,一个关键的指标是创新经费即研究与发展经费占科技投入总经费的比例,这往往表明了一个地区科技竞争力。

从研究与发展经费的投入水平来看,我国研究与发展经费不断增加,上海用于研究和发展(R&D)的资金总量一直持续增长,从2005年占国内生产总值的2.31%增长到2011年的3.37%,远远高于全国水平。香港的研究与发展经费则明显占比较低,都在1%以下(图4-25)。与世界其他国家进行比较,美国、日本、韩国研究与发展经费占国内生产总值的比重分别是2.9%(2009年)、3.26%(2010年)、3.74%(2010年)。②可以说,上海的研究与发展经费已经达到了世界先进水平国家的投入,但就全国水平而言,差距还较大。

---

① 把普通小学、普通中学(包括普通初中和普通高中)以及普通大学生均教育经费之和作为100%进行计算。

② 数据来源:《中国科技统计年鉴2013》。

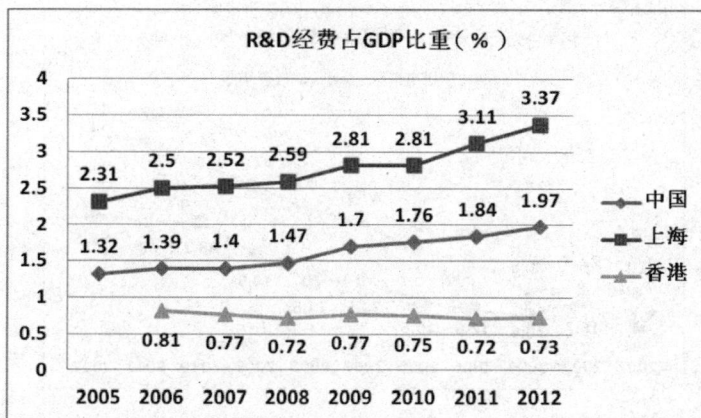

图 4-25 上海、新加坡与中国的研究与发展经费占 GDP 比重比较

资料来源：数据来源于中国科技统计网以及《上海市统计年鉴》。

2008 年，美国、日本、韩国以及新加坡等国家创新指数在全球四十个主要国家中分别排在第 1、3、4、5 位。中国排在第 21 位。[①]

如果从科研产出的成果来看，近年来上海市科技投入的产出成果增长明显。2002 年至 2012 年，上海市科技专利申请量增长了 4 倍多，专利批准数量增长了 9 倍多（图 4-26）。从科技成果获奖数量来看，增长相对比较稳定，如 2000 年为 287 项，2012 年为 333 项。从科技成果市场成交合同统计来看，上海市 2002 年技术市场成交合同共 26010 项，2012 年共成交技术合同 27998 项（图 4-27）。但是如果从技术合同成交金额来看，上海市自 2003 年至 2012 年不断增长。2002 年，上海市科技合同成交金额共 120.22 亿元；2012 年该项金额统计共 588.52 亿元，增长了 4 倍多（图 4-28）。从科技成果产出整体统计上看，上海市科技投入近年来的产出与投入之间呈现明显的正增长状态。

---

① 从 21 到 18，把脉我国创新型国家进程[OL].科技网:http://www.stdaily.com/kjrb/content/2011-09/25/content_351204.htm.

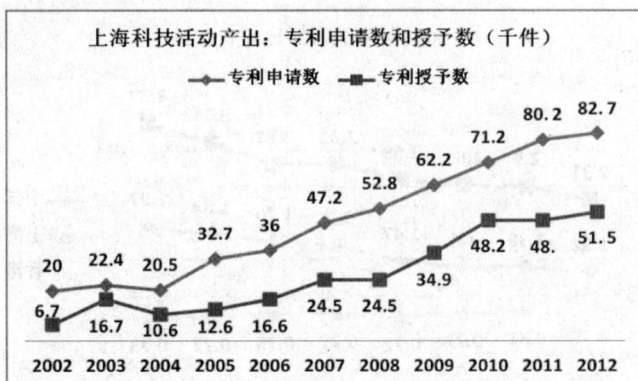

图 4-26 上海市专利申请量与授权量统计

资料来源:数据来源于历年《上海统计年鉴》。

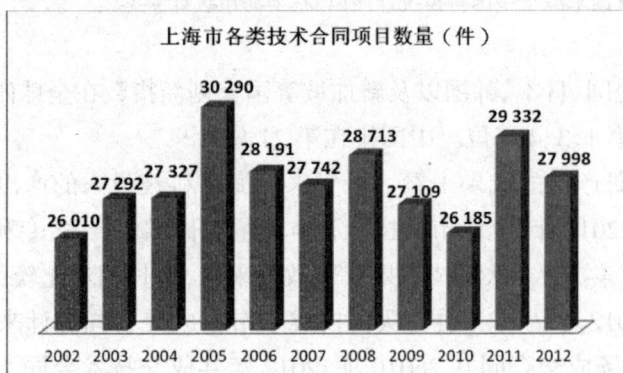

图 4-27 上海市各类技术合同项目数量

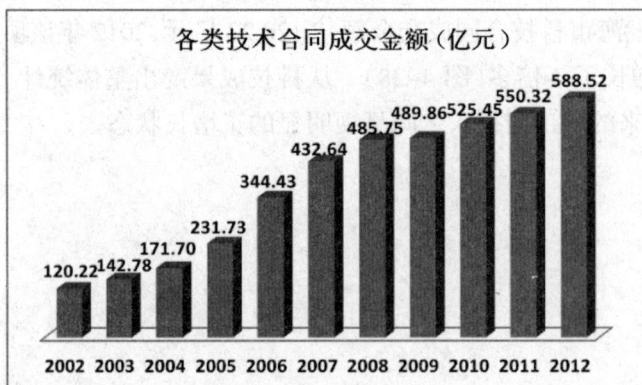

图 4-28 上海市技术市场成交合同金额数

资料来源:中国科技统计网。

3.文化服务发展水平

基层文化活动是关系群众生活中的文化活动质量和精神风貌的一项基本公共服务。丰富多彩、富有教育意义的文化活动是一个城市综合竞争力的重要构成部分。作为基本公共服务供给者的各级政府不仅仅发挥财政支持的功能,还承担着管理者、参与者的角色。因此,评价一个城市和地区的公共文化发展水平就需要从政府财政投入和文化活动产出两个方面来衡量。从投入的角度来看,借助于公共文化财政占国内生产总值的比重、公共文化财政占地方政府财政的比重、公共文化财政的年增长率、公共文化财政支出结构等指标可以综合衡量一个城市和地区在公共文化服务上的投入水平。从产出的角度看,借助于居民文化消费系数、公共文化部门拥有的文化服务种类和数量、公共文化产业对国民经济增长的贡献率和支持率、公共文化产业的总产值和增加值以及公共文化服务就业人数等指标综合衡量一个城市和地区公共文化发展水平,就可以准确评估作为基本公共服务的基层公共文化发展水平。

从财政投入的角度看,上海市近年来加大了对文化服务的财政支持力度。从 2004 年占地方财政支出的 0.45%逐步上升到 2011 年的 0.62%,远远高于全国水平(图 4-29)。从从事基层群众文化服务的机构和从业人员来看,自 2002 年之后上海市公共图书馆、群众文化活动机构数量稳中有降,群众文化馆和艺术馆从业人员数量自 2004 年之后逐渐上升(图 4-30、图 4-31、图 4-32)。由此可以看出,文化财政投入与文化事业发展的相关性。随着财政投入增长、群众文化活动从业人员的增加,上海市基层群众文化馆和艺术馆组织的文艺活动、理论研讨、讲座快速增长。从 2001 年至 2010 年的统计数据来看,上海市基层群众文艺馆组织的文艺活动最高增长了三倍多,组织的各类讲座和理论研讨班最高增长了近三倍(图 4-33)。上海市群众文艺馆举办讲习班结业人次自 2002 年后也大幅增长,2012 年参加各类讲习班结业的人数高达 139.79 万人次,是 2002 年 20.5 万人次的 6 倍多(图 4-34)。上海市基层群众文艺馆举办面向群众的各类展览次数自 2002 年之后也快速增加。2002 年,上海市基层群众文艺馆举办各类展览次数为 1247 次;2012 年上海市基层群众文艺馆举办的各类展览次数为 2754 次,增长了一倍多(图 4-35)。从整体上看,随着财政投入的增加和市场化取向的财政管理体制改革带来的激励效应,上海市基层群众文化馆和艺术馆在面向基层群众提供文化产品和文化服务方面取得了明显的改善。基层群众文化娱乐活动、公共文化产品和服务的数量、质量和内容获得了很大的改善。

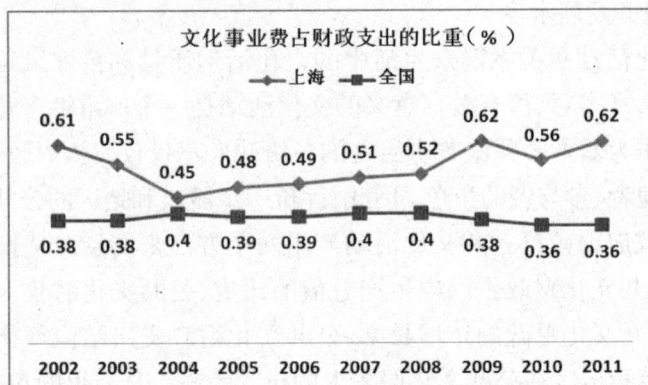

图 4-29 文化事业费占财政支出的比重

文化事业费占财政支出的比重（%）

◆ 上海　■ 全国

0.61	0.55	0.45	0.48	0.49	0.51	0.52	0.62	0.56	0.62
0.38	0.38	0.4	0.39	0.39	0.4	0.4	0.38	0.36	0.36

2002　2003　2004　2005　2006　2007　2008　2009　2010　2011

图 4-29 文化事业费占财政支出的比重

资料来源：数据来源于《中国文化文物统计年鉴 2013》。

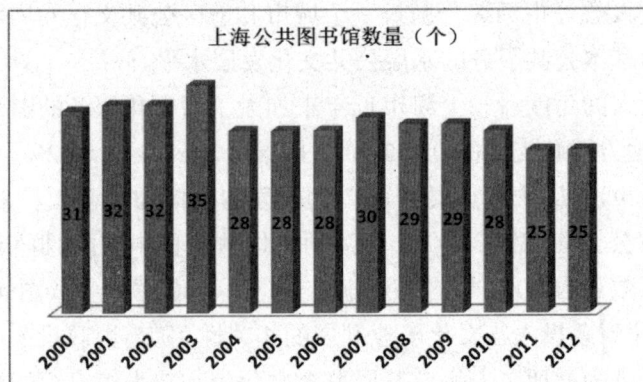

上海公共图书馆数量（个）

31　32　32　35　28　28　28　30　29　29　28　25　25

2000　2001　2002　2003　2004　2005　2006　2007　2008　2009　2010　2011　2012

图 4-30 上海市公共图书馆数量

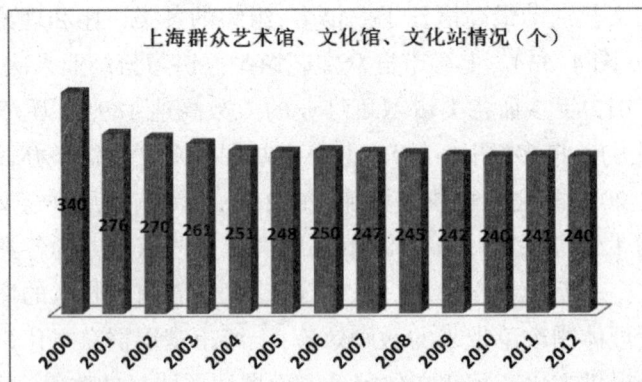

上海群众艺术馆、文化馆、文化站情况（个）

340　276　270　261　251　248　250　247　245　242　240　241　240

2000　2001　2002　2003　2004　2005　2006　2007　2008　2009　2010　2011　2012

图 4-31 上海群众艺术馆、文化馆、文化站数量

图 4-32 上海市群众文化馆、艺术馆、文化站从业人数

图 4-33 上海群众艺术馆、文化馆、文化站组织文艺活动和培训班统计

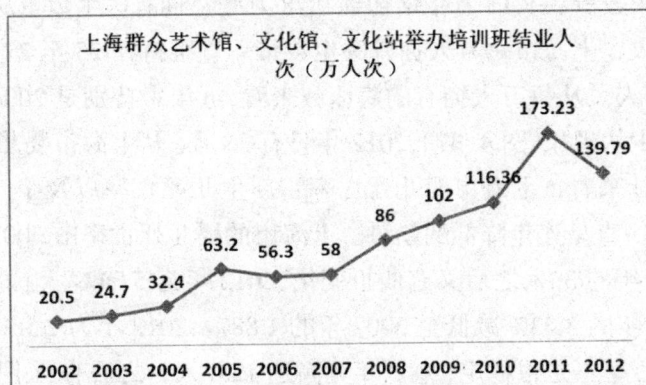

图 4-34 上海群众艺术馆、文化馆、文化站举办培训班结业人次

上海群众艺术馆、文化馆、文化站举办展览数量

1247　1184　1265　1279　2256　2178　2306　2483　2403　2520　2754

2002 2003 2004 2005 2006 2007 2008 2009 2010 2011 2012

图 4-35　上海群众艺术馆、文化馆、文化站举办展览数量
资料来源:历年《上海统计年鉴》。

4.卫生发展水平比较

卫生发展状况是衡量一个地区可持续发展能力的重要指标。借助于社会成员的营养状况、死亡率、卫生水平、是否拥有安全的饮用水以及医疗保护的水平等指标可以综合衡量一个地区卫生投入的效果,合成该国或该地区可持续发展卫生基础。2002 年后,上海市加大卫生领域的投入规模,卫生财政投入年增长率一直比较高。从上海市拥有医院的数量来看,2002 年至 2006 年一直连续增加,2007 年后,医院的数目有所减少,之后保持较为稳定数量(图 4-36)。上海市拥有的医生数量、医院病床数量也一直连续增长,从 2002 年至 2008 年,上海市医院拥有的病床数量从 8.15 万张增加到 9.78 万张;拥有医生数量从 4.38 万人增加到5.12 万人,上海市每万人拥有医生数量一直维持在 25 至 27 人之间,2012 年下降为 22 人。从每万人拥有的病床数来看,近年来特别是 2006 年之后则呈现出逐年减少的现象(图 4-37),2012 年只有 38 张。从上海市婴儿、新生儿及孕妇死亡率统计来看, 上海市婴儿死亡率、新生儿死亡率以及孕产妇死亡率自2002 年之后一直呈连年降低的趋势。上海市的婴儿死亡率由 2003 年的 5.52‰降低到 2007 年的 3‰,之后又有曲折变化,2012 年为 5.04‰。上海市新生儿死亡率由 2002 年的 3.43‰减低至 2007 年的 1.88‰,2012 年为 2.58‰。每十万名孕产妇中死亡率不是很稳定,2003 年竟高达 12.0 人, 之后有所下降,2012 年降至 7.1 人(图4-38)。由统计数据看出,上海市的一些医疗指标还很不稳定,虽然总体上资源有所整合,但并未能使一些指标不断提高。

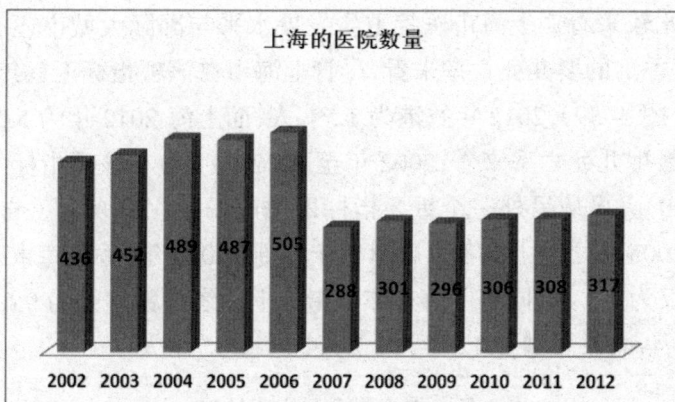

图 4-36 上海市医院数量统计

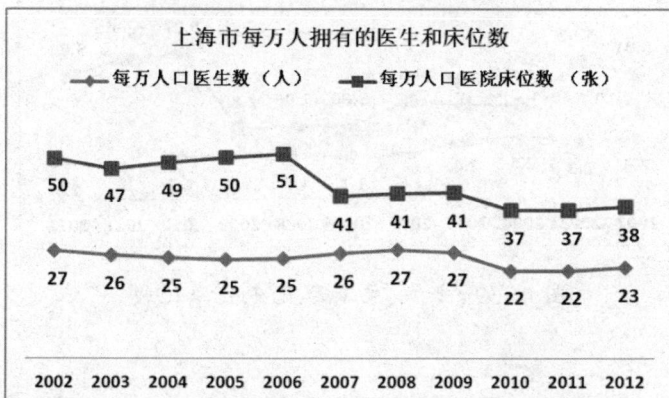

图 4-37 上海市每万人拥有医生、病床数量统计

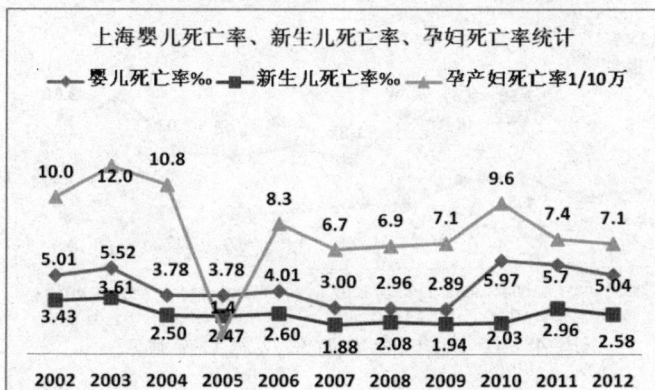

图 4-38 上海市婴儿、新生儿及孕妇死亡率统计

资料来源:历年《上海统计年鉴》。

从国际比较来看，上海市医疗卫生发展水平与国际大城市还有一定的距离。从上海、香港的婴儿死亡率来看，尽管上海市在该项指标上逐年改进，但还落后于香港（图 4-39），2012 年香港为 1.5‰人，而上海 2012 年为 5.04‰人。从上海和香港新生儿死亡率来看，2002 年至 2012 年上海在该项指标上都落后于香港（图 4-40）。再从另外一个重要指标即孕产妇死亡率来看，自 2002 年至 2012 年，除 2005 年之外上海都大幅落后于香港。2010 年，香港每十万名孕产妇中的死亡率仅为 1.1 人，同年上海在该项指标上的统计数字则为 9.6 人，是香港的 8 倍多（图 4-41）；香港 2012 年为 2.2 人，上海为 7.1 人。

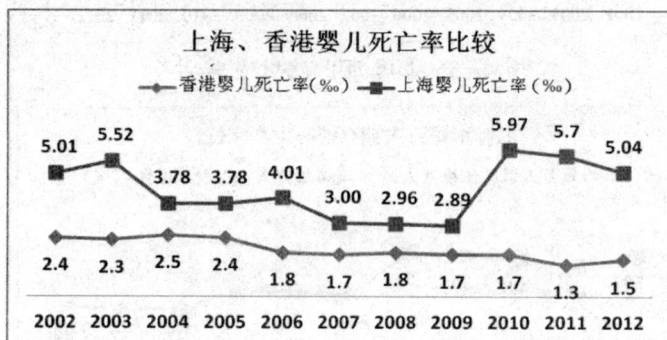

图 4-39 上海、香港婴儿死亡率比较

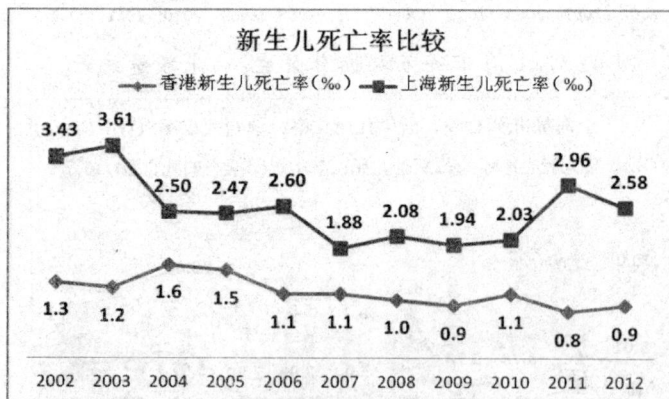

图 4-40 上海、香港新生儿死亡率比较

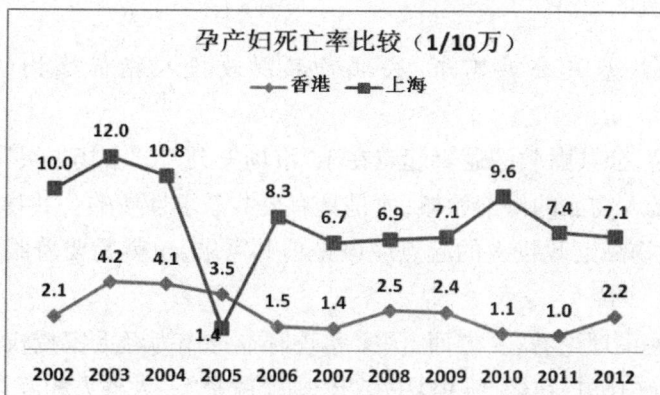

图 4-41 上海、香港孕产妇死亡率统计比较

资料来源:上海数据来源于历年《上海市统计年鉴》,香港数据来源于《香港统计年刊》。

四、构建基于需求与公平的公共物品财政保障指标体系

公共财政的本质特征决定了公共服务必须均等化,特别是在构建社会主义和谐社会的进程中,财政支出必须坚持以人为本,推进公共服务均等化,把更多的财政资金用于公共服务领域,满足人们的公共物品需求,让广大人民群众共享改革发展成果、同沐公共财政阳光。因此,公共物品供给必须立足于公共需求,有效促进公平的财政投入,促进社会的均衡发展。学术界关于公共财政投入指标的研究相对比较少,高培勇(2005)提出了中国公共财政建设指标体系的"一条主线、三项职能、四个层面、十大指标"[①]的主要内容。这里主要从理论的层面进行分析。

[①] "一条主线",即中国公共财政建设指标体系是以公共性——满足社会公共需要——为灵魂并以此作为贯穿始终的基本线索。"三项职能",即中国公共财政建设指标体系是按照资源配置、收入分配和经济稳定三项职能,作为基本定位。"四个层面",即中国公共财政指标体系覆盖了基础环境建设、制度框架建设、运行绩效建设和开放条件下的公共财政建设四个层面的内容。"十大指标",即中国公共财政建设指标体系由十大一级指标构成:政府干预度、非营利化、收支集中度、财政法制化、财政民主化、分权规范度、均等化、可持续性、绩效改善度和财政国际化。高培勇.中国公共财政建设指标体系:定位、思路及框架构建[J].经济理论与经济管理, 2007(08).

(一)满足基本公共需求:公共物品财政投入指标建构的起点

一般认为,公共财政的逻辑起点在于"市场失灵"。"市场失灵"的领域不是自由市场的私人物品的供给领域,而是具有公共需求性质的公共物品领域。因此,建构公共物品财政投入的起点应该是公共需求,也就是要着眼于公共财政的公共性。

从契约关系理论看,一方面,国家和政府本身作为经大家授权的一种公共物品。霍布斯(1651)在《利维坦》中指出,国家就是"一大群人相互订立契约,每人都对它的行为授权,以便使它能按其认为有利于大家的和平与共同防卫的方式运用全体的力量和手段的一个人格"①。在他看来,国家或者说政府存在的一个重要原因就是要为个人提供诸如共同防卫类的公共物品。社会经济正常运行所需要的私人产品,如吃穿住行之类,可以通过市场竞争生产出来;而人们需要的公共物品,如城市公共基础设施、社会治安、竞争规则、军事、外交等,这部分产品和服务,无论市场如何运行也是生产不出来的,只能由国家来提供。因此,人们把一部分权利授予政府,把一部分资源交由政府配置,于是公共财政就产生了。这是社会需要政府的理由,也是社会公众授权给政府的理由。因此,我们说"公共财政的基本职能就是提供公共物品,满足公共安全、公共机构和公共秩序等公共需要"②。另一方面,作为公共财政收入主要来源的税收,是纳税人与国家之间存在的一种"契约"。现代国家财政收入主要来源于税收,国家通过征税分享私有财产经过自由交换而产生的收益,公民以税收或其他形式的财产让渡为代价,换取国家所提供的公共物品。

从公共需要的形成来看,社会公共需要是社会成员在社会生产与生活中的共同需要,它是除政府以外的其他社会团体和市场不能满足、不能提供的需要,具有社会成员享用的互不排斥性与平等享用性。③现代社会公共需求主要有维护社会公众由于人类的共性,不论在何时、何地,多数社会成员会产生一些大致相同的利益需要而形成集体性的需要。公共需求虽然与个人需求一样具有相同

---

① [英]霍布斯.利维坦[M].黎思复、黎廷弼译.北京:商务印书馆出版,1985:132.
② 吕炜.我们离公共财政有多远[M].经济科学出版社,2005:43.
③ 李军鹏.论公共需求与供给:公共行政研究的基本主题[J].天津行政学院学报.2001(1).

的满足个人需要的功能,但公共需要由于其公共性,而具有普遍性。在市场供给失效的情况下,公共需要则必须由政府来供给。尤其是公民的基本公共需要,是维持公民作为一个社会人发展的基本需求,必须由政府来承担,也就说政府运用财政资金首先必须提供不低于一定标准的托底保证,[①]因此满足社会的公共需求也就成为公共财政的首要责任。

由此可见,公共物品财政供给的指标设计必须立足公共需要的满足,这也是公共物品财政投入必须适应公共需求规律的必然要求。目前我国政府对社会民生的关注,也体现了公共财政要满足社会公共需要的社会发展需求。也就说,在公共物品财政投入的指标建构中,首要的目标就是保障社会的公共需要,使公共财政倾向于反映社会公共需要的民生领域,比如义务教育、公共医疗卫生、公共文化、住房保障等方面,真正解决当前社会所反映出来的"上学难、看病难、买房难"等突出的社会问题。

(二)公平:公共物品财政投入指标建构的目标要求

公共财政从本质上来说,是国家对财产的再分配,其主旨就在于使社会成员公平地享有公共物品。享有均等化公共物品是公共财政的基本责任和内在属性。正如哈耶克所说,一个自由社会里,政府没有理由不以保证最低收入水平和一条谁也不会落到低于该水平的底线的形式,向全体成员保证他的生存权利不至于遭到严重剥夺。世界银行也认为,政府的第一项职责和基础性工作是保证全社会的公平,包括基本公共教育、公共卫生、社会保障、基础设施、公共安全等在内的基本公共服务体系作为社会公众生存和发展的基本需求。一般来说,现代公共财政主要包括筹集财政收入职能、资源配置职能、收入分配职能和经济稳定与发展职能。[②]作为一种服务型财政和财政资源配置、收入分配、经济发展与稳定职能的体现,公共财政强调公共服务的均等化提供,即为社会公众提供大致均等的公共物品和服务。

从公共财政必须满足基本公共需求的出发点来看,基本公共需求是每个社会成员可以无差别地共同享用的需求,为了满足社会基本公共需求而提供的公

①　贾康、梁季、张立承."民生财政"论析[J].中共中央党校学报.2011(2).
②　陈共.财政学[M].北京:中国人民大学出版社,2006:30。

共物品,可以无差别地由每个社会成员共同享用,一个或一些社会成员享用并不排斥其他社会成员享用。基本公共需求则不分富人和穷人,例如,在享受国防、环境卫生、交通秩序管理防洪水利等利益方面,是完全平等的,同时也是机会均等的。

从税收的角度看,公平统一的税收制度作为公共财政制度的前提,体现了民众平等的纳税义务和财政分配"取之于民,用之于民"的收入制度设计,公民与政府达成协议,通过交税的形式要求政府必须为每一个纳税人提供均等的公共物品。事实上,现代税收在本质上体现的是一种契约关系,即纳税人向政府纳税,政府则为纳税人提供公共物品和服务。每一位纳税人根据国家的要求平等的纳税,决定了其必然也同等地享受税收的收益,即公共财政所提供的公共物品。也就说,税收的均等性要求公共财政也必须体现这种公平性和均等性。

自党的十六届五中全会首次提出"基本公共服务均等化"以来,党和政府的文件中多次提到"基本公共服务均等化"问题,把实现基本公共服务均等化作为实现科学发展观、构建和谐社会的基本目标和要求。由于各地经济发展程度不同,形成了地方政府不同的财力,财政能力的非均等性就决定了公共物品供给的非均等性,因为政府作为提供公共服务的主体,政府财政能力直接决定了公共物品的质和量。基本公共服务享有的非均等化直接导致城乡、地区之间以及人与人之间起点、机会的不平等并由此造成利益分享结果的不平等。因此,基本公共服务均等化是实现和谐社会的基础和保障,是落实以人为本科学发展观的基础要求。为此,公共财政在实现基本公共服务均等化目标中的核心和关键地位,决定了公共财政必须调节地区间、城乡间的差异,以促进社会公平,缓和社会矛盾。基本公共服务均等化也呼唤公共财政价值和理念的革新,财政公平原则应成为公共财政的价值基础,公共财政具体制度也应在这一原则指导下予以调整和修正。

综上所述,公共物品财政投入的指标建构必须体现公平性,这也是公共财政存在的社会价值所在。

(三)以教科文卫为例的公共物品财政投入指标建构

在公共物品财政投入的指标建构中,既要保障社会基本公共需求的满足,又要实现社会的均等发展和可持续发展。因此,在教科文卫事业财政投入的指标建构中,既要有保障基本供给的刚性指标,又要有实现公平和发展的指标。

1、教育财政投入保障指标体系

在现代化建设中,教育作用不仅表现在提高全体公民的综合素质,提高社会生产力和社会管理水平,教育还有助于形成普遍的国家认同和社会认同。从教育产出的直接效果来看,教育发展水平的高低决定一个城市和地区人力资源的总量,进而影响国民经济发展水平。

在构建衡量教育发展水平的指标体系时,应该坚持满足教育服务需求与社会发展需要、教育公平为导向。一直以来,我们注重各级人民政府教育财政的整体规模、年增长率、生均费用、教育财政经费占国内生产总值或者国民生产总值的比例等"数量指标"、"硬指标",一定程度上忽视了教育发展、教育公平等"质量指标"、"软指标"。近年来,教育公平已经成为各级人大会议代表们热议的问题。①因此,在教育财政发挥保障功能的过程中,需要逐步调整教育财政投入的结构和方向,在确保"硬指标"实现的同时,促进教育公平,提高公共财政效益。结合国内常用的评价教育财政投入、教育发展水平的指标体系,结合我国财政制度、统计制度的实际情况,应该从以下三个方面衡量教育财政投入的保障功能(表4-14):

(1)教育财政硬性保障功能。这一指标可以从教育财政支出占政府经常性财政支出的比重、教育财政支出占国内生产总值的比重、教育财政支出占教育经费的比重、教育财政支出的年增长率来衡量。其中,重点是教育财政支出占国内生产总值的比重、教育财政支出的年增长率。

(2)教育财政公平保障功能。这一指标可以从各学校生均教育经费、各区县生均教育经费、各学校师生比、各区县师生比、各区县学生学费负担额度等指标来衡量。其中,重点是不同地区、不同学校之间生均教育经费、师生比。

(3)教育财政发展保障功能。这一指标可以从各学校教育设施现代化程度、成人受教育年限、基础教育完成率、高等教育入学率、教师平均收入等指标来衡量。其中,重点是各学校教育设施现代化程度、教师平均收入。

---

① "追问教育不公平天平失衡之痛",2006年全国人代会人大代表热议教育不公平问题显示:城乡之间、东西部之间、基础教育和高等教育之间的财政投入比例严重失调[OL].参见:新华网:http://news.xin-huanet.com/misc/2006-03/08/content_4274939.htm.

表 4-14 教育财政保障评价指标

指标类别	指标内容
A 教育财政硬性指标	教育财政支出占政府经常性财政支出的比重、教育财政支出占国内生产总值的比重、教育财政支出占教育经费的比重、教育财政支出的年增长率来衡量
B 教育财政公平指标	各学校生均教育经费、各区县生均教育经费、各学校师生比、各区县师生比、各区县学生学费负担额度
C 教育财政发展指标	各学校教育设施现代化程度、成人受教育年限、基础教育完成率、高等教育入学率、教师平均收入

2.科技财政投入保障指标体系

国家创新能力,特别是自主创新能力不足已经成为我国科技研发和创新的"软肋"。[①]从世界各国的科技创新情况看,真正创新的动力源泉在于具有自主创新意识的市场主体即企业或者研究机构,政府在科技创新中的功能往往定位于服务。服务包括科研资金的支持、科研政策的支持、知识产权的保护以及鼓励创新奖励政策等。我国科技财政支出尚定位于政府直接介入研究领域、研究过程,以资金为导向来引导科技创新活动。从公共财政发挥导向的功能来看,这也是可取的,但是从实际效果上看,则没有发挥相应的鼓励创新的功能。因此,在强化政府科技财政支出"硬指标"的同时,还应该积极探索科技财政对科技创新的引导、保障和激励机制,特别是注重激励机制创新,刺激科技创新的主要载体——企业和研究机构发挥创新主体的功能,政府公共财政和公共政策给予积极支持和保障,形成科技创新的良好氛围。结合国内外研究成果和我国科技发展的现实状况,在科技领域,衡量科技财政对科技发展和进步的保障功能可以考虑以下三个方面(表 4-15):

(1)科技财政保障功能,包括科技财政支出占地方经常性财政支出的比重、科技财政支出的年增长率、科技财政支出占国内生产总值的比重、科技经费中政府财政资金的比重。其中,重点是科技财政支出占地方经常性财政支出的比

---

① 根据瑞典商学院最新公布的《2009—2010 创新发展报告》显示,在全球创新能力排名中,中国仅处于第 65 位,大幅落后于发达国家,特别是东亚国家。参见:新闻晨报.2009.11.19.

重、科技财政支出占国内生产总值的比重。

（2）科技财政创新功能，包括研究与发展经费占国内生产总值比重、研究与发展（R&D）经费年增长率、科技经费中用于研究与发展的比重、基础性研究经费占科研经费比重、科技创新对国民经济增长的贡献。其中，重点是研究和发展财政资金占国内生产总值比重、科技经费中用于研究与发展的比重。

（3）科技财政激励功能，包括财政资金对基础性研究的扶持力度、年度科技创新财政奖励额度、科技研发人员人均收入、科技研发成果向生产力转化数量。其中，重点是年度科技创新财政奖励额度、科技研发人员人均收入。

表 4-15 科技财政保障评价指标

指标类别	指标内容
A 科技财政保障功能	科技财政支出占地方经常性财政支出的比重
	科技财政支出的年增长率
	科技财政支出占国内生产总值的比重
	科技经费中政府财政资金的比重
B 科技财政创新功能	研究和发展（R&D）财政资金占国内生产总值的比重
	研究和发展财政资金年增长率
	科技经费中用于研究与发展的比重
	基础性研究经费占科研经费的比重
	科技创新对国民经济增长的贡献
C 科技财政激励功能	财政资金对基础性研究的扶持力度
	年度科技创新财政奖励额度
	科技研发人员人均收入
	科技研发成果向生产力转化数量

3.文化财政投入保障指标体系

衡量文化服务的水平和质量应该坚持两个基本原则：一是注重投入—活动—产出三个方面的动态平衡，二是公共文化活动的公益性、回应性和时代性必须体现在评估指标体系中。在文化领域，通过对群众性文化活动经费占财政文化经费支出的比重、人均文化经费、群众性文化活动经费年增长率等指标来衡量公共财政对文化事业的保障功能。通过强调公共财政倾向于日常性文化活动、群众性文化活动、公益性文化活动,大力打造公益文化财政,不断丰富人民群众的文化生活。在借鉴和参考现有研究成果的基础上,公共财政对基本文化服务的保障评价指标包括(表4-16):

(1)公共文化财政投入保障。涉及文化财政年增长率、文化财政支出占地方经常性财政支出的比重、文化财政支出占国内生产总值的比重。重点是文化财政年增长率、文化财政支出占国内生产总值的比重。

(2)公共文化财政服务保障。涉及用于基层文化服务的财政支出、文化财政占文化活动经费比重、财政经费中用于文化机构人员工资支出比重、基层文化机构营利性收入占总收入的比重。重点是用于基层文化服务的财政支出。

(3)公共文化财政效果保障。涉及人均文化经费、人均文化活动数量、人均图书拥有量、文化文艺馆数量、群众对文化活动的满意度。重点是人均文化经费。

表 4-16 文化财政支出保障评价指标

指标类别	指标内容
A 公共文化财政投入保障	文化财政年增长率
	文化财政支出占地方经常性财政支出的比重
	文化财政支出占国内生产总值的比重
B 公共文化财政服务保障	用于基层文化服务的财政支出
	文化财政占文化活动经费比重
	财政经费中用于文化机构人员工资支出比重
	基层文化机构营利性收入占总收入的比重
C 公共文化财政效果保障	人均文化经费、人均文化活动数量、人均图书拥有量
	文化文艺馆数量、群众对文化活动的满意度

4.卫生财政投入保障指标体系

从国际上来看,营养状况、死亡率、卫生水平、是否拥有安全的饮用水以及医疗保护的水平合成了一国或一个地区可持续发展的卫生基础。世界卫生组织每年在其年度《世界发展报告》中,从卫生系统提供的公正性、卫生总支出占国内生产总值的比例等多个方面,对各国卫生事业发展水平进行评估。该报告使

用了伤残调整生命年(DALY)、伤残调整期望寿命(DALE)、公正性指数、WHO
指数(反映卫生系统表现)以及其他反映健康水平、卫生资源状况和卫生资源利
用情况的指标。①联合国则从安全饮用水、孕产妇死亡率、5 岁以下儿童死亡率、
控制艾滋病、疟疾等严重疾病的流行状况来衡量一个国家或地区的卫生发展水
平。参考国际通用的卫生评价标准,我国卫生部在《卫生统计指标》中明确了
215 项卫生统计指标来衡量我国的卫生发展水平。②《卫生统计指标》涵盖了公共
卫生的投入、过程、产出以及预期指标等内容,是当前国内衡量卫生发展水平最
全面的指标体系。《上海市卫生改革与发展"十二五"规划》(表 4-17)从 27 个方
面确立了到 2015 年上海市卫生事业发展的目标。

表 4-17 《上海市卫生改革与发展"十二五"规划》(2012 年 2 月)

指标名称	统计口径	属性	2015 年目标值
1. 平均期望寿命	户籍人口	预期性	≥82 岁
2. 婴儿死亡率	常住人口	预期性	≤7‰
3. 5 岁以下儿童死亡率	常住人口	预期性	≤8‰
4. 7 岁以下儿童健康保健管理率	常住人口	约束性	≥85%
5. 孕产妇死亡率	常住人口	预期性	≤15/10 万
6. 孕产妇保健覆盖率	常住人口	约束性	≥95%
7. 免疫规划疫苗接种率	户籍人口	约束性	≥98%
	外来人口	约束性	≥95%
8. 消除麻疹	常住人口	约束性	2012 年,全市麻疹发病率≤1/100 万(不包括输入病例),无本土麻疹病毒传播。2015 年保持消除麻疹状态

---

①　WHO.The World Health Report 2000: Health Systems: Improving Performance[M]. *World Health Organization*, 2000.

②　卫生部关于印发《国家卫生统计指标体系》的通知,卫办发〔2007〕44 号。

指标名称	统计口径	属性	2015 年目标值
9.消除疟疾	常住人口	约束性	2013 年至 2015 年连续三年，本地感染疟疾病例为零，全市疟疾发病率≤1/10 万
10.自愿无偿献血比例	—	预期性	≥98%
11.中心城区及周边人口导入区平均急救站点间距离	—	约束性	3 千米
12.每万人拥有救护车数	常住人口	约束性	≥0.25 辆
13.院前急救平均反应时间	急救对象	约束性	城区 12 分钟到达率 92.5%，15 分钟到达率 98%
	急救对象	约束性	郊区 15 分钟到达率 92.5%，20 分钟到达率 98%
14.二级以上综合性医院治疗床位平均住院天数	—	约束性	≤11 天
15.千人口医疗机构床位数	常住人口	预期性	5
16.千人口执业医师数	常住人口	预期性	2.25～2.3
17.千人口注册护士数	常住人口	预期性	2.7～3
18.注册护士大专及以上比例	—	预期性	70%
19.疾病预防专业技术人员本科及以上比例	—	预期性	65%
20.全市卫生监督机构人员中本科及以上比例	—	预期性	85%
21.老年护理床位数	—	约束性	26000 张（实际开放）
22.精神卫生床位数	—	约束性	18000 张（实际开放）

指标名称	统计口径	属性	2015 年目标值
23. 示范性社区卫生服务中心	–	约束性	50 家
24. 新农合门诊补偿比例	–	约束性	村卫生室：80% 社区卫生服务中心：70% 二级医疗机构：60% 三级医疗机构：50%
25. 新农合住院和 5000 元以上门诊大病补偿比例	–	约束性	社区卫生服务中心：80% 二级医疗机构：70% 三级医疗机构：50%
26. 上海市中医临床优势专科	–	约束性	50 个
27. 现代化研究型医院	–	约束性	10 个

在参考和借鉴国内外研究成果的基础上，从公共卫生财政保障指标、公共卫生财政需求指标、公共卫生财政效果指标三个方面建构公共卫生综合评价指标体系（表4-18）：

（1）公共卫生财政保障指标，包括卫生财政支出年增长率、卫生财政支出占地方财政支出的比重、卫生财政支出占国内生产总值的比重、卫生财政支出占卫生总经费的比重、人均卫生经费等指标。其中，重点是卫生财政支出占国内生产总值的比重、人均卫生经费。

（2）公共卫生财政需求指标，包括医院和医疗机构数量、医生和病床数量、每万人拥有医生数量、每万人拥有病床数量、基层医疗卫生机构数量、基层医疗卫生机构从业人数等指标。其中，重点是基层医疗卫生机构数量、基层医疗卫生机构从业人数。

（3）公共卫生财政效果指标，包括平均预期寿命、婴儿死亡率、新生儿死亡率、孕产妇死亡率、传染性疾病发病率、致死性疾病预防率、卫生系统反应性、群众对医疗服务满意度、基本医疗保障对经济发展的贡献率等指标。其中，重点是婴儿死亡率、新生儿死亡率、孕产妇死亡率、传染性疾病发病率、致死性疾病预防率等指标。

表 4-18 卫生财政保障评价指标

指标类别	指标内容
A 公共卫生财政保障指标	卫生财政支出年增长率、卫生财政支出占地方财政支出的比重、卫生财政支出占国内生产总值的比重、卫生财政支出占卫生总经费的比重、人均卫生经费
B 公共卫生财政需求指标	医院和医疗机构数量、医生和病床数量、每万人拥有医生数量、每万人拥有病床数量、基层医疗卫生机构数量、基层医疗卫生机构从业人数
C 公共卫生财政效果指标	平均预期寿命、婴儿死亡率、新生儿死亡率、孕产妇死亡率、传染性疾病发病率、致死性疾病预防率、卫生系统反应性、群众对医疗服务满意度、基本医疗保障对经济发展的贡献率

五、小结

通过分析可以发现：一是我国关于公共物品财政投入缺乏法律的保障。我国教科文卫事业财政投入缺乏相应的法律规范，更多地体现在各类发展规划之中，像大家所熟知的教育财政经费要占国内生产总值的 4%的比例也未在《教育法》《义务教育法》等法规中出现。由于缺乏法律的严格约束，政府的财政投入具有很大的"灵活性"。从一定意义上讲，由于我国缺乏严格标准的公共物品财政投入指标要求，造成了公共财政的偏离和浪费。应当以对社会基本需要的满足和维护社会公平为基础，建构科学合理的公共物品财政投入指标，并逐步实现法制化，以更好地保障公共财政对公共物品的供给，满足社会需求，促进社会公平正义。二是我国公共物品的财政投入与世界上一些国家和地区差距较大。就全国而言，上海的教科文卫事业财政投入是比较高的，多数都走在全国的前列，但与世界上的一些国家和地区相比还存在很大差距。上海作为中国改革开放的前沿城市，究竟怎样实现"四个率先"，怎样在公共物品财政供给方面逐渐与世界接轨，发挥对全国的参考指导作用，依然面临着发展的困境。三是公共物品财政供给受多种因素的影响。虽然关于教科文卫财政投入的规定对于任何一个省市来讲都是一样的,但实际的财政投入却差异巨大,这不仅与公共物品财政投入缺乏具体明确的、有约束力的发展指标有关,与经济发展规模有关,更与政府职能的定位、民主政治的发展以及社会评价体系等制度和社会因素相关联。

第五章

公共物品财政供给的影响因素

随着政府社会管理职能日益加强,合理有效的公共物品供给,满足居民对公共物品的需求是政府公共财政供给的主要目标。但政府公共物品财政供给在很多方面既没有达到法律法规规定的目标,更没有很好地满足人们对公共物品的需求,其原因何在? 这里主要在前面对上海教科文卫财政供给进行分析的基础上,对影响政府公共物品财政投入的因素进行分析,以期更好地为制度的建构提供基础。

一、影响公共物品财政供给的经济因素

(一)经济发展水平:决定公共物品财政供给的规模

总体而言,经济发展决定着公共财政支出的规模。"瓦格纳法则"(Wagner slaw)告诉我们,经济发展必然伴随着公共支出规模的提高。19 世纪 80 年代,德国经济学家瓦格纳考察了英国产业革命和当时美、法、德、日等国的工业化状况之后, 认为一国工业化经济的发展与本国财政支出之间存在着一种函数关系,即随着现代工业社会的发展,"对社会进步的政治压力"增大以及在工业经营方面因"社会考虑"而要求增加政府支出,后人称之为"瓦格纳法则"。"瓦格纳法则"可以作如下表述:随着人均国民生产总值(GNP)的提高,人们公共服务的需求增加得更快,要求政府为此增加支出。财政支出总量的扩大必然引起公共支出结构的变化。财政支出规模的提高,使得西方工业化国家公共支出结构发生

了新的变化,公共财政突破了传统的支出范围,社会性支出不断增加,比重不断上升。马斯格雷夫(R. A. Musgrave)和罗斯托(W. W. Rostow)同样赞成财政支出不断增长的一般规律,并且他们更进一步用经济发展不同阶段所产生的、对财政支出的不同要求来解释和论证政府财政支出增长的具体原因。他们认为,在一国经济从较低人均收入向较高人均收入水平发展的过程中,财政支出规模的扩大几乎总是要出现的,但是在经济发展的各个不同阶段,财政支出的构成会有所不同。在经济发展的早期阶段,为了给生产性投资创造一个良好的环境,政府在基础设施等方面的公共投资支出比率较高。到了经济发展的中期阶段,政府的公共投资支出比重会有所下降,但由于市场失灵,政府加强了对经济的干预,由此政府这方面的支出会增加。所以,在经济发展的中期阶段或经济已经有了一定程度的发展后,政府财政支出不仅不会下降,反而会有进一步增加的要求。当经济进入成熟阶段后,随着人均收入的提高,资源可能更多地被用于满足更高层次需要,这时政府对教育、卫生、保健、安全、福利等支出及相关设施支出会出现较高的增长率。

经济发展速度决定了地方财政收入和支出的规模,地方经济发展速度和地方财政支出规模很大程度上决定着公共财政投入的规模。就四个直辖市国内生产总值总量而言(图5-1),上海在四直辖市居于首位,但财政收入(图5-2)和财政支出(图5-3)北京都高于上海。就年均增长率①而言(图5-4),2002年至2012年,无论是国内生产总值还是财政收入和财政支出上海都在四直辖市中处于最后,同时也都低于全国水平。上海国内生产总值的年均增长率最低,为13.4%,而北京、天津、重庆分别为15.28%、19.61%和17.72%;上海的财政收入年均增长率为17.93%,同期全国水平为20.02%,北京为22.34%,天津为26.19%,重庆为30.29%;上海的财政支出也存在同样的问题,2002—2012年的年均增长率为16.9%,同期全国为19.03%,其他三个直辖市都在20%以上。就每年的增长幅度而言(图5-5、图5-6、图5-7),与其他三个直辖市相比,上海多数年份都处于最后。

从教科文卫事业公共财政支出总量来看(图5-8),2002—2012年,上海由原来的略高于北京变为逐步低于北京,2006年开始上海教科文卫财政支出开始低于北京的水平。就教科文卫财政支出占地方国内生产总值的比重来看(图

---

① 这里的年均增长率都是几何增长率。年均增长率(Rn)函数公式表示为 Rn=power[(R1+1)(R2+1)……(Rn+1)]1/N−1

5-9),上海一直低于北京,2012 年北京的这一比重是 6.86%,上海为 5.77%,相差 1.09%。从教科文卫事业支出占地方财政支出的比例来看(图 5-10),上海主要年份都低于北京、天津两市,自 2010 年上海超过了北京,上海为 25.26%,北京为 22.03%。从教科文卫事业地方财政支出的年均增长率来看(图 5-11),2002—2012 年,上海的年均增长率是 21.03%,而北京是 23.13%,天津是 24.29%,重庆是 28.25%,上海处于四个直辖市之尾。

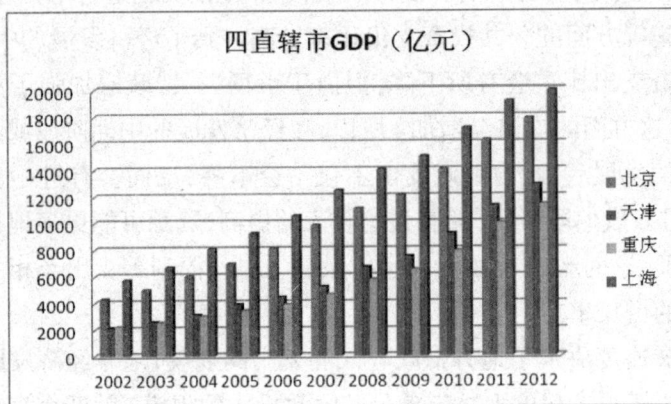

图 5-1 2002—2012 年四直辖市 GDP 比较

数据来源:各地 2013 年统计年鉴。

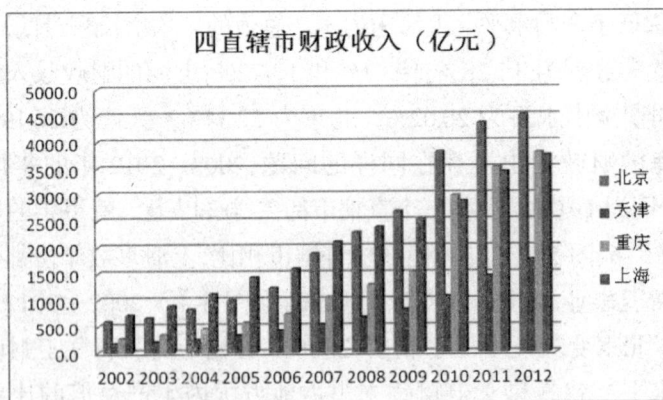

图 5-2 四直辖市财政收入比较

数据来源:各地 2013 年统计年鉴。其中,天津的财政收入是一般预算收入。

四直辖市财政支出（亿元）

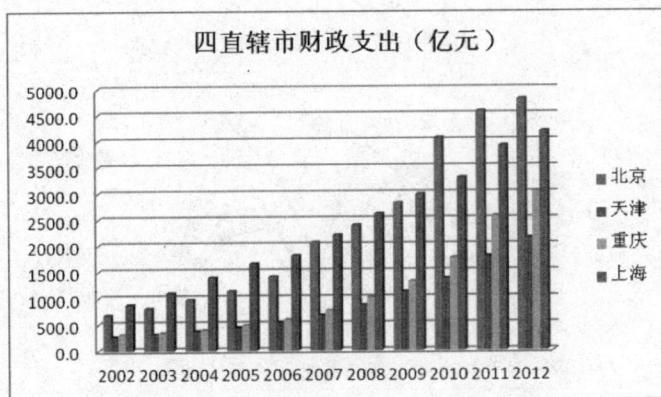

图 5-3 四直辖市财政支出比较

数据来源：各地 2013 年统计年鉴。其中，天津和重庆的财政支出是一般预算支出。

图 5-4 四直辖市地方 GDP、财政收入、财政支出年均增长率

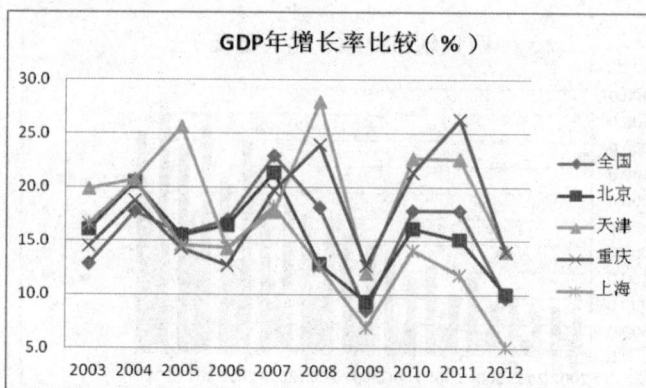

图 5-5 2002—2012 年四直辖市 GDP 年增长率

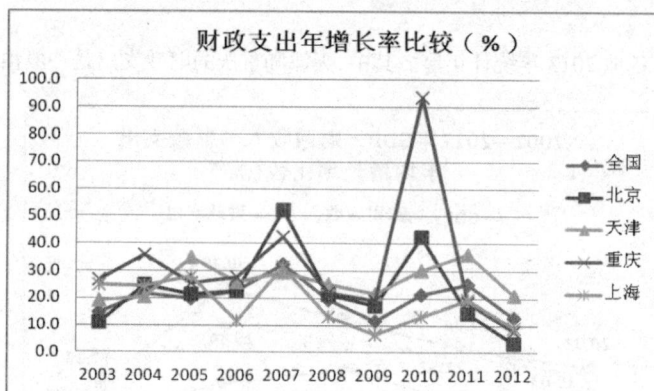

图 5-6 四直辖市地方财政收入年增长率

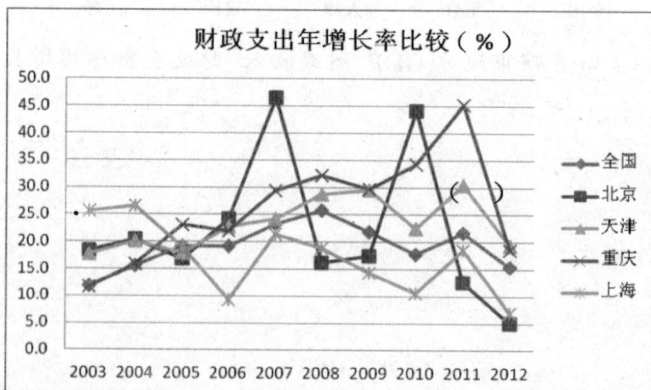

图 5-7 四个直辖市地方财政支出年增长率比较

教科文卫财政支出（亿元）

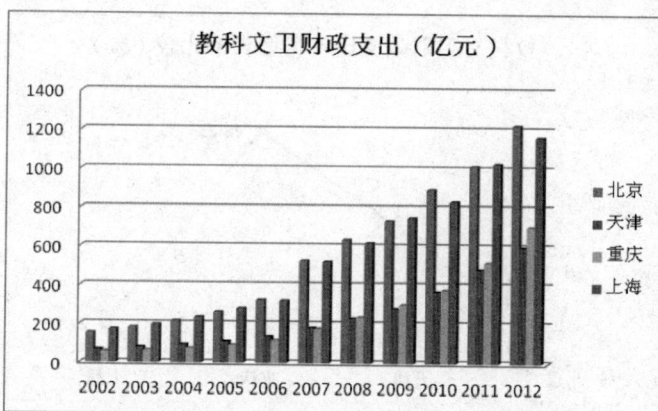

图 5-8 2002-2012 年四直辖市教科文卫财政支出比较

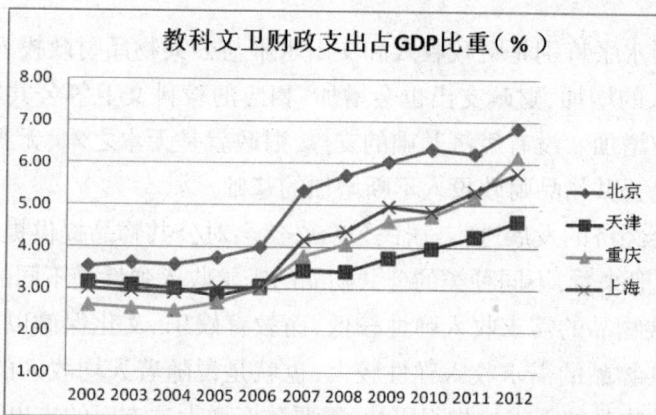

教科文卫财政支出占GDP比重（%）

图 5-9 2002-2012 年教科文卫财政支出占 GDP 比重

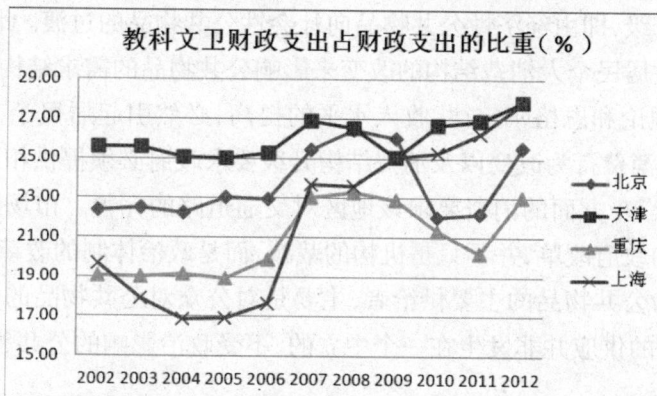

教科文卫财政支出占财政支出的比重（%）

图 5-10 教科文卫财政支出占地方财政支出的比重

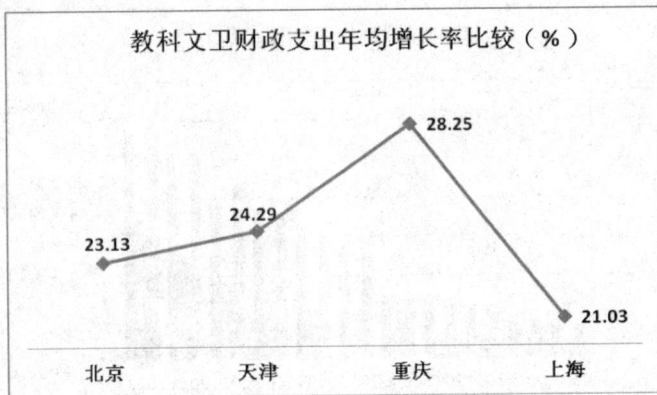

图 5-11 教科文卫财政支出年均增长率比较

经济发展水平特别是财政收入和支出水平与公共物品财政投入关系极大。随着财政收入的增加,财政支出也会增加,相应的教科文卫等公共物品的财政支出也会相应增加。没有经济基础的支撑,财政就是无本之木、无源之水,国家经济的发展是公共物品财政投入不断增加的基础。

随着社会经济的发展进步,居民公众必然会对公共物品提供提出量上和质上的要求。一般来看,不同种类的公共物品的需求收入弹性是不同的,基础建设等经济性公共物品的需求收入弹性较低,而教育娱乐、文化保健以及福利服务等社会性公共物品的需求收入弹性较大,也就是说随着人均收入的增加,人们对服务性公共物品的需求增加得更快,需要政府增大这方面的支出规模。因而,收入水平的提高不仅使得公共物品需求的总量增加,而且引起公共物品需求结构的变化和升级,即由经济性公共物品向社会性公共物品的过渡。此外,收入水平还间接通过居民个人消费结构的改变来影响公共物品的需求结构。按照马斯洛需求层次理论和恩格尔定律,收入水平的提高,必然引起居民个人消费结构的升级。居民消费行为改变以及消费结构升级要求政府必须提供相应的公共服务,如居民在汽车方面的消费要求该地区对交通道路的完善。市场经济与公共财政所要求的政府改革,并不只是机构的裁减,而是政治体制的改革。①

政府作为公共物品的主要供给者,主要是对公众对公共物品的偏好作出回应。公共物品的供应并非发生在一个中立的、不受政治影响的公共领域当中,在

---

① 李炜光.公共财政的宪政思维[J]. 战略与管理.2002(03).

政府人员中,我们看到的并不是一心为民、大公无私,相反,我们看到的是选举中各方为交换利益而采取互助投票,议员为取悦选民争取"政治拨款",人们为免费使用共有物而"搭便车",共有物遭到过度使用。①政府要为公共物品的其他供给模式提供制度激励,正如诺曼·尼科尔森所指出的,政治过程在任何情况下都将通过对关键性经济制度的影响来塑造私人的选择。②这需要政府对公共物品的产权进行界定并给予某些激励措施等,从而为其他供给模式提供公共物品创造良好的制度环境。

(二)公共物品的市场化:影响公共财政供给的额度

由于公共物品具有不同的种类,就是同一种公共物品也具有不同的层次,有纯公共物品、准公共物品等区分,这就造成了公共物品供给模式的不同,也就产生了公共物品的市场化提供问题。以教育为例,财政性教育支出占财政支出的比重没有按照《教育法》的规定执行,从1993—2004年的十几年间,我国教育支出占财政支出的比重呈现出先升后降趋势,从1993年的18.69%,上升到1996年的最高点21.06%,而后就出现缓慢下降的趋势,年均增长率为-1.47%。这与1997—2003年间财政收入年平均增长16.61%和财政支出年均增长率17.83%的速度是不相对称的。《教育法》第五十五条规定:各级人民政府教育财政拨款的增长应当高于财政经常性收入的增长,而我国各级政府没有做到《教育法》的有关预算支出的规定。③究其原因,正是在这个时期,教育产业化开始盛行,由于受"教育产业化"的误导,出现了一些优质公办小学、初中或高中,以种种借口收取借读费、择校费、赞助费等,把政府应该负担的部分教育经费转嫁给了社会和家庭,因而导致了财政性教育经费增速放缓。统计数据显示,1998年以后学费和杂费逐年增加,构成了教育经费的重要部分。1998年之后,上海市教育经费构成中,学费和杂费的增长幅度非常快。2006年之后,随着政府财政投入大幅增加,学费和杂费的额度才有所降低(图5-12)。2008年7月国务院常务会议审议并原则通过的《中华人民共和国专利法修正案(草案)》规定,从2008年

---

① [美]梅格纳德·德赛:"公共物品:一个从历史角度的探讨",载[美]英吉·考尔等编:《全球化之道—全球公共物品的提供与管理》,张春波、高静译,北京:人民出版社,2006:57.

② [美]文森特·奥斯特罗姆等.制度分析与发展的反思——问题与抉择[M].北京:商务印书馆,1992年.

③ 曾以禹.1993—2004年中国财政性教育经费支出总量变动分析[J].经济研究导刊,2010(14).

秋季学期开始,在全国范围内全部免除城市义务教育阶段学生的学杂费。对享受城市居民最低生活保障政策家庭的义务教育阶段学生,继续免费提供教科书,对家庭经济困难的寄宿学生补助生活费。由此,我国真正实现了义务教育免费的政策。

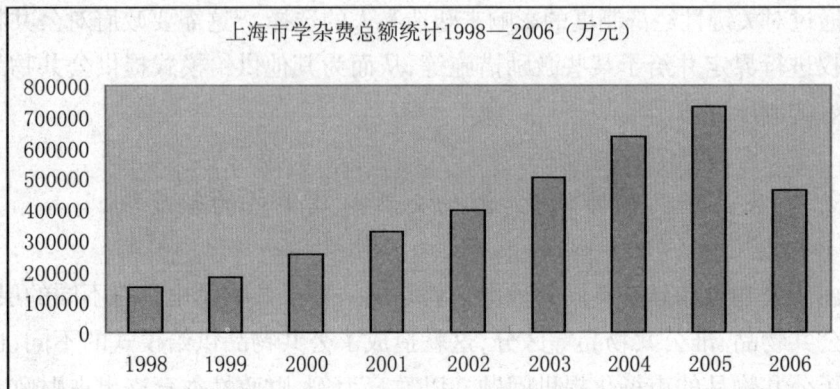

图 5-12 上海市学杂费总额统计

在文化领域,政府财政拨款、上级补助、事业收入、经营性收入构成了文化事业经费的主要来源。文化管理体制改革中,文化事业经费投入管理体制逐渐由以政府财政投入为主向多元化经费来源转变。各级政府积极吸引和鼓励社会力量投资兴办公共文化实体,建设公共文化设施、提供公共文化服务,形成以政府投入为主、社会力量积极参与的稳定的公共文化服务投入机制;积极鼓励各文化机构利用市场机制筹集经费,增加机构营业性收入。在这种改革导向下,政府公共财政对基本文化服务的投入意愿逐渐减弱。上海市与其他三个直辖市相比,文化事业经费中来源于财政拨款的比例(图 5-13)是最低的。从收集到的数据看,2006 年,上海市文化事业经费来源于财政拨款的比例仅为 49.06%,小于北京 69.95%的二十多个百分点,小于天津和重庆两市二十四个百分点左右。从事业收入占文化事业经费来源比例的比较来看,上海市高于其他三个直辖市。2006 年,上海市文化事业收入占文化经费的比例高达 33.41%,也就是说三分之一的文化事业经费来源于事业收入即有偿服务获得收入。京津渝三地则明显低于上海市。2006 年,上海市文化事业经费来源与事业收入、经营收入和其他来源的比例占到了 44.8%左右,也就是说接近一半的文化事业经费需要各个文化服务机构依靠市场的力量去解决。这种经费来源结构自然影响了文化机构的社会服务功能的发挥。

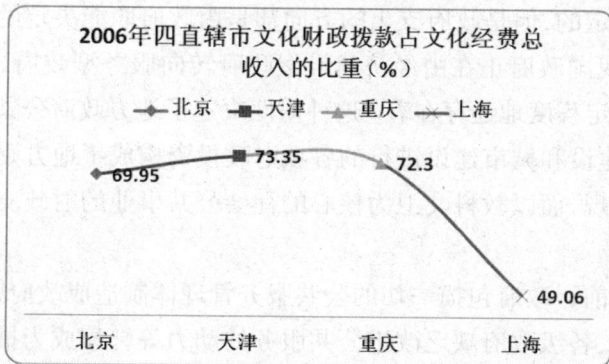

图 5-13 2006 年四直辖市文化财政拨款占文化经费总收入的比重

再比如,医疗卫生作为具有公共物品性质的领域,由于市场化的发展,造成了我国成为世界上在医疗卫生领域最市场化的国家之一。医疗领域具有供需双方的信息不对称特征,因此,这两个领域都存在着市场失灵的问题,需要政府介入来提高资源的配置效率。在 20 世纪 90 年代后我国确立了市场经济改革目标,医疗保障制度改革也逐渐走向市场,公费医疗、劳保医疗逐渐向个人付费倾斜,其结果是计划经济时期的公费医疗制度彻底被打破,我国居民开始成为卫生支出的主要负担人,在公共财政领域的体现就是政府卫生费用支出比例不断减少。而在 OECD 国家,卫生费用的大部分是由政府承担的,并且几乎都在 70%以上。虽然上海医疗卫生支出中个人卫生支出总体处于下降趋势,但到2007 年政府卫生支出也仅占到卫生总支出的 20.47%。由此可见,如果公共物品市场化程度高的话,政府的公共财政投入就会相对减少。

二、影响公共物品财政供给的政治因素

财政是政府履行职能、治理社会的物质基础。总体而言,政府公共物品财政供给的规模主要是由经济发展水平决定的。但分析各地公共物品财政供给的情况可以发现,公共物品财政供给的影响因素是多样的,我国公共物品财政供给存在整体不足和不均衡的现象,其中政治上的因素具有巨大的影响力。

(一)政府定位:影响公共物品财政供给的分布

政府职能的定位决定了政府财政支出的内容和方向。政府支出的规模是由

其收入规模决定的,但是政府支出的方向却是由政府职能决定的。随着现代化进程的发展,我国政府正在由经济建设型政府转向服务型政府,但经济建设型政府的惯性一定程度地还存在着。这种惯性决定了地方政府公共财政支出构成中,围绕经济建设和城市建设进行的各项财政投资构成了地方财政支出的重要性依然有所体现,而以教科文卫为核心的社会公共事业的财政支出的增长还不明显。

改革开放前,政府包揽一切的公共服务管理体制造成政府财政负担过大、服务质量低下、各级政府缺乏改进公共服务的动力等弊端成为推动基本公共服务生产和供给体制改革的根本动力。提供基本公共服务是政府的责任,但是如何建立有效的公共服务的生产和供给体制是决定公共服务质量的关键因素。针对改革开放前我国政府中存在的"全能型"公共服务生产和供给体制的弊端,改革之后政府在基本公共服务的投入体制方面的改革主要有两个方向:其一,建立单位、个人和政府共同承担公共服务成本的供给体制;其二,利用市场化导向,将政府提供与市场提供相结合,提高公共服务的质量。1998 年之后,中央政府进一步推动在教育、医疗、卫生、社会保障等基本公共服务领域的改革,建立了由国家、企业(单位)和个人共同承担基本公共服务的生产和供给的社会保障制度。改革后的公共服务生产和供给体制决定了政府改变那种"全能型模式",逐渐减少在教育、医疗卫生等领域的支出。这种公共服务生产和供给体制成为影响政府对教科文卫事业财政投入的关键因素(图 5-14)。

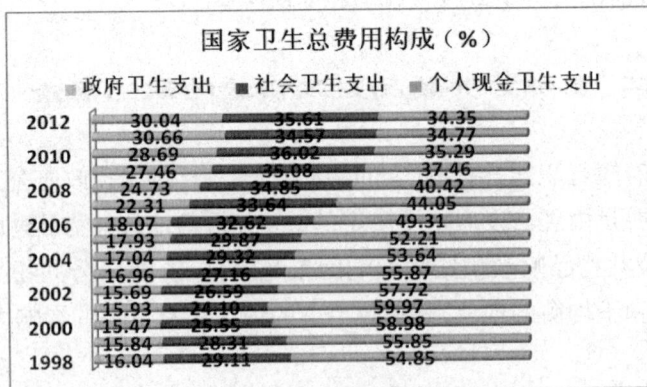

图 5-14 1998—2012 年全国卫生总费用构成

数据来源:《中国卫生统计年鉴 2013》。

2001 年 2 月 12 日上海市第十一届人民代表大会第四次会议批准的《上海市国民经济和社会发展第十个五年计划纲要》的若干政策性意见中,关于社会事业发展的建议为,应在继续加大政府对社会事业投入的基础上,鼓励社会力量参与社会事业的发展。运用市场机制,推进社会事业现有资源的重组。进一步完善社会事业领域的经济政策,建立社会事业发展成本由国家和个人合理分担的有效机制;鼓励社会和个人对社会事业的捐赠资助;继续实行促进教育、文化、体育等发展的财税政策;对社会事业的建设用地和配套建设实行优惠政策。积极利用国际、国内两个市场和两种资源,扩大社会事业对内对外交流,增强社会事业的发展能力。这看起来是推动了社会事业发展的整体力量,但事实上降低了政府在社会事业中应当承担的公共责任。特别是卫生领域的市场化改革,使上海市自 2001 年之后地方财政支出占卫生费用的比例逐渐减少。2001 年至2007 年,上海市卫生事业费用支出构成中,社会卫生支出一直是卫生费用的主要来源,2007 年这一比例高达 57.34%。如果将上海市卫生费用支出中的社会卫生费用和居民个人卫生现金支出相加, 则会发现二者所占的比例高达 80%左右。从整体上看,自 2001 年至 2007 年上海市卫生费用来自财政支出的比例稳中有降,而社会资金用于卫生事业支出的比例稳中有升(图 5-15)。因此,市场化导向、政府逐渐减少财政投入的公共服务生产和供给体制使得个人和企业在这方面的支出逐年增加,这种制度安排客观上为政府减少该领域的财政投资提供了合法性。

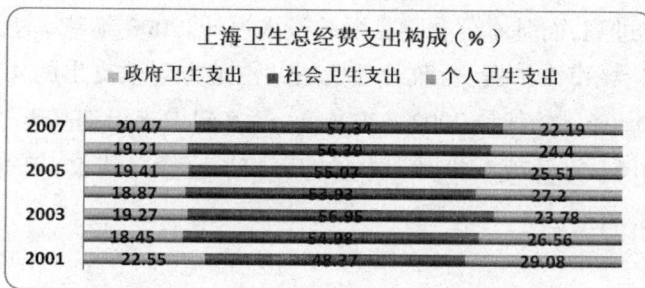

图 5-15 2001—2007 年上海市卫生费用构成

上海早在 1996 年 2 月 9 日上海市第十届人民代表大会第四次会议批准的《上海市国民经济和社会发展"九五"计划与 2010 年远景目标纲要》中就指出,2010 年的目标是基本形成现代化国际城市基础设施的构架。到 2010 年,建成以浦东国际机场为主体的国际航空港,成为上海的现代化空中门户;建成以集装箱运输为主体的深水港,并成为国际航运中心;建成以信息资源网络化为主体的国际信息港;建成现代化的城市综合交通,公用设施,环境保护,抗灾防灾等基础设施系统, 从数量上和质量上满足城市综合功能的发挥和人民生活的需要。在继续加快城市现代化建设和旧区改造的同时,重点转向连接国内外,辐射长江三角洲和长江沿岸城市的枢纽型骨干工程建设,广泛运用国际先进技术装备城市基础设施,强化城市综合管理,重点建设以"三港两路"为核心的现代化城市基础设施系统,为把上海建设成为现代化国际大都市奠定基础。2001 年的"十五"规划中指出要以深水港建设为突破口,推进"三港三网"建设,加快形成联系世界、服务全国、城乡协调的综合交通运输体系和较为完善的市政设施框架。2006 年的"十一五"规划中指出,上海市要以轨道交通网和高速公路网建设为重点,构建快速便捷的立体综合交通体系。可以看出,城市基础设施建设仍然是城市建设的重点。这种重点工作的确立也影响和制约了对公共事业的关注和财政投入。中国正处于计划经济向市场经济转轨的过程中,再加上前几年实施的积极财政,财政职能依然有浓重的建设性财政特征,经济建设费支出的比重仍然很高,历年来占国家财政支出比例最大。在财政收入既定的情况下,经济建设支出比重高了,必然要挤占基本公共服务和其他方面的开支。

在上海地方政府财政支出结构中,基本建设支出、企业挖潜改造支出、城市维护费、行政管理费用、未列明费用①是地方财政支出的主要构成,占据了近80%的地方财政。这就导致在地方财政支出结构中,经济建设、行政管理费用、城市维护比重过高,而基本公共物品财政投入过低。2000 年基本建设支出、企业挖潜改造支出、城市维护费、行政管理费用共占地方财政支出的 42.9%,而教科文卫支出占 21.8%。尤其是 2002—2006 年,基本建设支出都高于教科文卫财政总支出(图 5-16),这造成了政府把大量的财政用于经济建设,导致教科文卫财政支出下降。

---

① 由于统计口径的变化,2008 年的上海统计年鉴不再有基本建设等的统计口径,故 2007 年及之后的数据没有。

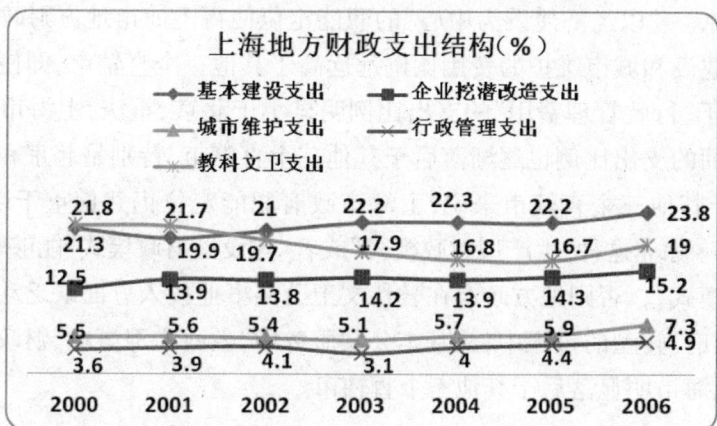

图 5-16 2000—2006 年上海市地方财政支出比例①

　　其他直辖市是否也体现了经济建设为中心的职能定位呢？上海市与其他直辖市地方财政支出结构的比较表明,上海市与其他三个直辖市在职能定位方面存在差异性。从比较来看,上海市政府"以经济建设为中心"的职能定位是影响教科文卫事业财政投入的重要因素。对所有的地方政府来说,促进经济增长是政府的基本职能,但是通过对四个直辖市进行比较后发现,上海市地方财政用于基本建设支出的比例在四个直辖市中是最高的(图 5-17)。自 2000 年至 2006年,上海市地方财政用于"基本经济建设支出"占当年地方财政支出的比例都接近或者超过 20%。从统计数据来看,上海市用于"基本经济建设"的地方财政支出所占的比例还有缓慢增长的趋势。相比较而言,其他三个直辖市"基本经济建设支出"占地方财政支出的比例与上海正好呈现出相反的趋势。2004 年以后,北京、天津、重庆三个直辖市用于地方基本经济建设的财政支出所占的比例逐年降低。特别是 2006 年,上海市用于"基本建设支出"的地方财政比例是北京市的3.4 倍、重庆市的 2.6 倍、天津市的 1.9 倍。上海市地方财政支出用于"企业挖潜改造"的地方财政支出比例也明显高于其他三个直辖市。2006 年,上海市用于"企业挖潜改造"的地方财政支出所占比例是北京市的 4.1 倍、天津市的 2.9 倍、重庆市的 9.5 倍。在地方财政用于"城市维护费"项目上的比较可以发现,2002年之后上海市用于"城市维护费"的地方财政支出占本级财政支出的比例高于

---

　　① 　地方财政支出的结构还包括未加注明的财政支出费用,即 100%-(基本经济建设支出 + 企业挖潜改造支出 + 城市维护费 + 行政管理费 + 教科文卫费用)。数据来自《上海统计年鉴 2001—2008 年》。

重庆和北京。"以经济建设为中心"的职能定位使得上海市地方财政支出用于基本经济建设和城市维护的费用比例远远高于其他三个直辖市,即使上海市地方财政用于"行政管理费用"的支出比例明显小于北京、重庆,上海市在教科文卫事业方面的支出比例也逐渐落后于其他三个直辖市,特别是北京和天津。因此,相对于其他三个直辖市来说,上海市政府职能定位仍然偏重于以"经济建设"为中心。除非这种"生产型财政模式"或者"建设型财政模式"能够转变成"服务型财政模式",否则地方政府在教科文卫公共事业投入方面缺乏动力。在向"服务型政府"转型的过程中,从基本公共服务中"教科文卫事业"财政支出的比例来看,上海市明显落后于其他三个直辖市。

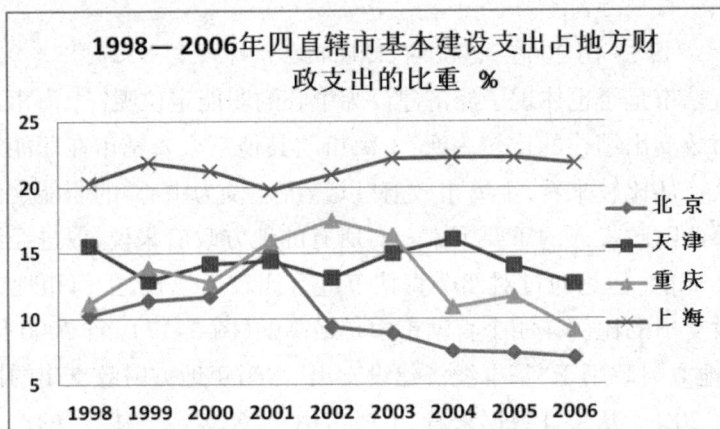

图 5-17 1999—2006 年四直辖市基本建设支出占地方财政支出的比重

由此可见, 如果政府认为某种公共物品应当通过市场化的途径来提供,则这种公共物品供给的市场化程度就会比较高,政府的公共财政投入就会相对减少。同时,在公共财政支出规模一定的情况下,政府对经济建设投入的增加,就会降低基本公共物品的财政投入。这种公共服务生产和供给体制成为影响政府对教科文卫事业财政投入的关键因素。

近年来, 在服务型政府建设和以民生为重点的社会建设改革的推动下,政府正在逐步承担起过度市场化领域的公共物品供给责任,改变公共财政以经济建设投入为主的财政支出结构,逐步向"民生财政"、"公共财政"转变。我国以教科文卫事业为主的公共物品财政供给呈现出逐渐增加的趋势。

(二)财政分权:影响公共物品财政投入的能力

　　财政分权会产生一系列的政治经济后果,财政支出规模的变动是其中一个很重要的方面。傅勇(2011)的实证研究发现,财政分权显著降低了基础教育的质量,中央政府的向下转移支付促进了非经济性公共物品的供给,使基础教育存在明显的规模经济效应,这支持了中央财政在公共部门具有发挥更大作用的必要性的结论。[1]财政分权在影响各级政府财权划分的同时,必然会对各级政府的事权产生影响,进而影响各级政府的财政支出规模,最终可能对财政总支出规模产生影响。伴随着我国由计划经济向市场经济转轨以及分税制财政体系的建立,财政分权对我国财政支出规模的影响会表现出一定的特殊性。

　　各级政府在财权和事权一致的基础上,如何合理地确定基本公共服务的责任与成本是影响地方政府在教科文卫领域财政投入的重要因素。自从1994年实行分税制之后,中央政府试图借助于"事权—财权"合理划分的财政分配体制、配以中央政府财政调控来协调不同地区在财政收支和公共管理方面的区域差异和不平等。在分税制"事权—财权"分配结构中,中央政府始终处于绝对主导地位。政府间财政体制上"事权—财权"的分配结构是在中央政府的主导下划分的,特别是运行中的分税制,使得中央政府以较多的收入轻易调控宏观经济和微观经济,而地方政府却以较少的收入苦苦支撑庞大的支出。在一定程度上讲,地方财政收入占当地财政收入的比重决定着政府对公共物品财政供给的规模。从总量上来看,上海市地方财政收入一直是四个直辖市中最高的城市。但从地方财政收入占全市财政收入总量的比例来看(图 5-18),上海大约68%左右的财政收入上缴中央财政,而重庆则恰好相反,上缴中央财政的只有30%左右(图 5-19)。根据国研中心的报告显示,1994年分税制实施之后,中央政府的财政权大幅度提高,地方财政权大幅度下降,但中央政府与地方的事权划分幅度较小。1994—2002年期间中央财权平均为52%,地方财权平均为48%;中央事权平均为30%,地方事权平均为70%。[2]由于这样的收支对比,地方财政入不敷

---

①　傅勇.财政分权、政府治理与非经济性公共物品供给[J].财政与税务,2011.01.

②　地方债务成"头号杀手"隐性问题亟待显性处理[N]. 21世纪经济报道,2004.2.26.

出,尤其是贫穷落后地区对中央财政性转移支付的依赖性与日俱增,地方财政占全市财政收入的比重决定了地方政府财政支出的规模,也影响了地方政府教科文卫事业的财政供给。我国业已形成的转移支付制度还不完善,由于标准不明,各项转移支付缺乏可靠的核算依据,转移支付形式过多,导致转移支付管理分散,具有财政能力均等化意义的"一般性转移支付"规模不合理,作用不明显,建立在中央与地方事权划分不清基础上的专项转移支付缺乏科学分配依据,申报方式随意,分配方式不规范,加上省级以下财政转移支付制度建设落后,很难达到预期目标,甚至会造成大量资源浪费。[①]比较教育领域财政投入占年度地方财政支出的比例发现, 自 2001—2010 年上海市一直处于四直辖市的末尾 (图5-18),近两年开始超过重庆。考虑到中央与地方税收分成安排、中央转移支付的规模等因素,地方政府在教科文卫各项基本公共物品的财政能力就受到中央与地方财政分权结构的影响和制约。

分税制在中央与地方之间的财权划分,特别是在不同省市之间就"事权—财权"达成的分配结构成为制约地方财政收入和支出的主导性因素。地方财政占全市财政收入的比例与地方财政在教育、医疗卫生领域的支出比例的统计数据表明,三者具有内在的一致性,这表明中央与地方之间的财政分权程度是影响教科文卫公共财政投入水平的重要因素。

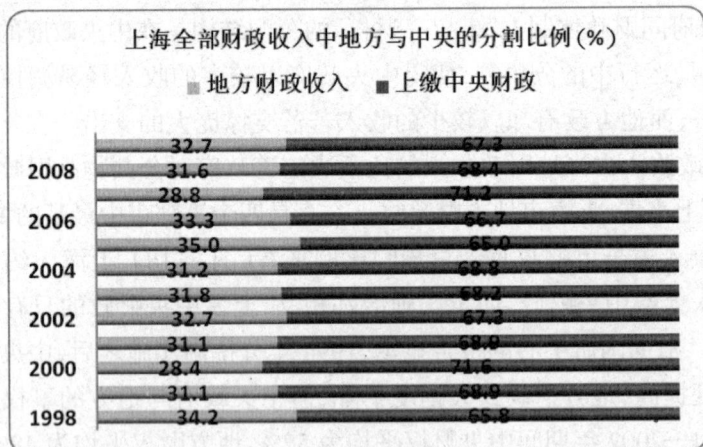

上海全部财政收入中地方与中央的分割比例(%)

■ 地方财政收入　■ 上缴中央财政

年份	地方财政收入	上缴中央财政
	32.7	67.3
2008	31.6	68.4
	28.8	71.2
2006	33.3	66.7
	35.0	65.0
2004	31.2	68.8
	31.8	68.2
2002	32.7	67.3
	31.1	68.9
2000	28.4	71.6
	31.1	68.9
1998	34.2	65.8

图 5-18 上海全部财政收入中地方与中央的分割比例

———————————

① 丁元竹.当前我国的基本公共服务现状及原因[N].《中国经济时报》,2008.1.10.

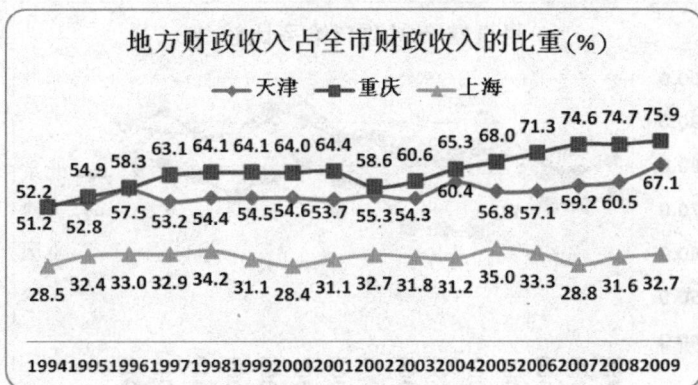

图 5-19 地方财政收入占全市财政收入的比重

数据来源:各地历年统计年鉴。

分权体制使各个地方政府的财政供给能力发生了很大变化,特别是转移支付制度,造成了财政支出规模的巨大变化。从四个直辖市的地方财政自给率①(图 5-20)来看,上海市地方财政自给率与北京基本相同,大致维持在 80%~90%之间;天津的财政自给率则维持在 70% 左右,重庆的财政自给率最低,维持在 50% 左右。上海市比较高的财政自给率决定了地方可以更好地自主安排地方公共物品的供给,而不必依赖于中央。但这同时也使得上海获得中央转移支付或者专项补助的机会非常小,从而限制了公共物品财政供给的规模。如果重庆也以地方财政收入和财政支出之比作为财政自给率的话,则其财政自给率明显高于以一般预算收支计算的财政自给率,提高了 30%,基本都在 80%~90%,与上海的财政自给率相差不多。也就是说,通过中央财政转移支付,重庆市地方财政收支状况大大改善。尤其是在基本公共物品财政的领域,中央政府的财政转移支付起到了重要的补充和支持作用,这也使得重庆在教科文卫财政投入方面与上海、北京等地的差距在不断缩小的一个重要因素。

---

①　财政自给率是指地方财政一般预算内收入与地方财政一般预算内支出的比值,财政自给率是判断一个城市发展健康与否的一个重要指标。

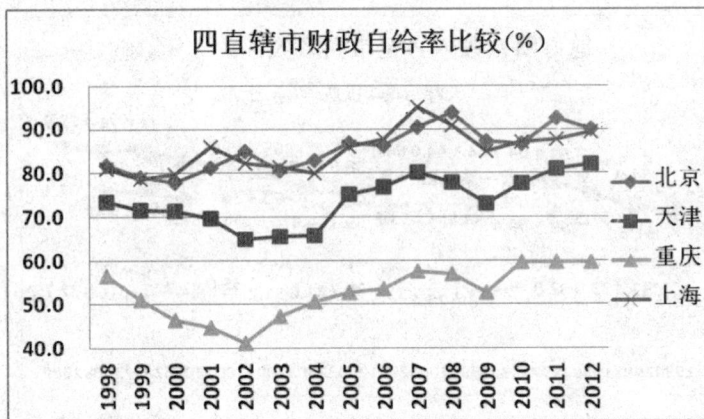

图 5-20　1998—2012 四个直辖市地方财政自给率[1]比较

数据来源：《北京统计年鉴 2013》《天津统计年鉴 2013》《重庆统计年鉴2013》，上海数据来自历年《中国统计年鉴》。

　　在当前全面深化改革的背景下，坚持分税制财政体制的改革方向，是不可动摇的。分税制既适应了市场经济下政府维护市场秩序、提供公共产品职能定位的内在要求，也回应了各级政府间规范化地、可预期地分工与合作以提高公共资源配置效率的公共需要。十八届三中全会指出，要在完善税收制度的基础上，建立事权和支出责任相适应的制度。在适度加强中央事权和支出责任的基础上，逐步理顺中央与地方的事权关系，中央和地方按照事权划分相应承担和分担支出责任。同时还指出了转移支付与地方事权和公共服务的关系，进一步指明了改革的方向，为不断提升政府公共物品财政供给能力和水平提供制度基础。

（三）民主参与：影响公共物品财政供给的保障程度

　　公共物品的概念非常复杂，但其核心是公共性。英吉·考尔等将公共物品分为三种类型：具有技术上非排他性的公共物品、政策规划作用下产生的公共物品以及因人类疏忽导致的公共物品。因此他将决策制定的公共性或参与特征作为评估公共物品的一个重要标准。[2]可见，民主参与对公共物品的财政投入具有

---

　　① 北京、天津、重庆的财政自给率＝一般预算内收入／一般预算内支出，上海统计年鉴中没有一般预算财政数据，这里上海数据使用的是历年《中国统计年鉴》中"各地财政收入"和"各地财政支出"数据。

　　② [美]英吉·考尔、罗纳德·U.门多萨."促进公共物品概念的发展"，载英吉·考尔等编：《全球化之道——全球公共物品的提供与管理》，张春波、高静译. 北京：人民出版社，2006：81-82.

重要影响。这里主要从人大民主参与的角度进行分析,上海与全国具有相似的问题。

对于中国公共财政而言,不仅一般社会公众难以参与和了解,就是作为人大代表也很难理清公共财政究竟是怎么回事。尽管我国相关的法律、法规、发展规划明确了教科文卫事业财政投资的标准和规模,但如何将这些标准落实下去,确保政府能够按照法律、法规、政策的"硬指标"来加强教科文卫事业的财政投入,这一问题仍然难以得到真正解决。按照相关法律规定,人大拥有政府预算的审批权、决算的审查权、预算执行的监督权,但是从实际情况来看,由于制度和技术上的多方面原因,人大作为政府预算的监督主体,还难以有效发挥实质性的制约功能。

其一,人民代表大会及其专门委员会对预算编制过程缺乏必要的检查和指导,在审查预算草案时往往面临"时间压力",无法科学、慎重分析各项预算草案内容。其二,各级人民政府及其工作部门在编制预算草案的过程中一直按照"非零基预算"的办法制定新的预算草案,对社会需求的变化缺乏科学的调查、分析,难以做到预算编制与社会需求相对应,致使政府公共预算的执行过程缺乏回应性。其三,我国政府预算过程尚在部门预算探索阶段,一直沿用"整体预算"的方式,难以保障公共财政支出结构的合理性、科学性和回应性。其四,财政制度还不健全、不完善,当前各级人民政府、各职能部门财政预算收入的来源复杂多样,每个财政年度到底有多少预算收入、多少预算支出往往模糊不清,这就导致预算支出也缺乏明确性,只能根据需要灵活调整分配,致使预算执行过程缺乏权威性。其五,统计口径复杂多变。长期以来,我国各级人民政府内部的统计部门在统计财政收支情况时采用的统计标准和统计项目不同,统计制度也经常改革,导致统计结果在不同机构、不同部门和政府间出现"数字打架"的情况,难以拿出一套具有说服力、得到公认的统计数据,从而影响了对公共财政收支的决策判断。比如,就是地方财政支出这样经常性的统计口径,竟然各地也存在不同,北京在其统计年鉴中,在地区财政收入一项中仅统计了一般预算收入,而这一统计到中国统计年鉴中就与其他省份的统计一样作为了地方财政收入的数字。而在上海的统计年鉴中又没有一般预算收支的统计,以至于在需要一般预算的数据分析时只有使用地方财政收支的数据代替。其六,人大缺乏对相应预算草案的修正权。例如,在2011年召开的广东省两会上,《广东省2011年省级部门预算草案》对省委机关幼儿园、广东育才幼儿园一院等8所机关幼儿园,一年安排预算经费 6863 万元。这一预算受到代表和委员的质疑。几年来,代表和委员对广东财政天价补贴幼儿园预算经费之事,一直质疑不断,舆论媒体也推波助澜,但质疑归质疑,最终都能顺利通过。①审查和批准财政预算是法律赋予人大的一项重要职权,从法理上讲,未经人大批准的预算,政府不得随意动用财政资金。既然财政预算由人大审查批准之后才能实施,对不合理预算人大应当行使否决权。这也是预算制度的常识。遗憾的是,法律却没有赋予人大预算草案的修正权。

此外,技术性的原因也牵制了人民代表大会对公共财政监督功能的发挥。财政工作是一门专业性比较强的工作,需要基本的财务、统计等知识才能更好地分析和判断。而且,财政管理主要是"数字化管理",比较乏味、枯燥,容易产生厌倦感。一般来说,当各位人大代表拿到政府财政预算的草案时,也就是各级人代会开会前的几天时间,甚至是会议开始后。我国人民代表大会的会期比较短,会议需要审议、批准的各项事务又比较繁多,要求各级人民代表大会的代表在较短的时间仔细、认真分析公共财政预算的科学性、合理性是非常困难的。客观上说,很多人大代表往往不重视财政报表的"数字过程",仅仅注重"数字结果",也缺乏仔细审查财政预算合理性、科学性的热情。这些技术性的障碍也影响人民代表大会在公共财政过程中有效地发挥决策、监督和审查的功能。

从一定程度上讲,我国人大的预算审查实际上是一种形式上的程序审查,而不是实质性的审查;而在预算执行中的监督也是一种"追认式"的监督而不是"惩罚式"的监督,这使得我国的财政预算更多地体现了各级政府自身的需求和定位,而缺乏一定的公共性,从而制约了财政对公共物品的投入。

(四)公共政策:影响政府公共物品财政供给的调整

政策治国是具有中国特色的政府体系运作方式。中央政府政策调整、中央政府对地方的优惠政策、中央政府实施的重大战略规划、中央政府和国家领导人对某个问题的强调和重视等政策变量,往往会影响到地方财政收入和支出的构成以及规模的变化。1998 年以来,"科教兴国"战略的实施,"西部大开发战略"的推进,"环渤海经济圈"建设的实施,中央政府对民生问题的重视等,都对地方财政支出中的教科文卫事业支出产生了一定的影响。像上海在 2003 年底制定

---

① 李刚.广东 8 所机关幼儿园年预算近 7000 万,该不该财政养[OL].人民网: http://politics.people.com.cn/GB/1026/13806319.html, 2011.01.25.

了《上海实施科教兴市战略行动纲要》以及上海"十一五"发展规划,确定了增强城市国际竞争力的发展主线,同时也提出了自主创新、重点跨越、支撑发展、引领未来的发展方针,在这些政策的引导下,突出的一个表现就是科技财政投入在 2005 年后迅速提升,并在 2006 年超过卫生财政支出,成为教科文卫支出中教育第二位财政支出。比较教科文卫财政支出可以发现,上海的科技财政支出是远远高于国家标准的,显示出明显的地方特点。

所谓公共政策,其实是国家权力机关经由政治过程所选择和制定的为解决公共问题、达成公共目标、以实现公共利益的方案。也就是说公共政策的制定过程其实是一个公共选择的过程,它应当是一个民主参与的过程。但事实上,公共政策更多的是各种特殊利益之间的缔约过程,一般民众是难以参与其中的,因此,也很难找到作为决策目标的公共利益。由于决策信息不完全导致大部分公共政策是在信息不充分的基础上作出的,这很容易导致决策失误或者后续的政策的不断调整,这也是赫伯特·西蒙在有限理性主义基础上提出满意决策的重要原因所在。正因为公共政策难以对社会公共需求作出正确的评估,一定程度地影响了对公共财政投入方向的判断。这里,以教育政策的变化与教育财政投入作一简单分析。

1985 年《中共中央关于教育体制改革的决定》中提出,把发展基础教育的责任交给地方,基础教育由地方负责。《决定》的颁行,虽然扩大了学校的办学自主权,极大地调动了地方办学的积极性,在一定程度上推动了基础教育的发展,但同时也意味着,基础教育的财政投入与地方经济发展和财政收入紧密相连。在经济发达地区,基础教育的发展未受到大的影响,但对于经济欠发达地区,基础教育的财政投入在减少,特别是农村基础教育由于经费的减少而严重地阻碍了农村基础教育事业的发展。1993 年《中国教育改革和发展纲要》中为"义务教育"提出了具体奋斗目标,即到 2000 年,实现在全国覆盖 85% 人口的地区基本普及九年制义务教育和基本扫除青壮年文盲的目标,同时还提出了改革办学体制,改变政府包揽办学的格局,逐步建立以政府办学为主体,社会各界共同办学的体制。纲要指出,基础教育应以地方政府办学为主;高等教育要逐步形成以中央,省(自治区、直辖市)两级政府办学为主,社会各界参与办学的新格局;职业技术教育和成人教育主要依靠行业,企业,事业单位办学和社会各方面联合办学。在这一时期,中央财政还没有能力解决基础教育的财政投入问题,也只能由地方政府给予基础教育必要的保障。在这种背景下,出现了大量拖欠教师工资以及学校教室年久失修问题的存在。特别是在农村地区,绝大部分农村地区由于投入不足、教育质量低下、农民教育负担过重而使农村基础教育发展举步维艰。2002年5月国务院办公厅下发了《关于完善农村义务教育管理体制的通知》,提出了"实行在国务院领导下,由地方政府负责、分级管理、以县为主"的农村义务教育管理新体制。这一政策的颁布,明确了农村中小学教师工资由乡镇改为县级财政承担,很大程度上缓解了农村财政紧张的压力,同时也缓解了农民的经济压力。2006年,新修订的《义务教育法》第七条规定:"义务教育实行国务院领导,省、自治区、直辖市人民政府统筹规划实施,县级人民政府为主管理的体制。"这说明农村义务教育是全社会共有的"公共物品"。

这种基础教育特别是农村基础教育的政策演变过程,是一种"农民办教育"向"公共教育"的转变过程,[①]伴随着政策转变的是对教育财政投入的变化。据统计1995年,各级财政对农村教育投入共300亿元,占农村教育总投入的50%以下;2002年,各级财政投入达到990亿元,占农村教育总投入的78%。[②]随之而来的是对教师工资的拖欠(表5-1),从下表中可以发现,拖欠工资不是个别现象,拖欠金额不是一时资金周转有问题,而是一个普遍性的制度机制问题,或者说是政策导向问题。财政缺失所导致的另一个直接后果是学校危房的年久失修。据"不完全统计",1991年全国中小学危房占校舍总面积的比例为3%左右。我们还看到了另一个文件:1992年11月,国家教委和财政部、国家计委共同发布了《全面消除和杜绝中小学危房的规定》,要求"各地要尽快修订全面消除中小学危房的规划,在1994年前全面消除中小学危房"。而财政支持的不到位,使得危房依然存在。教育部于1999年12月发出的《关于加强中小学校舍危房修缮和改造的紧急通知》中披露:"由于多种原因,全国中小学仍存有200多万平方米危房,部分地区危房比率还出现了回升势头……各地必须高度重视中小学危房改造工作,采取各种措施,力争不把危房带入21世纪。"而教育部会同国家计委和财政部于2001年初实施的该项普查显示:截至2000年底,除北京、天津、上海、江苏、浙江、广东6省(直辖市)及大连等5个计划单列市之外的25个省、自治区、直辖市及新疆生产建设兵团,共有农村中小学各类危、破校舍8400万平

---

① 马桂萍、丁明强.改革开放后中国农村基础教育政策的历史演进(1978—2008)[J].绥化学院学报,2008(04).

② 袁桂林.农村义务教育"以县为主"管理体制现状及多元化发展模式初探[J].东北师大学报(哲学社会科学版),2004(1):115—122.

方米,占农村校舍总面积的 9.6%;其中,D 级危房(指房屋整体出现险情,不能继续使用)5700 万平方米,C 级危房(指局部出现险情,维修后尚可继续使用)2000万平方米。①

表 5-1 部分省区拖欠教师工资情况(2000—2003)②

省 份	拖欠工资金额
吉 林	至 2001 年累计拖欠 10.17 亿元
辽 宁	有 44 个县累计拖欠 11.8 亿元
内蒙古	2001 年 3 月底累计拖欠 17.62 亿元,其中当年 1—3 月新欠 1.1 亿元
山 东	2002 年 8 月,按实际标准有 58 个县市拖欠 10.7 亿元
安 徽	2000 年底拖欠 16.7 亿元
河 南	最多时全省拖欠国家标准工资 28.5 亿元。2001 年有 70%的乡镇拖欠
湖 北	累计拖欠 23.67 亿元
湖 南	累计超过 12 亿元。其中该省祁东县至 2002 年拖欠 1.1 亿元
江 西	至 2001 年累计拖欠 6 亿多元
广 东	2000 年 4 月全省拖欠 6.5 亿元,至 2001 年底仍拖欠 1.2 亿元
广 西	部分县累计拖欠 8.5 亿元
海 南	至 2001 年拖欠 2.34 亿元
陕 西	至 2000 年底累计拖欠 8.53 亿元,2003 年 11 月增至 9.2 亿元。7.7 万名农村教师人均拖欠 3300 元
甘 肃	至 2001 年累计拖欠 13.8 亿元
四 川	至 2001 年累计拖欠 4.68 亿元

资料来源: 教育部教育督导团办公室 (http://www.moe.gov.cn/dudao/ddjiancha),《南方都市报》2000.11.16;《中国教育报》2001.3.16;《中国青年报》2001.12.5,2002.3.4; 新华社 2002.8.7,2003.12.9;

① 全国危改办:"全国中小学危房改造工程介绍"[OL].http://www.qgwgb.org.cn/sy/js.htm. 转引自张玉林. 目前中国农村的教育危机[J]. 战略与管理,2004(04).

② 张玉林. 目前中国农村的教育危机[J]. 战略与管理,2004(04).

马长冰:《中小学教育三思》(中国基础教育网 2003.1.10)。

义务教育免费政策的实施促进了教育公共财政投入的增加。2005 年底,时任国务院总理的温家宝提出,从 2006 年开始,全部免除西部地区农村义务教育阶段学生学杂费,2007 年扩大到中部和东部地区。到 2008 年秋,城市义务教育实现全免费。这说明义务教育真正成为了全社会共有的"公共物品",教育财政投入也随之变化。据统计,2001—2010 年,公共财政教育投入从约 2700 亿元增加到约 14200 亿元,年均增长 20.2%,高于同期财政收入年均增长幅度;教育支出占财政支出的比重从14.3%提高到 15.8%,已成为公共财政的第一大支出。[①]教育财政投入的大幅增加,为教育改革发展提供了有力的支持。2010 年以来,政府教育投入快速增长。全国公共财政教育支出从 2010 年的 12550 亿元增加到 2013 年的 21877 亿元,对农村贫困地区予以重点倾斜。[②]

由此可见,政策对公共财政的导向作用在我国至关重要。虽然上海公共物品财政投入的区县差别和城乡差别并没有像全国范围内那么明显,但差别也是存在的。可见,政策导向,决定着政府对公共物品财政投入的多寡,影响着公共物品的供给。

三、影响公共物品财政供给的社会因素

(一)社会需求:影响政府公共物品财政供给的结构

社会需求影响着政府财政投入的偏好,政府公共财政投入是对公民需求的回应。在服务型政府建设过程中,教科文卫财政支出的总体规模不断增大,但其内部的结构仍然不平衡(图 5-21)。教育和医疗为每个人所必需,特别是对弱势群体而言更为需要,因此政府更加关注对教育和医疗的投入。特别是由于教育投入能够快速体现政府促进社会发展、维护社会稳定的成果。而一般公民对科

---

① 国务院办公厅:国务院关于进一步加大财政教育投入的意见(国发〔2011〕22 号),中央政府门户网站:http://www.gov.cn/zwgk/2011-07/01/content_1897763.htm.2011 年 07 月 01 日.

② 《2013 年中国人权事业的进展》白皮书[OL].新华网:http://news.xinhuanet.com/2014-05/26/c_1110854939.htm.2013 年 05 月 26 日.

技、文化事业的需求似乎没有那么明显和强烈。对于文化而言,需求弹性很大,且与公民的个人收入直接相关;对科技投入而言,更多地体现了社会的发展需求,而不是个人需求。由于科技、文化等的财政投入需要长期才能见效,使得长期以来教育相对于科技、文化和卫生的投入要充足得多。因此公民的个体需求与社会的发展需求在公共财政的投入结构中展开博弈,政府公共财政投入是二者协同的结果,体现了个体需求与社会需求的统一。

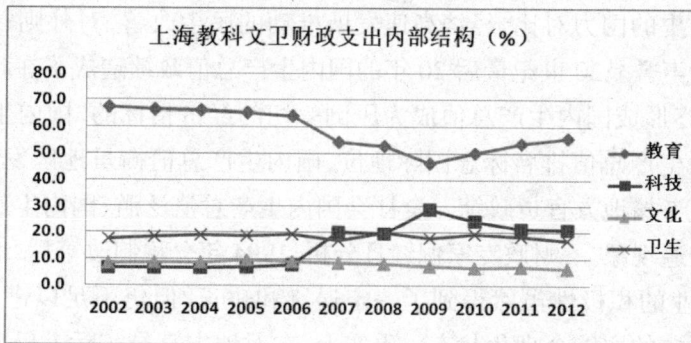

图 5-21 2002—2012 年上海市教科文卫财政支出分别占地方财政支出的比重

(二)评价机制:影响公共物品财政投入的领域

发展是硬道理,但发展指标有"硬指标"和"软指标"之分。国内生产总值、财政税收收入这类指标,属于"硬指标";而公共卫生与基本医疗卫生服务、基础教育、社会治安、城市污水处理、每万元生产总值能耗这类指标属于"软指标"。长期以来,我们大多是以国内生产总值、财税收入、招商引资这样的硬指标来考核地方政府的政绩的,这样的考核指标体系必然诱导地方政府"重投资、轻民生"(夏杰长,2004)。中国是一个投资主导经济增长的国家,只有投资上去了,国内生产总值和税收收入增长才能有保证。而民生问题的解决需要一个较长的周期,不能"立竿见影",对它的投入既不能直接拉动国内生产总值和税收的增长,也凸显不了本届政府任期内(比如5年)的政绩。利益决定行动。这样的政绩考核机制决定了地方政府天然地"亲近"国内生产总值和税收收入的增长,而疏忽了基本公共物品和公共服务的投入。

同时,在现代化的起步阶段,经济的发展成为中心工作,国内生产总值(GDP)作为国力的标志,成为了主要的经济指标。国内生产总值作为这一阶段的主要经济指标是有相当程度的合理性的:百废待兴的情况下优先满足规模要求,那么提高经济总量确为急务。经济规模优先的现实需求,国内生产总值的主角地位再次凸显,中国经济进入一个高速增长期。尽管这一阶段也出现了大量的社会问题,但是国内生产总值高速增长就像强劲有力的火车头,拖动中国社会疾驰,所有问题都在举世瞩目的速度中被淡化稀释。中国社会普遍接受了这样一种观点,快的就是好的,大的就是强的。对于政府来说,这种高增长态势必增强信心——对内诉诸历史的国力对比、经济高速发展推动的民生改善,对外则以执政业绩赢得了国际声誉。20世纪最后20年的国内生产总值政绩造成了在政策导向上的倾斜,最终形成国内生产总值成为压倒一切的经济指标的"国内生产总值崇拜":以国内生产总值排名标志国际地位,国内生产总值衡量地区发展水平,国内生产总值考核地方官员政绩。全社会国内生产总值泛滥、国内生产总值狂热成为一种普遍现象。①财政专家倪红日分析,1994年分税制改革后,地方加大投资、兴办企业的积极性虽然得到了一定遏制和矫正,但仍不足以进入"既不越位、又不缺位"的职能合理化状态。事实上,在对地方官员实际上仍以国内生产总值为核心政绩考核指标的情况下,再加上"任期办N件实事"的压力,很难消解地方政府的投资冲动。究其原因,主要是因为不少地方投资,仍可通过土地一级市场收入等预算外财力和政府出面的"招商引资"举措得到支持,并在官员的政绩考核方面得到明显的正向回应,使之成为地方决策层面持续的兴奋点。由于政府的公共服务功能被追求国内生产总值的政绩任务所挤压,导致政府对民间诉求的某种疏离。高投入、高发展的国内生产总值经济模式,导致政府始终处于"财政饥渴"的饕餮状态,不断吸食民间资源,民生矛盾突出,社会不公泛滥,社会稳定度下降,形成了严重的社会问题。

在地方政府支出方面,一般的,与投资于社会文教事业(如人力资本、公共卫生等)相比,在基础设施等经济建设方面的投资活动更容易给潜在的竞标人创造"寻租"和政府官员腐败的机会。Maur(1998)的经验实证研究也发现,腐败对政府用于教育支出的比重有显著为负面影响。他发现,由于从不同支出中获取贿赂的难易程度不同,腐败能够显著地降低政府公共支出中用于教育的比重,原因是教育支出并不像其他的领域那样容易滋生腐败(政府官员会对容易获取贿赂的公共投资项目支出更多,并认为基础设施投资比教育等公共支出更容易寻

---

① 江一韦.南京试点政绩分类考核[J].南风窗,2011-08-26.

租)。张军等(2009)通过建立29个省(区)市1988—2001年的面板数据,发现公职人员平均的行政管理费支出(不包括公检法支出)与人均实际基础设施投资之间存在着高度的正相关关系。并通过对基础设施建设的决定因素分析,得出一个有趣的结论:反腐败指标对基础设施投资的影响为负,这说明反腐败力度的提高,在边际上会减少对基础设施的投资。目前我国地方政府建设投资采取的是招标竞标政策,这为政府的寻租和腐败行为提供了极大的便利,相反,在教育、卫生等方面的资金管理运用则较为严格。因而地方政府部分官员出于个人经济利益的追求,在决策时更加偏向于"寻租"更为便利的经济性支出,相应地不断挤占社会性支出,进行"权钱交易"以谋求个人私利。这种现象的存在,一定程度上影响了地方性公共物品的供给结构。[①]

在服务型政府建设过程中,教科文卫财政支出的总体规模不断增大,但其内部的结构仍然不平衡。社会需求影响着政府财政投入的偏好。教育和医疗为每个人所必需,特别是对弱势群体而言更加重要,因此更加受到社会关注,使得政府更加关注对教育和医疗的投入。特别是由于教育投入能够快速体现政府促进社会发展、维护社会稳定的成果,而科技、文化等事业的投入则需要长期投入才能见效,使得长期以来教育相对于科技、文化和卫生的投入要充足得多。因此地方政府领导的理念和观念,特别是重视短期效益或者能够快速获得社会正面评价的观念也是影响地方财政支出结构的重要因素。

中国社科院发布的2011年《公共服务蓝皮书》指出,调查表明基本公共服务的满意度与国内生产总值没有直接关系。在政绩考核过程中,要逐步淡化国内生产总值比重,增加基本公共服务力(ABPS)比重,从而构建有利于推进社会管理工作并与科学发展观相适应的政绩考核体系。因此,公共物品的供给能力应当成为衡量政府社会建设能力的重要尺度,是测评政府绩效的重要指标和依据,是正确的政绩观的重要内容,也是判断地方政府社会管理水平的重要指标之一。在社会管理日益成为政府工作关键内容的背景下,基本公共物品财政供给情况应当成为政府政绩考核的重要指标。

(三)偏好显示:影响政府公共物品财政供给的取舍

偏好显示(preference revealing)是公共物品理论研究的重点问题之一,它要

---

① 孙蕾.我国地方政府支出结构影响因素分析[D].山东大学.2010.

解决的是公民对公共物品的真实需求通过何种渠道反映出来的问题。现实中人们往往不能或不愿表露真实偏好，在对公共物品偏好显示问题的解决过程中，西方学者通过设计各种各样的投票模型，以公共选择的方式将个人对公共物品的需求(偏好)转化为公共(集体)需求，进而为公共物品的供给提供真实的需求基础。其中比较有代表性的模型是林达尔均衡模型和蒂布特模型①，它们的均衡结果是分别以手投票和用脚投票以表露偏好的机制为前提的，但以手投票和以脚投票的方式在公共部门中并不普遍。

在私人物品市场中，存在着一个明确的供求市场，供求平衡形成价格，人们对不同价格的选择或在同一价格下需求量的多少显示其偏好水平，每个人对私人产品的偏好表达几乎不存在障碍。而对于公共物品而言，一方面，公众偏好的显示存在一定的偏差。由于公众对公共物品需求的不同，而且这种公共需求并不是一成不变的，且不同的发展阶段和发展水平，公众对公共物品的需求也有着不同的偏好。即使消费者十分清楚自己对于公共物品的真实需求，但搭便车的心理使得他们难以直接地表露自己对于公共物品的偏好，甚至可能反映出相反的信息，造成公共物品不能有效地供给或出现供给的偏离。另一方面，公众偏好整合的偏离。个人对公共物品的偏好难以直接进入决策程序，它需要借助集体行动，通过利益表达、利益整合、公共选择等民主机制和民主精神来实现，这样才能使公共物品的供应进入决策程序。所以，应建立合理的公共物品偏好表露机制。政府应根据公民的需求来供给公共物品，政府的决策应当体现人民的意愿和要求，因此，必须有一套把人民利益和要求由下而上及时进行传达的机制(偏好显示机制)，必须有一套科学的制定决策的公共选择机制。只有充分了解了人民的偏好，重大决策让群众知情，让群众讨论，让群众参与，政府的决策才会符合人民的利益和要求。如果不了解人民的偏好，公共财政投入也就失去了针对性。当前，我们在偏好显示上存在的主要问题是投票制度不发达、不健全；下情上达的渠道不多，有时候不畅通。但事实上，即使每个公民对公共物品的需求量得到最准确的表达，那么从整个社会来看，对公共物品的需求总量也是难以确定的。因此，对于公共物品的供给而言，怎样最大限度地体现公众需求，最大限度地满足最大多数人的需求是一个不怎么容易解决的问题，因此可能导致公共财政投入的偏向。

---

① Tiebout.C.M. A Pure Theory of Local Expenditures[J]. *Political Economy*, 1965(64).

(四)突发事件:影响政府公共物品财政供给的方向

突发事件往往是指突然发生,造成或者可能造成重大人员伤亡、重大财产损失、重大生态环境破坏,影响或威胁本地区甚至全国经济社会稳定和政治安定局面的,有重大社会影响的事件。涉及公共安全的紧急事件的管理是一种有组织、有计划、持续动态的管理过程。在突发事件的处理中所形成的社会成本一般难以通过市场机制转化为私人成本,而只能由政府承担。应对突发事件,化解社会风险,是公共财政的重要职能。

从财政收入结构看,受突发事件影响的主要行业,是财政收入下降的重灾区。突发事件对各个产业的影响一般来说是不均衡的,有的行业受到的影响大,有的行业受到的影响小。突发事件对财政减收的影响,现实地表现为财政收入增速明显下降。2003年一季度全国财政收入增长较快,达到36.5%,由于"非典"的影响,到4月份财政收入增速明显下降,与一季度相比4月份财政收入增幅下降了22个百分点,其中北京财政收入增速下降了8.3个百分点,内蒙古下降了7.2个百分点,山西下降了1.4个百分点。太原市4月上、中旬财政收入入库分别为17468万元、53686万元,但下旬开始滑坡,仅入库8164万元,比前两旬平均少完成27413万元,比上年同期下降52.1%,减少入库8700万元。①

从财政支出结构看,突发事件的处理往往需要大量财政经费,增加了公共财政支出。不仅事件的处理本身需要大量资金,而且后续的处理、治理、重建以及秩序的回复等,还需要持续地财政投入,甚至是政策的优惠。

由于公共财政在突发事件应对中发挥着极其重要的作用,在"非典"之后,在我国公共财政体制中,增加了应对突发事件的项目,加大了应对突发事件的资金,以建立正常的社会秩序和维护公共安全,保障人民生命和财产安全。事实上,在"非典"之后,我国各地的医疗卫生支出不断增加。2003年之前地方财政用于卫生支出的费用稳中有降。但是2003年"非典"发生之后,四直辖市地方财政支出用于卫生事业的费用连续大幅增长。上海市制定了《加强公共卫生体系建设三年行动计划(2003—2005年)》来进一步完善本市公共卫生体系,提高城市应对突发公共卫生事件的能力。但由于在这一时期上海的基本建设投入仍然很

---

① 梁争光.非典引出地方财政思考[J].财政研究,2003(9).

大,而且由于卫生领域市场化改革的影响,卫生财政支出变化不大,甚至增速还有所下降。但经过"非典"这一重大卫生突发事件,政府开始关注卫生领域的改革。2007 年 3 月《上海市加强公共卫生体系建设三年行动计划(2007—2009年)》中提出了政府主导,保障公共需要的原则,并要求原则上政府对卫生事业投入的增长幅度不低于同期财政经常性支出的增长幅度。有了这一规定后,上海市卫生支出遵守了这一规定,2006 年卫生财政支出年增长率为 17.93%,高于地方财政支出 8.64 个百分点,2007 年为 44.44%,高于地方财政支出 23.03 个百分点。可见,突发事件使某一领域的问题得以暴露,使得政府不得不加大对这一领域的财政投入以保障该领域的公共物品供给。

四、小结

　　综合分析影响公共物品财政供给的因素可以发现,主要归结为经济因素、制度因素和社会因素三个方面。对于既定经济规模中的公共财政供给而言,法律法规对公共物品供给的保障具有法治的目标指向意义,而政策的制定和执行则对于实现公共物品的有效供给具有根本性的实践意义。但政府在执行法律规定的公共物品财政投入的实践过程中,政府职能定位和政策偏好成为能否达成既定目标的具有重要影响意义的因素。我们发现,公共物品的供给涉及地方政府(就省级政府而言)和中央政府两个层次,各级政府的功能定位以及具体财政制度(如转移支付制度)对公共物品财政供给具有很大影响。另外,作为最高权力机关的人民代表大会,并未对政府对法律法规和社会公共需求的偏离做出及时纠正,以至于造成了今天公共物品的相对缺乏和社会公平的缺失。也就是说,公共财政的实践中,政府功能定位以及政府与人大的关系决定着公共物品财政投入的具体内容及其内部结构。因此,我们在强调制度的重要性的同时,不容忽视的一个内容就是制度执行者的作用和功能。因为,要使现行制度运行有效,关键在制度的行动者。[①]因此,在公共物品财政供给的问题上我们强调的是作为制度基础的要素,而不仅仅是制度本身。

---

① 林尚立. 行动者与制度效度:以文本结构为中介的分析——以全国人大预算审查为研究对象[J].经济社会体制比较,2006(5).

第六章

优化公共物品财政供给的要件分析

从公共财政成长的历史进程中,我们可以发现,公共财政制度的核心是政府预算,公共财政是建立在政府预算基础上的财政制度。从王权控制财政到议会控制财政标志着公共财政的形成, 最终成熟的标志是政府预算制度的确立。在中国公共物品财政供给的发展过程中,既要促进发达地区的率先发展,又要努力降低地区差异,减少非均衡性。因此,建构促进公平的公共物品财政供给制度,不仅需要制度的建构,更需要从制度基础的根源上来考量制度的出发点和立足点,以优化政府公共物品的财政投入,实现公共财政对发展的满足和对社会公平的保障。

一、完善公共物品财政供给的法律法规及政策保障

法律是以法的形式将有关规定、规范制度化。公共物品财政供给必须受到法律的规范和保障。从前面的研究可以发现,关于教科文卫财政投入方面的一些指标性规定都没有在法律中得到体现,而是主要体现在行政性法规中,也就是说,关于公共物品财政供给的制度并没有得到法律的有效保障。即使是在行政法规中存在的规定,也未得到有效的执行。但在法律法规中如果规定了相关财政投入的具体指标要求,即使一定时期内没有达到,但它依然是一个约束性的指标,或者称之为压力指标。比如像关于教育财政指标中占国民生产总值 4% 的规定,2012 年终于要实现了。如果法律法规中没有相应的具体指标要求,则在实际的财政投入中因为缺乏具体依据,往往使财政投入没有了规范。比如关于文化的财政投入,因为没有具体指标的要求和规定,而使文化财政投入一直都

处于财政投入的最底层。因此,法律法规和政策的规定是公共物品财政投入的规范要求和保障。

(一)增强法律法规对公共物品财政供给的保障功能

法律法规不仅规范着人的行为,也规范着国家行为。政府作为公共物品供给的重要主体更应该遵循法律的规定。特别是随着对现代法治政府的需求,对于公共物品供给而言,法律法规的规定塑造着法治政府,引导着政府的财政投入,决定着财政投入的方向和范围,决定着国民对公共物品的享有程度。

1.完善法律对国家财政活动的规范

我国宪法对国家财政活动的规定比较简单,主要是规定了国务院对国家预算的编制和执行、人民代表大会对国家预算的审查和批准,以及公民依法纳税的义务等内容。从财政收入来看,国家所有的财政收入都应该有明确的法律规范。而我国政府的财政收入有相当大的部分没有法律规范,构成了大量所谓的预算外的收入和资金。据估计,近几年中国每年从土地出让中得到的收入占财政收入的 10%左右。许多地方政府把这个庞大收入作为预算外收入进行管理,将其作为地方政府的"小金库"。根据中共中央政策研究室副主任郑新立的披露,很多地方政府财政收入的 50%来自批租土地。[①]现有的法律无法规范这些预算外收入,导致其逃避了人民代表大会和人民群众的监督,也给腐败留下了很大的空间。从财政支出来看,相关的法律规范也还不适应发展的需求。例如,从建设型政府向服务型政府的转变,使公共财政支出的结构发生了很大变化,中央政府的财政转移支付成为均衡地方发展、进行宏观调控的重要手段,但迄今为止,如此重要的机制却还没有相应的法律的规范。我国许多重大的财政开支,如近年来加大对农村公共物品和公共服务的投入、应对国际经济危机中央政府的四万亿投入,以及如此等等重大项目的开支,都以政府行为的方式出现,即使后来在人大得到通过,也说明还缺少明确的重大财政开支的法律规范。

预算法的修订将进一步强化国家财政活动的规范化。作为财政部门根本大法的《中华人民共和国预算法》(1994 年),也只作了原则性的规定,总则的第一

---

① 凤凰财经:finance.ifeng.com/news/hgjj/20090327;南方网:www.southcn.com/opinion/commentator/yufen. 2010-1-4.

条规定:"为了强化预算的分配和监督职能,健全国家对预算的管理,加强国家宏观调控,保障经济和社会的健康发展,根据宪法,制定本法。"事实上,由于我国经济环境发生了巨大变化,已经暴露了许多缺陷,特别是财政收支范围、财政支出管理权限等方面问题突出,预算内容的透明度不能令人满意,对预算的监督程序和预算的法律责任等方面都存在问题。2011 年 11 月的国务院常务会议讨论并原则通过了《中华人民共和国预算法修正案(草案)》。这次修订,一是增强了预算的科学性、完整性和透明度。各级政府的全部收入和支出都要纳入预算,存在多年的政府预算外收支将成为历史。除涉及国家秘密的内容外,各级政府和各部门的预算、决算都要依法向社会公开。二是健全财政管理体制。各级政府之间应当建立财力保障与支出责任相匹配的财政管理体制。三是完善财政转移支付制度,做到规范、公平、公开。四是强化政府债务管理,防范财政风险。五是严格预算执行,规范预算调整,完善预算审查监督。

随着我国财政体制改革的推进以及民主政治进程的发展,应该明确国家财政活动在基本法律中的地位,明确人民和人民的代表机关对国家财政活动的掌控,特别是将一些重要的财政民主理念法律化,如公民对财政事项的知情权和监督权。不能够只强调公民有依法纳税的义务,还应该有依法参与管理和依法监督的权利,但法律在这方面的规定却几乎是空白,公民不知道自己有什么参与管理和监督的权利,无法落实财政民主,反过来也会影响公民纳税的积极性和主动性。同时,法律应该明确政府将相关的财政情况公布于众的职责和义务,实行阳光财政,保证人民能够有效地行使监督权等。

2.明确法律法规对政府公共物品财政供给的目标要求

法律法规对公共物品财政投入的规定,虽然并不是被严格地执行,但随着民主政治的发展和法治社会的建立,法律规范必将得到越来越严格的执行。因此,作为政府重要职能体现的公共物品供给,也应当在法律规范中得到较为充分的体现,以使政府活动得到更有效的引导和规范。

在法律规范中,应当对各级政府在公共物品财政投入方面的具体责任加以明确。根据事权与财权统一的原则,不同层级的政府对不同的公共物品供给承担不同的责任。要依据政府间事权划分的结果,确定中央和地方政府各自的财政支出责任, 与中央政府专有事权相对应的财政支出责任由中央财政承担,与地方政府专有事权相对应的财政支出责任由地方财政来承担。而中央和地方政府共同承担的财政支出责任由中央和地方政府双方在法律规范的基础上进行划分。比如对教育、基础科研、公共卫生保健、公共文化事业的责任划分,一般管理费用性支出和基础科研、一般公共文化事业支出,由机构所属层级政府分别负担;教育、公共卫生保健、国家重点文物保护方面修建性支出,首先由举办或直接管理层级政府分别负担;超出本级财政负担能力的部分,义务教育、本科以上高等教育、乡村公共卫生设施和国家重点文物保护由中央财政给与资助,高中阶段教育、大专教育、县级公益性卫生设施由省级政府予以资助。[①]我国法律对这方面的规定相对比较缺乏,《中华人民共和国宪法》只规定了中央与地方政府的组织形式以及"中央与地方应有职权划分"、"中央与地方的国家机构职权的划分,遵循在中央的统一领导下,充分发挥地方的主动性、积极性的原则",对于政府间财权划分缺乏明确规定。西方发达国家的中央地方关系都建立在明确的宪法和法律基础上,以法律形式对中央与地方的关系予以确定,详细规定了地方政府的权限以及对某类公共物品供给的责任。清晰的责权法律界限,是政府尽职履责的重要依据。

在法律规范中,应当把公共财政投入目标指标加以规范。主要包括教科文卫事业公共财政投入占国民生产总值的比重,教科文卫事业公共财政投入的增长应高于财政收入的年增长幅度等。特别是在地方法规中,可以根据当地的发展实际,确立一定时期的发展重点,制定适合本地发展的具有本地特色的具体发展指标。比如,近几年来,上海要建设创新型城市,必然要加大对科技的财政投入,也就使得在教科文卫财政投入中科技成为仅次于教育的投入重点。而对于重庆而言,由于发展所要解决问题的不同,其科技投入就明显要低。就上海市地方法规而言,可以进一步完善对教科文卫财政投入的目标规划,而且针对上海城市发展定位,应当制定具有一定超前性的发展指标来引导公共物品的财政供给,以实现上海的优位发展,推动上海"四个率先"的实现。

事实上,在教科文卫领域,除教育领域有《教育法》和《义务教育法》,科技领域有《科技促进法》外,在卫生和文化领域都没有相应的法律规范,依然处于"无法可依"的状态。因此,我们应当在相关法律法规中明确教科文卫财政支出的保障目标,以使国家公共物品的财政供给活动有法可依,实现依法治国。

完善法律法规对有关公共物品财政投入的规定,不仅为公共物品供给提供发展的目标要求,更重要的是,它从法律的角度明确了各级政府在公共物品财

① 齐守印.论政府间财政支出责任的优化配置[J].财贸经济,2003(02):42-44.

政供给中的责任分担,这有助于具体政策的制定,有助于解决当前社会发展进程中公共物品供给中发展与均衡的问题。

3.强化法律法规对政府公共物品财政供给的约束力

在我国,法律法规虽然效力不完全相同,但都具有一定的强制力和约束力,法律法规的约束力来自"法"自身的权威。公共财政预算是具有法律效力的制度安排。公共财政预算的编制和审批必须有法可依、有法必依。近些年来,国家在教科文卫事业发展方面,出台了各种各样的法律、法规、发展规划等具有约束力、导向性的规范性法规文件。总的来看,教育和科技领域,已经初步形成了比较系统的法律和地方性法规;在文化和卫生领域,尽管相继出台了发展规划、纲要等规范性文件,但具有法律效力的地方性法规尚未出台。推动公共财政对教科文卫事业的刚性保障功能,需要进一步完善教育和科技领域的法律法规,尽快制定文化和医疗卫生领域的法律法规,这样才能为各级公共财政发挥对教科文卫事业的保障和支持提供法律依据。

法律法规的约束力还来自于是否具有相应的惩戒措施或追究机制。而我国相关法律法规中多规定了政府应该怎样,而未对政府违规应该受到怎样的惩戒或责任追究作出规定。比如《教育法》第六十一条规定:"国家财政性教育经费、社会组织和个人对教育的捐赠,必须用于教育,不得挪用、克扣。"事实上,我国教育经费的挪用现象相当普遍,特别是在不发达的农村地区。一些地区的农村义务教育经费被擅自瓜分。审计调查的 54 个县中,有 46 个县的中小学校和教育、财政部门共挤占挪用公用、校舍维修改造等专项经费 1.15 亿元,占同类专项经费总额的 3.8%。在被挤占挪用的资金中,用于教职人员经费 6513.51 万元,占56.6%;用于学校基建 2986.09 万元,占 25.97%;用于教育主管机构日常办公经费 1016.84 万元,占 8.84%;用于偿还债务 844.99 万元,占 7.35%;用于购车等其他支出 126.09 万元,占 1.1%。①当然,随着财政审计制度的不断健全,责任追究机制也在不断完善,但对于法律而言,没有违规后的责任担当,法律的效力也就会大打折扣。

没有事实约束力的法律不会得到严格的贯彻落实,也就不是"良法"。而对于当前我国建设社会主义法治国家的进程中急需解决的问题,特别是公共物品

① 审计署办公厅.54 个县农村义务教育经费保障及使用管理情况审计调查结果 (2008 年第 5 号)[OL].2008 年 7 月 4 日.审计署网站:http://www.audit.gov.cn/n1992130/n1992150/n1992500/2302045.html.

供给不足和失衡的问题,良好的法律保障是前提。无法可依也就是无所保障,将不利于公共物品供给的均等发展。

(二)完善公共物品财政供给的公共政策体系

政策作为一种更为灵活的行政管理依据,对法律法规的贯彻落实具有重要意义。发达国家的经验表明,完善的公共政策体系对创造社会平等、改善收入分配关系具有非常重要的作用,特别是对于中国这样一个具有政策治国传统的国家而言,政策更为重要。2012年3月8日,中国社会科学院发布了中国首部《中国公共财政建设报告》,报告指出:中国目前各地区公共财政建设的状况并不是完全由经济发展水平、财政收支总水平决定的,在经济总量和财政收支总体水平的约束下,各地政府推进公共财政建设的各项政策措施同样对公共财政建设的进展产生重大影响。①因此,公共政策对于公共物品财政投入具有重要的保障功能和实践价值。2012年7月19日公布的《国家基本公共服务体系"十二五"规划》要求政府通过加大投入,加快改革,保障全体公民生存和发展的基本需求,包括教育、社会保险,医疗卫生、住房保障等。这份规划把基本公共服务体系建设的范围确定在公共教育、就业服务、社会保险、社会服务、医疗卫生、人口计生、住房保障、公共文化体育等八个领域,明确了实现基本公共服务均等化的时间表,即在2011年至2015年,覆盖城乡居民的基本公共服务体系逐步完善,基本公共服务均等化取得明显进展;到2020年,城乡区域间基本公共服务差距明显缩小,争取基本实现基本公共服务均等化。

1.细化政府公共物品财政供给的目标

一般而言,法律法规的规定都比较笼统,还需要政府制定具体的政策来落实法律法规的有关规定,以政策推动法律的执行。而政策作为对法律法规内容的具体执行,往往是通过细化具体内容要求来实现的。这里以教科文卫事业公共财政投入为例进行分析。

明确政府在教科文卫财政供给方面的动态指标。政策往往具有阶段性和承继性,因此,通过具体的政策来规范政府对教科文卫事业的财政投入是保障法律落实的重要途径。可以说,没有政策对具体指标的细化和动态调整,法律就失

---

① 高培勇等.中国公共财政建设报告2011(地方版)[M].北京:社会科学文献出版社,2012.

去了对社会发展的目标牵引作用。比如,为更好地贯彻落实《中华人民共和国教育法》规定的"两个提高"和"三个增长"①的要求,以及《中国教育改革和发展纲要》中有关4%的规定,有必要在相关的政策中细化具体的指标要求,以实现法律的有关规定。事实上,各地的发展规划和年度政府工作报告等,几乎都没有对当地教育财政投入的具体指标作出规定,以致很多省市至今都没有达到法律的要求。上海至今也未达到4%的比例要求。比较而言,上海对科技的财政投入则是另外一番景象。上海自2000年就出台了《科学技术进步条例》,规定了全市研究开发经费应当占本市国内生产总值的2%以上。早于国家在2006年制定的《中长期科学和技术发展规划纲要(2006—2020年)》中的规定(全社会研究开发投入占国内生产总值的比例到2010年达到2%,到2020年达到2.5%以上)。之后上海关于科技发展的相关规划及各种政策中都有关于研究开发经费财政投入的具体指标规定。如2006年的《上海中长期科学和技术发展规划纲要(2006—2020年)》规定,到2010年,全社会研究与发展经费支出相当于地区生产总值的比重达2.8%以上。到2020年,全社会研究与发展经费支出相当于地区生产总值的比重达3.5%以上,高于同时期国家对相关指标的规定。2006年的《上海市人民政府关于实施"上海中长期科学和技术发展规划纲要(2006—2020年)"若干配套政策的通知》中,又进一步细化了两级政府的具体财政科技投入责任,规定到2010年,市级财政科技专项投入总量占当年财政支出的比例不低于7%,区县财政科技专项投入总量占当年财政支出的平均比例达到5%。在这些法规和政策的规范下,上海市的科技财政投入都达到了相关的要求,甚至超过了相关的指标规定。由此可见,政策对具体财政投入的规定是财政实际投入的具体牵引,是政府财政投入的具体依据。

明确各级政府在教科文卫财政供给的具体责任。每一级政府的事权与财权最终应做到相互匹配。每一级政府都应该在教科文卫投入中分担责任。目前,我国还没有从法律或政策上规定各级政府的财政投入比例,上海市同样没有这方面的规定,这使得市和区县政府财政投入责任不明确。比如,国家教育财政投入

① "两个提高":一是财政教育经费支出占国民生产总值的比例有所提高;二是教育经费的支出占财政总支出的比例有所提高。"三个增长":一是财政经常性收入增长,财政教育拨款有所增长,且高于财政经常性收入的增长;二是生均教育经费有所增长;三是教师工资和生均公用经费有所增长。

是以地方财政投入为主的模式，①而上海市财政性教育投入实际上是以区县为主的财政投入模式，各区县由于经济发展状况的不同，教育财政投入差别较大。而对于科技财政投入而言，又是以市级财政为主的投入模式。因此，有必要通过具体政策来明确规定各级政府在教育财政投入的责任，并通过每年的政府工作报告细化各级政府在教科文卫财政投入责任和比例，规定硬性指标，以确保公共财政对教科文卫事业的投入。比如，为更好地保障公共物品财政供给的均衡性，中央政府就应当承担起制定相关政策和完善相关制度的责任，比如，建立和完善地方政府间横向转移制度，促进公共物品供给的均等化。

2.强化政府公共物品财政供给的行政问责

法律、法规和政府工作规划都是具有约束力的规范。各级政府必须严格按照法律法规和工作规划安排公共财政。对于公共物品财政投入而言，各级政府难以承担具体的法律责任，但行政责任的承担必不可少。

在我国行政问责制度的发展进程中，关注更多的是作为个体的行政主体，而忽视了对于作为集体的行动主体的问责制度建设。对于公共物品财政投入的保障中，多是通过法规政策来规范的。因此，在公共物品财政供给的行政问责中，除了强调要对违背有关规定的个体行动者进行问责，还应强调对承担决策责任的政府进行集体问责，以强化政府在制定发展规划时进行集体决策的科学性。如果没有行政问责制度的完善，人大的监督也就失去了意义。宪法授予各级人民代表大会有权采取质询、罢免等方式履行监督职权。如果各级人民政府、各部门没有按照相关法律法规的规定对公共物品供给作出合理的财政安排，或者公共物品财政供给的执行违背了财政预算方案，人民代表大会应该采取行政问责的方式，督促限期纠正错误。各级人民代表大会应该就公共财政领域的行政问题制定详细的规范，做到有法可依，督促政府确保公共服务的财政投入。

3.完善政府公共物品财政供给的转移支付制度

对于公共物品财政供给的政策而言，所要解决的一个重要问题是发展与均衡的问题，既要保障各地的科学发展，又要保障公民对公共物品的均等享有。这其实也就回到了本书的问题起点，即均衡与优先的问题。事实上，我国地区发展

---

① 在各地财政性教育经费构成中，只有北京来自地方财政的比例相对较低外（2000年为53.1%，2009年为62.1%），其他省份大多都在90%以上，甚至青海在2000—2009年的10年间，来自中央的财政教育支出都为零；而有的省份在部分年份也是100%来自地方财政（如广西在2008和2009年都是地方占100%，还有河南、贵州、海南、江西、西藏等省份的部分年份也是如此）。数据来源：中国教育经费统计年鉴。

的不平衡自然地产生了各地财力的不同,对公共物品的投入也有差异,而这种差异需要通过政策的完善来加以协调,其中一个目标指向公平的制度就是转移支付制度。美国学者罗宾·鲍德威和沙安文在《政府间财政转移支付:理论与实践》中,高度赞赏了中国在过去的 20 年里成功地进行了政府间财政体制改革,并且成功地用这种体制战胜贫困,支持地区间的平衡发展,开创和谐社会。但事实上,我国现行的政府间财政转移支付制度是在 1994 年实行的分税制财政体制基础上建立起来的,还存在很多的问题。对社会主义的中国来讲,公共财政构建的一个主要矛盾是解决好政府间公共服务的合理分工和能力差异问题,故政府间的转移支付十分重要。

转移支付的实质是一种补助,具有矫正均衡功能,通过财政均等性转移支付来缩小财政差距。①国家财政部前部长金人庆也指出,转移支付制度是实现基本公共服务均等化、调节收入再分配和实现政府政策目标的重要手段。②在分税制财政体制下,转移支付在平衡各级政府财政能力、弥补地方政府缺口、提供均等化公共物品、优化各地区资源配置等方面发挥着重要作用。

要达到转移支付制度促进地区间公共物品供给均等化的基本目标,就要求对各地区的财政能力和财政需要之间的差距进行调整。与分税制改革前相比,均衡性转移支付从无到有,比重不断提高,这显示了中央财政的均衡性调控能力在不断增强。就上海公共物品财政供给的特色与均衡悖论而言,一个很重要的问题就在于中央政府应当制定怎样的政策,既不影响上海公共物品的财政投入,又有助于上海与其他地方的均衡。也就是说,对于上海自身而言,其对公共物品的财政投入肯定是越多越好,只要自己的财力能够支撑;但对于中央而言,则必须兼顾全国的均衡。这种均衡很重要的一个制度就是财政转移支付制度。除要完善一般转移支付制度外,中央还应该尽早制定关于横向转移支付的政策,促进上海等发达地区对不发达地区的财政转移支付,促进公共物品财政供给的均等化。

要更好地实现均衡发展,仅靠本地财力和纵向转移支付,不发达地区仍然很难达到公共物品提供均等化的目标,这就要以横向转移支付为补充。通过横

---

① [美]罗宾·鲍德威、沙安文.政府间财政转移支付:理论与实践[M].庞鑫等译.北京:中国财政经济出版社,2011.

② 金人庆.完善公共财政制度,逐步实现基本公共服务均等化[OL].中国人大网.www.npc.gov.cn. 2006–11–17.

向转移支付,可以实现地区间的相互支持,协调发展,共同富裕,从而在全国范围内盘活均衡机制,使不同地区间公共物品提供大致均等,从而最终实现社会公平的战略目标。财政转移支付制度应该加大具有均等化作用的一般转移支付的比例,使其真正体现中央财政的再分配职能,有效地缩小政府间的财力和公共服务能力的差距。除中央的宏观调控职能外,应该促进政府间横向的调整机制和公平机制。国外一些国家,如德国,就有法律规范的地方政府横向间的转移支付制度。中国已经有较好的地区间相互支持、互助的传统。2008 年四川汶川大地震,在中央政府的统一部署下,各地对地震灾区的援助就卓有成效。我国可以在提升传统和借鉴经验的基础上,构建起政府横向间的转移支付制度,更好地弥补政府间的财力差距,推进公共物品供给的均等化。

(三)完善公共物品非财政投入的优惠政策

公共财政投入除直接提供公共物品外,还有一个重要的功能就是带动社会投资,以形成多元的投入结构,引导多种力量参与公共物品的供给。

首先,给予从事教科文卫事业的企业多种形式的优惠。完善现有的优惠政策,借鉴发达国家的先进经验,并结合现实的国情,调整对从事教科文卫发展事业的企业的具体税收优惠方式。改变以往单纯的税额减免与低税率的优惠政策,增加对发达国家普遍采用的加速折旧、投资抵免、技术开发基金等税基式优惠手段的运用,做到税基减免、税额减免与优惠税率三种方式相互协调配合,以促进相关产业的发展。

其次,给予社会力量投入教科文卫事业以适当的权益和税收优惠。教科文卫事业的发展需要多元力量的参与,而社会力量已经成为重要的构成。社会力量在投入教科文卫事业时,一定程度上是分担了政府的部分责任,因此也需要政府一定程度的支持。这种支持包括两个方面:一是资金的支持,对于公共物品的社会提供,政府应当给予一定的资金扶持;二是政策的支持,政策的优惠也是吸引社会力量参与公共事业发展的重要因素,比如税收的优惠、用地以及用房等的支持。但需要注意的是,无论是资金支持还是政策优惠都应当有一定的期限,防止社会行为的偏差,保障公共利益。

捐款可以抵税的办法在国外成为一种国际惯例,以捐款可以抵税的办法来筹集重建资金,是一种进步的举措,是鼓励纳税人捐赠的政策。在有些发达国家,对企业和个人捐赠的税收减免比例都达到了50%以上。2009年5月,《上海市慈善募捐条例(草案)》公开征求意见,提出,捐赠有发票税收享优惠,最高可达12%的税收扣除。这在一定程度上将有助于激发捐赠人的捐赠积极性,有利于促进教科文卫事业的发展。同时,还应当在相关政策中对保证捐赠者的权益,包括知情权、参与权和质询权等作出规定。受赠者要接受捐赠者的监督,捐赠者有权要求参与受赠者某些事务的决策、执行过程;有权要求受赠者公布有关的财务状况、捐赠资金(物)的去向及使用情况。在"郭美美"事件之后,如何重建信任成为我国慈善募捐事业发展的瓶颈。上海市第十三届人民代表大会常务委员会第三十四次会议于2012年6月7日通过的《上海市募捐条例》(自2012年9月1日起施行),对各类募捐活动进行了规范。只有形成良好的互信关系,才能更好地促进我国慈善事业的发展,才能为教科文卫事业的发展募集到更多的社会资金。

二、优化公共物品财政供给的行政基础

政府公共物品财政投入是以政府为主体的政府经济活动,是政府行政活动的重要构成。在中国,公共财政是政府主导的建构。要改进政府公共物品的财政供给,一个很重要的方面就是要对行政体制的某些方面进行改革,[①]而这些改革的基本目标就是要调整政府职能。因此,政府职能定位能否实现向责任政府、服务政府的转型,成为优化公共物品财政投入的行政前提。

(一)从行政型政府转向服务型政府

政府本质上是社会服务机关,行政的最大目的不在于管制,而是为社会和公众提供服务。[②]对于我国公共物品供给而言,政府能否实现职能的有效转型事关公共财政改革的推进。因为,在当前中国民主发展状况下,公共财政的走向与政府职能定位的关系极大,它还不是一个完全由民意通过的民主方式来实现的。

---

① 财政部《绩效预算》课题组.美国政府绩效评价体系[M].北京:经济管理出版社,2004.
② 闫越.行政文化[M].北京:国家行政学院出版社,2005:110.

首先,公共服务是政府的首要职能和核心职能。完善的公共服务既是现代社会的重要标志之一,也是政府的核心职能之一;经济社会越发展,公共服务职能的重要性就越突出。一个国家或地区能否国泰民安、社会和谐,很大程度上取决于政府公共服务的有效性。政府职能广泛地介入到市场不能发挥作用或不能充分发挥作用的义务教育、初级医疗保健、养老保险、失业保险、贫困救济、国民收入再分配、环境保护等公共服务领域。据世界银行《2001 年世界发展指标》,1994—1997 年欧盟国家公共教育支出占国民总收入的比重为 5.3%,社会保障支出占国内生产总值的比重普遍在 22% 以上,1990—1998 年公共卫生保健支出占国内生产总值的比重为 6.7%,仅以上三项社会公共服务支出相加,占国内生产总值的比重就在 34% 以上。据世界银行统计,1998 年,欧盟用于社会性公共服务的补贴和其他经常性转移支付的中央政府支出占中央政府中支出的百分比达到了 59%。[1]西方发达国家高度重视政府教育公共服务职能,重视对人力资本的投资和积累。1998—2000 年,英国、法国、德国、瑞典、丹麦等国公共教育支出占国内生产总值的比重分别为 4.5%、5.8%、4.6%、7.8%、8.2%,公共教育支出占政府总支出的比重分别为 11.4%、11.5%、9.7%、13.4%、15.3%。[2]西方发达国家普遍重视公共卫生服务。2000 年,英国、法国、德国、瑞典、丹麦等国公共卫生支出占国内生产总值的比重分别为 5.9%、7.2%、8%、6.2% 和 6.8%;可持续获得可负担的基本药物的人口占全部人口的比例均在 95%~100%。[3]由上可见,公共服务职能是当代市场经济发达国家政府职能的主体和核心部分。所以,从实践上看,公共服务已经成为当代发达国家政府职能的主要内容。教育、社会保障、公共医疗卫生、就业公共服务、环境保护、公共事业、科技公共服务等是当代政府职能的主体。美国学者登哈特夫妇在 2000 年发表了《新公共服务:服务而非掌舵》,指出政府职能的全新定位就是提供公共服务。

其次,我国行政体制改革的目标是建设服务型政府。近年来,我国在增强政府社会管理和公共服务职能、改革行政管理体制等方面取得了一定成效,特别是一些地方政府通过制度创新推动资源优化配置,在提高公共服务和行政效能方面进行了一些有益的探索。但是必须看到,与人民群众的需求,与完善社会主

---

① 参阅胡鞍钢、王绍光.政府与市场[M].北京:中国计划出版社,2000.
② 世界银行.2001 年世界发展指标[M].中国财政经济出版社,2002.
③ 朱之鑫.国际统计年鉴 2002[M].中国统计出版社,2002.

义市场经济体制的改革目标,与加强党的执政能力建设以及构建和谐社会的要求相比,政府公共服务有效性仍存在明显的不适应。经过改革开放30多年来的快速发展,公民社会需求的不断提升对政府提供良好的公共物品的要求也不断增加,这就为政府的公共服务提出了更为紧迫的要求。为此,一方面,要坚决地摒弃那些不适应、不符合、不利于经济发展方式转变要求的政府职能,逐步弱化政府对资源配置的直接干预和过度干预,使市场发挥配置资源的基础作用;另一方面,要强化社会管理和公共服务等政府职能,为社会提供更好的公共服务。而我国公共服务效率和效能的缺失,政府职能转变的滞后等问题,需要在进一步深化改革中重点解决。而政府在公共服务供给方面的作用不可替代,承担着最终的和不可推卸的责任。当前我国公共服务领域的许多矛盾和问题,都与政府职能缺位、越位和错位有很大的关系,以公共服务为中心的政府转型事实上已经成为改革攻坚的重点,因此应以公共服务为主要目标,加快行政管理体制改革,从关注公共需求变化和扩大政府公共服务职能出发,进一步转变政府职能,形成行为规范、运转协调、公正透明、廉洁高效的行政管理体制,要求政府在市场化背景下实现治理模式的根本转变,构建服务型政府。

最后,加快职能转变,提高政府公共服务的能力。适应我国社会的深刻变化,通过职能转变和政策引导,注重激发社会活力,充分挖掘政府自身资源的潜能,带动社会资源共同参与,构建多层次、多样化的公共服务供给体系,是政府提高公共服务有效性的重要手段。这就需要对公共服务进行归类引导,对那些市场机制不能发挥作用的公共服务领域,对确保人人享有基本生活保障的内容,如失业救济、养老、基本医疗等社会保障领域,应由政府承担主导责任,但服务和管理的具体提供方式可以多样化。根据国际上的做法和经验,公共服务可以通过政策引导,采取政府购买、特许经营、委托代理、服务外包等形式,由企业、行业组织、民间组织或社会中介机构按照适度商业运营原则提供,以最大程度增加公共服务的可及性和覆盖面。

(二)提升政府财政支出的公共性

政府公共服务的优化不仅有助于提升政府的公信力,而且有助于化解社会矛盾,促进社会公平。从政府财政投入的角度看,就是要实现财政更多地转向公共物品的供给。根据中共中央党校吴忠民教授(2007)的研究,中国政府在基本民生方面的投入世界最低。在这种公共财政投入中难以体现政府对公共物品的供给和对基本民生的保障。我国财政体制改革的目标是建立现代公共财政。"公共化的财政意味着,市场将在资源配置中起基础性作用;意味着随着市场机制的培育和完善,财政不再担负市场机制下微观企业的直接投资和资金供给,其职能定位主要集中于提供国防、治安、行政、环境治理、基础教育、科研、基本医疗和社会保障等公共物品和服务上,财政收入的取得要建立在为满足社会公共需要而筹措资金的基础上;财政支出的安排要始终以满足社会公共需要为宗旨。"①因此,公共财政体制目标的确立也就决定了政府要实现职能转型,要去行政化,建构服务型政府。

我国政府职能的行政性,体现更多的就是公共服务职能的欠缺,在公共财政上的表现就是财政存在缺位、越位和错位的问题。如果仅从财政支出来看,我国公款吃喝花费,1989 年为 370 亿元,1990 年为 400 亿元,1992 年超过 800 亿元,1994 年突破 1000 亿元,2002 年为 2000 亿元,2004 年为 3700 亿元,2005 年为 6000 亿元。②6000 亿元是个什么样的数字呢?可以用来建立三个三峡,相当于国家财政 2007 年政府在直接涉及老百姓的医疗卫生、社会保障和就业福利上的总开支。6000 亿元如果按人分摊,13 亿人人均 459 元,16 岁以上、65 岁以下的有劳动能力的人口(约 8 亿人)分摊,人均 750 元,按全国 5000 万接受财政拨款的人数计算,人均 12000 元。据 2008 年 11 月 26 日《参考消息》报道,2006 年,我国公务车的司机薪水开支,购车和保养及车辆加油的开支大约为 6000 亿元人民币。同年教育开支为 4546 亿元,社会保障开支 4181 亿元,国防开支 2838 亿元。再对我国政府行政管理费(图 6-1)进行一个简单的分析,自 1978 年以来,我国行政管理费不断提高,1978 年为 52.90 亿元,到 2006 年为 7571.05 亿元,增长了近 142 倍多。而同期教科文卫支出 1978 年为 146.96 亿元,2006 年为 10846.20 亿元,增长了近 73 倍,增幅仅为行政管理费的一半。而从占国家财政支出的比重而言,行政管理费最高的 2004 年达到了 19.4%,2006 年为 18.73%,这个比重在日本是 2.38%、英国 4.19%、韩国 5.06%、法国 6.5%、加拿大 7.1%、美国 9.9%。③与世界其他国家进行比较来看,我国比其他国家高出了很多。

---

① 郑子轩.公共财政——富足下的荒凉[J].南风窗.2009-07-22.
② 朱雨晨. 浪费——中国走向富强的头号障碍[N].法制日报. 2007.3.18.
③ 评论:减少赤字的关键是削减行政开支.转引自中新网.2009.01.13.

图 6-1 教科文卫支出与行政管理费占国家财政支出的比重比较

数据来源:根据《中国统计年鉴 2007》中的数据计算得出。2007 年后的统计年鉴中不再有此项目统计。

因此,各级政府机构应进一步进行政府职能转换,降低行政管理费的比重,提高义务教育、基本医疗保险、公共文化设施等在财政总支出中的比重,实现由"吃饭财政"向"公共财政"的转变。比如可以把行政费用占国内生产总值和财政支出的比重、公务员人均行政费用和行政费用增长率等作为行政费用的控制指标,列入政府工作计划和报告,纳入官员政绩考核范畴,以激发和保护政府官员节约和用好公共资源的积极性,进一步降低行政费用在财政支出中的占比,把更多的财政用于支出体现政府服务功能的公共物品的供给上,提升财政对政府服务职能的保障作用。

(三)政府职能应更加注重公平

世界银行认为,政府的第一项职责和基础性工作是保证全社会的公平,包括把基本公共教育、公共卫生、社会保障、基础设施、公共安全等在内的基本公共服务体系作为社会公众生存和发展的基本需求。市场经济条件下的公共财政是以税收为基础的有偿财政,是社会公众基于共同利益的需要,通过让渡其部分财产所有权来换取他们所需的公共物品和服务的一种契约安排。国家则是这种契约安排的一个结果,它被要求必须为公众提供他们满意的公共物品和服务,并且接受公众的监督。"从本质上说,公共财政体现了纳税人与国家之间的一种社会契约关系"①。为推动政府职能由经济建设型为主向公共服务型为主的转变,政府应更加关注增长的均衡、机会的均等和社会的公平,尽快使基本的公共服务覆盖到全体居民,实现基本公共服务均等化。我国经过30多年的改革开放,经济社会进入一个转型的关键时期。在一个社会结构、经济结构快速变化的时期,利益主体和社会结构正在发生重要改变,新的社会问题日益凸显,这些问题给建设和谐社会带来了许多不稳定因素,也给政府扩大社会管理和公共服务职能提出了迫切的课题。

维护社会公平正义是公共财政的本质要求。《中华人民共和国国民经济和社会发展第十一个五年规划纲要》明确提出:"加快公共财政体系建设……逐步推进基本公共服务均等化。"随着不断扩大的贫富差距已成为我国改革发展新阶段反贫困治理的现实压力,人民群众要求实现社会的再分配。当前,我国的贫富差距问题比较突出,特别是城乡差距相当突出。而义务教育和公共医疗等已成为大多数社会成员重要的公共需求。我国在教育支出方面的比例没有得到预期增长,与世界上一些发展中国家(比如泰国)也存在一定的差距。教育费用上涨速度却远远高于民众的收入上涨速度。在公共医疗方面,时任卫生部副部长的朱庆生2004年11月5日在国务院新闻办举行的新闻发布会上说,我国农村至今有一半的农民因经济原因看不起病;中西部农民因看不起病,死于家中的比例高达60%~80%。2003年,农村居民家庭人均纯收入为2622.2元,而农民人均一次性住院的费用为2236元。农民辛苦劳动一年的收入仅够支付一个人一次住院的费用。②另外,在教育和卫生资源的分配上,城市和农村的分配比例也存在严重失衡的问题,而且弱势群体问题已成为我国公平、公正的焦点问题,特别是弱势群体的利益表达和诉求是他们实现和维护自身利益的重要渠道。种种现象表明,我国进入经济社会转型时期,利益主体和社会结构正在发生重要改变,社会矛盾和社会问题日益突出,并已成为世界上收入差距比较大、城乡差距比较严重,就业、公共医疗、义务教育、社会保障等公共需求和公共服务方面问题比较突出的国家之一。我们面临着公共需求的快速增长与公共物品供应不足、基本公共服务短缺的突出矛盾。这一现实,给改革发展和建设和谐社会带来许多不稳定因素,给政府扩大社会管理和公共服务职能提出严峻而迫切的重大

① [英]洛克.政府论(下篇)[M].叶启芳、瞿菊农译.北京:商务印书馆,1964
② 我国有一半农民看不起病[N].中国青年报,2004.11.06.

课题。拉美一些国家的实践告诉我们,这些矛盾和问题如果处理不好,不仅会激化社会矛盾,并会由此导致经济社会发展的中断或倒退。因此,适应全社会公共需求的变化,扩大政府的公共服务职能,特别要把社会公平放在首位,为保持社会的稳定发展提供支撑。

很显然,中国的公共财政正处在一个重点解决社会公平的历史时期,所以从政治的角度来看,要确立起社会公平的目标导向,而具体的体现就是政府保障公共服务的均等化。在公共财政制度的建构中,应更加注重公共物品供给的均等化,进一步加大公平的力度,体现公共财政的本质。同时还要进一步调整中央政府和地方政府间的财权事权划分,中央政府应更多承担重要的公共物品供给职责并保证其公平性。事实上,在短时间内中国地区间经济发展的较大差异难以得到较快化解,这本身也显示大国发展的固有难题。因此,在一些需要财力较大的公共服务项目上,如果地方政府分担过多,公共服务的差距就难以避免地显现出来。在政府间财力差距较大的特定时期内,有必要增加中央政府在社会基本公共需求所承担的比重,促进民众对公共服务的均等享受,体现政府功能的公平导向。

三、完善公共物品财政供给的民主基础

公共财政是民主财政。对于公共物品的财政供给而言,最核心的就是预算民主。预算不仅仅是一个纯粹的技术过程,在很大程度上,预算过程可以看成是政治过程的核心。[1]"政府预算是一种以货币形式表现的政府活动。"[2]国家的所有收支项目及其规模都必须纳入预算之中,因此国家在编制预算项目时对预算资金在相互竞争的各项需求之间分配的不同次序就体现着国家公共政策的实质含义和决策的不同重点、国家介入经济社会生活的范围和深度、国家对国民经济的预期以及国家职责的范围和内容,反映着政府与社会、国家与公民之间的财产关系和国家对国民经济运行的干预和调整。从这个意义上来讲,预算就不仅反映着国家所有活动的内容和范围,而且它还成为制约国家公共决策的政策工具和管理工具,对国家的施政产生深远的影响。因此,公共预算必然受到社

---

① 马骏.中国公共预算改革:理性化与民主化[M].北京:中央编译出版社,2005:263.
② [美]阿伦·威尔达夫斯基、内奥米·凯顿.预算过程中的新政治学(第4版)[M].邓淑莲、魏陆译.上海:上海财经大学出版社,2006:6.

会公众的约束,这就要求建立民主化的预算,使公民获得参与公共物品决策与监督的途径,从而也使得国家无偿征收行为的合法性得到确证(闫海,2007)。①在我国,公民参与及其意愿的表达通过间接的方式,即通过人民代表大会制度来参与政府的决策。人大制度作为我国的根本政治制度,对公共财政供给发挥着重要的审查监督作用。可以说,人大民主监督功能的发挥是公共财政分配走向的重要把关者。但人大制度作用发挥得不充分,使公共物品财政供给制度难以得到有效实现,制约着公共财政供给的程度。

(一)强化人大的预算审查监督功能

财政预算审查监督是我国人民代表大会监督公共预算的主要途径。"如果对收入的用途没有约束,收入就变得等同于政府决策者的私人收入。"②"支出结构描述了我们需要一个什么样的政府:是一个强调军备的政府,还是一个重视保护中产阶级的政府?是一个帮助穷人的政府,抑或是着眼于未来的政府?"③通过审查各级人民政府的财政预算草案,人民代表大会可以监督政府公共财政支出的数额、结构、用途。通过审议各级人民政府提交的年度财政决算报告,人民代表大会履行对政府公共财政的支出数额、收支平衡情况的监督。长期以来,人大在预算编制过程中的审查只是一种形式上的审查或者程序性审查而不是实质性审查,在预算执行中的角度是一种"追认式"的监督而非"惩罚式"监督。我国财政监督制度偏重于政府部门的内部监督和财政支出内容监督,强调公共财政的"合规性"。合规性即各项财政资金是否按照法律法规的相关规定执行、各项财政支出是否按照批准的预算方案执行,它一直是公共财政监督的重点,并通过审计部门、监察部门和财政监督机构来审核公共财政的合规性问题。在这种财政监督体制下,人民代表大会的财政审查和监督功能被弱化。要优化政府公共物品供给的财政投入,必须进一步加强人大的预算审查和监督功能。

1.要有最高权力机关的占位,发挥人大对公共财政的审查监督权

人民代表大会制度作为我国的根本政治制度,在国家政治生活中具有根本

---

① 闫海.预算民主:预算审批权为中心的构建[J].重庆社会科学,2007,(04):107.

② [美]詹姆斯·布坎南、杰佛瑞·布伦南.宪政经济学[M].北京:中国社会科学出版社,2003:31

③ [美]阿伦·威尔达夫斯基、内奥米·凯顿.预算过程中的新政治学(第4版)[M].邓淑莲·魏陆译.上海:上海财经大学出版社,2006:4.

性意义。人大作为我国的立法机构,是国家的权力机构。在建设社会主义法治国家的进程中,人大权力的行使不仅事关国家权力的运行,还关系到法治国家的建设。在公共财政建设进程中,人大能否发挥宪法和法律规定的财政审查监督作用,行动者的思想观念和价值取向具有关键意义。

　　林尚立教授通过对全国人大预算审查报告的文本分析,比照全国人大预算审查制度变化与该制度运行所产生的预算审查报告文本格式与内容的变化,认为制度的实际效度,不取决于制度本身的变化与发展,而取决于制度的行动者的行动理念、行动方式是否发生变化;在行动者的行动逻辑没有发生变化的情况下,制度变化与发展要产生新的制度运行效度是比较困难的。要使现行制度运行有效度,关键在制度的行动者。[①]过去,人大被称为"橡皮图章",似乎人大在国家政权机构的构成中只是一种设置和摆设。但随着国家法治化进程的推进和民主政治建设的发展,人大的功能势必得到深入的发展,势必要在国家政治生活中发挥其权力机关的功能。由于预算是政府活动的核心,必须经过国家立法机关的审批才能生效,并最终成为国家重要的立法文件,因此,对预算的审批和监督作为关乎公共利益的表达、协调、决策和实现的机制,就成为现代民主的主要内容,由民众代表通过对预算的辩论、评论、听证、表决等程序,广泛表达民众意愿,充分交涉各自的诉求,从而保证了预算项目能够得到民意的认可,并经过预算监督得到民众的监督。这样,预算活动就被置于了公民和国家权力机关的双重监督和制约之下,成为控制政府财政收入和财政支出、进而控制政府一切行政管理活动的有效手段。[②]而人民代表大会制度作为一种民主制度设计,应当代表人民行使这种权力,保障政府的预算向有利于最广大人民群众利益的方向发展。我国在1993年就提出了国家财政性教育经费支出占国内生产总值的比例在2000年达到4%,但直到2012年,人大政府工作报告才提出"中央财政已按全国财政性教育经费支出占国内生产总值的4%编制预算"。很重要的一个原因在于人大并未真正行使自己的权力,没有发挥自己权力机关的功能。从人大与政府的关系角度看,俨然是政府在指挥人大,人大言听计从,二者颠倒了关系。人大未能有效发挥最高国家权力机关的功能。而在建设公共财政的过程中,

---

　　① 林尚立. 行动者与制度效度:以文本结构为中介的分析——以全国人大预算审查为研究对象[J]. 经济社会体制比较,2006(5).

　　② 覃敏健."预算国家"与"政府再造"——基于现代国家构建与成长的分析视角[J].财政与税务. 2009(12).

作为国家和地方最高权力机关的人民代表大会，必须树立维护法律的权威，严格按照"硬指标"来审查政府的预算和决算，保障公共财政对公共物品的投入。

2.要通过对战略性发展规划的审议,保证公共物品财政投入的增长

我国各级人民政府通过年度计划、五年计划、长期发展规划等形式就各项工作作出安排。政府工作规划成为影响公共财政支出结构的重要因素,发挥着导向性的作用,但是如何保障公共服务财政投入成为政府公共财政的重点仍然需要人民代表大会发挥主导性的作用。各级人民代表大会在审议和批准各级政府工作规划时,应该重点审议以下内容:公共服务是否成为政府工作的重点,公共财政是否应作出合理的安排，是否已经按照法律法规的要求逐年增加投入,是否明确了公共财政的监督和检查措施。如果政府工作规划没有将包括教科文卫事业在内的公共服务列入工作重点，各级人民代表大会在审议和批准时,应该要求各级政府修改工作规划。而批准通过的政府工作规划应该具有权威性,各级人民政府必须严格遵守,人民代表大会必须按照工作规划的内容来监督政府公共财政的运行。

3.要以需求促投入,保障政府对公共物品财政投入的增长

长期以来，人民代表大会在审议政府预算和决算时处于被动审议的地位,预算的内容、数额、结构都是由政府决定。这种被动审议削弱了人大的监督功能，导致人民代表只能在政府预算草案和决算报告的数额上作出分析和判断。改变人大被动审议地位的一个可行的办法是通过需求预测来影响政府公共财政的支出结构。人民代表必须了解人民群众对公共服务的需求,通过人民代表大会将人民群众的服务需求输入公共财政过程。各级人民代表大会及其常设的专门委员会借助于现代化的调查方法，科学地预测公民公共服务需求的内容、数量、供给形式,再将这些信息有效地传达给各级人民政府,后者在编制预算草案时作出合理的安排,那么就能实现"以需求促投入"的目标。以教科文卫事业为例,人民代表大会及常设的教科文卫委员会通过统计调查,预测社会每年度对教育、科技、文化和卫生的公共财政需求量。根据公共财政投入和需求之间的相对关系来预测公共财政投入的总量,有助于制定科学的预算方案。

(二)改革和完善预算审查监督机制

功能的实现是靠制度来落实的,因此制度的建构对于财政预算的民主化具

有重要意义。

1.推进预算公开,增强预算审查监督的有效性

"阳光是最好的防腐剂",财政公开是政务公开的核心内容,打造"阳光政府"首先必须打造"阳光财政"。适应建设阳光政府的要求,进一步扩大财政预算内容,把人大审查批准的财政预算向社会公布,有利于进一步实现预算的公开性与透明化,有利于自觉接受人民群众的监督。随着人民群众民主法制意识的不断增强和人大代表参政议政能力的不断提高,对提高预算透明度、扩大预算公开性的呼声也越来越高。这是大势所趋,人心所望。可喜的是,自2009年开始,财政部在其网站上公布中央财政收支数据,而且每月翻新数据。在地方,广州市率先首次将114个党政部门的部门预算公布在网上。2009年底,国家审计署表示力争在两三年内使所有中央部门的预算向社会公开,这也是国务院相关负责部门首次为公开中央部门预算列出时间表。2010年3月30日国土资源部成为首个公开部门预算的部委,之后,财政部、住房和城乡建设部以及科技部也公布了各自的部门预算,即2010年部门收支预算总表和部门2010年财政拨款支出预算表。虽然公开的预算还有很多看不懂的地方,但它是预算透明的标志性一步。随着公民纳税人意识的逐渐增强,政府部门预算逐步公开和透明已经成为大势所趋。

政府部门要加快转变观念,积极创造条件让人民群众能够参与预算、了解预算、监督预算。要逐步做到政府财政预算收支计划的制定、执行以及决算的形成等过程都向社会公开,引导公众有序参与,让公众知情,主动听取和接受人民群众的意见和建议,方便人大代表开展审查和监督。政府制定预算过程中,可以实行预算听证制度,让人大代表、群众团体代表和公民代表参与预算的制定过程,了解政府预算。事实上,人大可以充分发挥积极主动性,对财政预算发挥一定的主导作用。2008年12月9日,上海市闵行区人大常委会组织了一次2009年财政预算初审听证会,[①]主要针对两个民生问题进行听证:其一是政府对养老机构的财政补贴,其二是完善农村养老金保险的支出。这次预算听证会采取人大主导并面向全社会公开的形式,在国内首开先河。这种预算听证会使政府机构、人大代表、社会民众参与讨论,以此达到政府的预算编制的科学性和人大预算审查的有效性,不仅提高了政府财政预算的透明度,而且利于保障取自纳税

---

① 周扬.上海闵行区人大组织财政预算听证会开先河[N].21世纪经济报道,2008.12.11.

人的政府财政支出实现效益最优化。闵行区人大常委会的这一做法,有利于进一步推动政府预算的民主参与,保证政府预算的科学性和合理性。

2.建立财政预算初审制度和会审制度

地方人大常委会要督促政府严格落实《中华人民共和国预算法》中关于"政府财政部门应当在本级人民代表大会举行的一个月前,将本级预算草案的主要内容提交本级人民代表大会常务委员会进行初步审查"的规定,确定初审内容,制定部门预算初审制度。要组织若干具有财经专业知识和工作经验的人大代表提前做好深入细致的调研工作,查阅相关资料,广泛征求各方面的意见与建议。在充分做好准备工作的基础上,地方人大常委会内设财经机构要充分行使法律赋予的财政预算初审权,举行专门会议听取政府财政部门对编制草案的说明和调查组的调研报告,负责认真地进行审查,理顺预算草案各项指标的内在关系,审查预算编制的科学性以及存在的问题, 对预算草案重要内容进行全面评估,使人大代表通过初审工作初步了解财政预算的主要内容和实质性问题,为人代会审查批准预算提供重要参考意见,同时也切实保障了人大代表的知情权。

部门财政预算编制完成并经人大常委会内设财经机构初审与专评后,提交主任会议进行审核,将会审意见与建议提请人大常委会会议审查,经人大常委会会议审议后,将审议意见反馈给政府财政部门,经过研究修改,最后提交人代会审查批准。经批准后的预算草案,财政部门必须按要求和规定严格贯彻执行。对于贯彻不力者,问题严重并引起社会不良影响的,必究相关公务人员的责任。

3.建立预算执行报告制度和审计制度

人民代表大会对政府公共财政的监督一直集中于预算监督、决算监督。长期以来,公共财政的执行监督由财政部门、审计部门负责。这就导致人大监督偏重于公共财政全过程的"两端"而忽视了"中间阶段"。公共财政是不是完全按照批准的预算方案执行? 公共财政执行的情况如何? 公共财政执行的过程中是否需要调整? 人民代表大会对于这些问题并不清楚,也就无法履行全面监督的职能。这就要建立预算执行定期报告制度,每个单位都有自己的月度、季度等财务报表,人大可根据预算执行报告对其财政收支统计进行审查,抽查公共服务机构财政资金的到账情况,甚至可以通过质询的形式,要求政府、各政府部门向人大报告公共财政执行的阶段性进展。这样不仅可以有效监督预算执行情况,能够及时发现问题、作出调整,还可以有效预防腐败。

在预算执行过程中,人大要切实发挥审计部门的监督作用,大力支持国家审计机关依法独立进行预算审计监督。积极负责的预算审计能够有效地控制政府不必要的开支。[①]就当前我国现行的审计监督体制而言,受多种主客观因素的影响与制约,审计部门还不可能脱离与政府机关的行政隶属关系而成为独立的机构或作为地方人大常委会的监督机构。在这种情况下,我们就要从工作实际出发,着眼于充分发挥审计监督与人大监督的各自优势,取长补短,优势互补,有机结合,在预决算审查中充分发挥审计部门的审计监督作用。人大常委会在与审计机关沟通协调的基础上,对预算审查监督中的一些事项要求审计部门开展专项或重点审计,尤其是要加强对专项资金、基金、预算外资金和其他重点收支项目依法进行重点审计。地方人大常委会针对审计暴露出的问题要提出操作性较强的审议意见,并责成政府有关部门认真分析原因,采取切实可行的措施加以整改,依法追究相关部门及人员的责任,督促政府高度重视,抓好落实,按照要求与时限及时将改正情况和处理结果向人大常委会报告,维护审计部门的威信,增强人大对预算审查监督的实效。

4.建立预算调整审议制度

在预算执行过程中,因情况特殊,必须对预算进行调整,凡是调整幅度超过原批准预算总额百分之五以上的,政府部门应当编制预算调整方案,在同级人大常委会举行会议的一个月前提请审批。对于不符合要求的调整方案,依法坚决不予批准。同时还要加强对预算外资金的监督,要切实采取有效措施,严格预算外资金的管理,推动预算外资金纳入统一的预算管理。要严格监督预算科目之间的资金调剂。目前,有关的法律法规并未对预算科目之间的资金调剂作出明确的规定,在执行中预算科目之间随意调整或挪用现象时有发生。为了保证预算的完整性与支出的合理性,避免在执行中被肢解,人大常委会必须加强对预算科目资金使用情况的监督,严格控制预算科目之间资金的随意流动。因此,首先要重点监督预算安排的农业、教育、科技、社会保障等重要支出科目,不能被随意调剂、调减,确保重要支出资金不被挪用。

为更好地加强对预算的监督,人大可成立专门的预算监督机构。2011年5月23日,广东省编办同意省人大常委会增设预算工作委员会,下设办公室、预

---

① K. P. Joseph. Legislative Control of Public Spending [J]. *Economic and Political Weekly*, Vol. 26, No. 14 (Apr. 6, 1991), pp. 880–881.

算监督处,相应撤销了省人大财政经济委员会预算监督室。新增的预算工作委员会将主要承担省人大及其常委会审查预决算、审查预算调整方案、监督预算执行和有关地方性法规草案的起草、审议方面的工作。

(三)改革和完善人大预算监督的技术建构

财政预算是专业性很强的工作,对于预算报告的审查监督,还需要技术的建构。

1.延长预算和决算审议时间

我国各级人民代表大会的会期一般不超过 15 天。在这么短的时间内,要求各级人民代表大会的代表认真审议政府工作报告、提交大会审议的法律法规草案、政府预算草案和决算报告、选举政府领导人等重大事项,就难以保障审议的效果和质量。尽管参加各级人民代表大会的人大代表的文化水平越来越高,但是面对复杂的财政信息,一时难以准确地分析和判断。因此,要提高人民代表大会对政府公共财政的预算和决算审议的质量,适度延长人民代表大会开会的会期有助于增强人大财政监督的功能。要求各级人民政府在向同级人民代表大会提交预算草案和决算报告时,预先提交至各位人大代表 1~2 个月的时间,给予足够的预审,再以人代会表决的形式履行监督和审查的权力,也是一种可行的建议。

2.细化预算和决算审议内容

长期以来我国政府预算和决算往往是"一揽子方案",即以财政收入总额和各项支出总额的形式,要求人民代表大会审议和批准。"一揽子方案"固然可以提高人民代表审议的效率,节约会议成本,也导致人民代表在审议政府预算草案和决算报告时,无从下手、难以判断。因此,要进一步发挥人民代表大会对政府的公共财政监督就必须改革预算方案和决算报告的编制内容和格式。总的来说,各级政府预算方案应该细化"到项"、"到户",各级政府的决算报告也应该以项目、机构的形式来制定公共财政的执行情况。考虑到我国各级政府长期以来一直通过"一揽子方案"编制财政预算和决算,人民代表大会应该逐步推进预算和决算形式逐年细化,争取尽快建立总体预算、分部门预算、分机构预算相结合的预算报告体系,总体决算、分部门决算和分机构决算相结合的决算报告体系。通过预算和决算编制体系的改革,实现人民代表看得懂、理得清、分析快、判断准的公共财政监督和审查。

3.要求政府部门细化预算科目

从财政支出来看,统一的部门预算对于资金的统一使用至关重要,部门预算关系到行政效率问题,关系到纳税人与政府的关系问题,部门预算是建立效率政府的重要步骤。因此,部门预算是提升财政投入效益的重要基础,是避免重复投入的重要手段。统一的部门预算并不是要求把某一领域的资金都集中于一个主管部门,而是要搭建统一的预算平台,要求相关领域的部门预算相互协调、配合,加强沟通和交流,形成互补整合机制,以有效发挥公共财政的最大效力。

对于各政府部门提交的预算报告,人大可以提出明确的要求,要求政府部门要细化预算科目。只有细化了政府预算科目,并使预算按项目进行编制,才能更好地明了公共财政的使用。财政预算的每一笔资金尽可能地进行细化,逐步深入细化到二级、三级科目。细化财政预算的一个重要途径就是实行预算的按项目进行编制。可以将预算草案分解为几个分项预算,如经常性的人员经费和公用经费预算草案,专项经费预算草案,对于一些重大决策或重大项目支出也可以做预算草案。这样,分项草案交人民代表大会分别讨论时,即使某些分项预算草案未能得到通过,其他的分项预算仍然可以执行,不会影响整个预算的执行。同时,也增强了人代会讨论预算草案的针对性和权威性,使预算草案讨论得更透明、更深入、更详细。

因此,有必要改革现行人大仅仅注重公共财政过程"两端"(预算和决算)的做法,强调人代会对政府公共财政预算、执行和决算的"全过程监督"。人民代表大会常委会、各专门委员会应该按照职责分工定期或不定期地检查公共财政的执行情况。通过审查财政收支统计,抽查公共服务机构财政资金的到账情况,甚至可以通过质询的形式,要求政府、各政府部门向人大报告公共财政执行的阶段性进展。通过全过程监督,人大可以更好地监督政府公共财政,提高公共财政的效益,也能够及时发现问题、做出调整。

此外,针对现行制度中人大代表、人大专门委员会仅负责审查预算,而预算的执行过程缺乏有效监督的问题,可以探索各人大专门委员会审查预算、人大批准预算、财政部门按预算拨款、人大专门委员会监督拨款的监督管理体系。通过人大专门委员对财政部门的监督,保证公共财政按照预算方案及时到账,避免预算拨付延迟而影响教科文卫事业的发展。

（四）改革和完善财政监督的配套机制

人大财政监督离不开其他制度的支持。长期以来,各级人大在政府预算和决算的过程中履行着财政监督的职能,但由于各项配套制度没有发挥应有的作用,导致财政监督名不副实,流于形式。我国宪法确立了各级人民代表大会的权力,可以借助宪法赋予人大的权力进一步完善公共服务财政监督。

1.加强立法,完善人大财政权

人大权力的法源在于法律,没有法律的保障人大难以有效履行其职能。从财政监督的法规来看,完善的财政监督法律体系是财政监督法治的基本前提。尽管我国改革开放以来在法治建设方面已经取得了较大的成就,但公共财政监督的法规方面依然还有比较重要的欠缺。主要适用的财政监督法规是行政法规、部门规章或地方性法规和规章,其立法的层次和权威性不高。虽然《预算法》的修订案已经提交人大审议,但其难产的程度可以折射出社会认识的不一致。甚至应该进一步反映到有关的党规中,如《中国共产党纪律处分条例》《党政领导干部辞职暂行规定》等,都应该强化对违反财政法规的部门和个人的责任追究,使与之相互衔接和配套。在财政部门内部,则应该构建和完善一系列财政监督检查的规范性操作程序规定和管理办法,为具体落实财政法治创造更好条件。由此而从上到下,从人大、政府到政党,从外部监督到内部监督,都有相应的法规为依据,从而形成完整的财政监督法律体系。①从 2008 年闵行区人大启动财政预算监督改革计划以来,先后制定了《预算审查监督办法》《预算修正案的试行办法》《预算初审听证规则》等系列制度。正是有了这些规定,才有了闵行区人大对财政预算进行听证的探索和尝试。法律是人大进行有效财政监督的前提。

2.建立科学完整的评价体系,保障公共预算的科学性

长期以来,各级人民代表大会在履行对政府的监督职能时,难以借助有说服力的事实来约束和监督政府。一方面,各级人民代表大会应该加强主动监督;另一方面,各级人民代表大会应该利用科学的评价体系,以有力的事实支持对政府的监督。以教科文卫公共服务为例,人民代表大会应该借助于科学的评价

---

① 孙力.科学发展中的政治和谐[J].南京政治学院学报,2006(6).

指标来衡量教科文卫领域政府公共财政投入的数量、质量和效果。这就要求人民代表大会要推动教科文卫公共物品供给评价指标的规范化,借助于现代统计的方法,定期评价政府公共财政的投入—产出情况,满足社会需求情况等,以此来指导和调整政府公共财政支出的结构。没有规范化的评价指标体系,没有定期的公共财政投入—产出评价,人民代表大会在履行监督职能时,就缺乏"底气",难以制约政府财政过程。

3.通过跨部门合作,提高人大财政监督的效率

财政监督是一项复杂的工作。我国人民代表大会缺乏专职人大代表,在人大闭会期间,人大履职只能通过人大常委会及其常设的各专门委员会来进行。这就要求各级人民代表大会必须探索以跨部门合作的方式来加强对政府公共服务财政的监督。一方面,各级人民代表大会可以强化各专门委员会对各自职权范围内公共财政监督的机构建设、人员建设;另一方面,各级人民代表大会应该逐步探索人大、人大各专门委员会与财政监督部门、财政审计部门、统计部门之间多层次、跨部门的合作。通过共享数据库、联席会议、定期通报等形式,提高公共服务财政的监督效率。

加强人民代表大会对公共服务财政的监督是建设服务型政府的根本保障。各级人民代表大会必须立足于宪法授予的各项权利,在现有监督机制的基础上,探索新的监督形式、监督办法,提高人大财政监督的效率。各级人大财政监督的到位,是推动政府公共财政转型、进而推动政府职能转型和社会发展的关键。

四、小结

一个国家具有什么样的价值理念和追求,对于公共物品的财政供给具有决定性的意义。无论是法律法规的完善,还是政府政策的制定;无论是政府职能的定位,还是分权体制的确立;无论是人大功能的发挥,还是技术指标的设计;核心问题在于制度建构的基础。而对于公共物品财政供给而言,这种制度建构的重要基础在于政府职能向服务型政府的转型,在于人大制度作为国家根本制度的功能发挥。在中国这样一个政府主导型发展社会,没有政府的全方位转型,社会均衡发展的需求依然会被束之高阁或者是被蜻蜓点水;没有人大功能的发挥,公共物品的财政供给就游离于人民之外,公共财政就难于充分体现公共性。

因此,优化公共物品的财政供给,必须坚持不懈地推进政府转型,建设服务型政府;必须要有效发挥人大最高权力机关的功能,推动预算民主,建设公共财政。只有在这样的基础上去建构公共物品财政供给的制度,才能更有效地发挥制度的功能,保障我国社会的发展性,实现地方公共物品财政供给特色与均衡的统一,促进社会稳定和可持续发展。

结 语

　　公共物品的财政供给不仅仅是一个经济问题,更是一个政治问题。为维持社会的稳定和可持续发展,对于中央财政而言,它不仅要解决公共物品财政供给的均衡问题,还要兼顾公共物品财政供给的地方特色;对于地方财政而言,不仅要注重当地公民的公共需求问题,也要兼顾全国范围内公共物品享有的均等问题。因此,对公共物品财政供给而言,特色与均衡不仅是像上海这样的发达地区所面临的发展困境,也是整个中国目前发展中所面临的问题。

　　中国在现代化的进程中,实施的一个重要战略就是非均衡发展战略,使我国能够在短期内有效地促进了现代化的发展,但也带来了经济社会的地域发展差异。各地由于经济实力的不同,对公共物品的财政供给能力也大为不同,再加上各地政府功能定位的差异,造成了政府公共物品供给的非均衡性。但在发展的实际进程中,我们又不可能因为这种非均等性的存在而忽略了因地区发展差异而体现出来的地区特色。像上海这样改革开放的前沿城市和实施"四个率先"的国际化大都市,具有自己的发展特色,其城市发展定位决定了对公共物品的财政供给也必然要与之相匹配,也应走在全社会发展的前列。但另一方面,我们也不应该因为上海发展的领先性和公共物品供给的特色而忽略了重庆、贵州等类似地区发展中存在的问题,不应忽略我国政府公共物品供给中的非均等性问题。这是中国这样一个政府主导型的后发现代化国家所面临的一个发展的悖论。

　　面对特色与均衡的发展悖论,政府不断深化对社会民生的保障,加大对教科文卫事业的财政投入,进一步提升了财政的"公共性"。在这一发展过程中,我们注意到法的规定并未被严格执行,制度未得到严格落实。其主要原因有二:一是政府作为法律的实际执行者,其功能偏好影响了政府对公共物品的财政投入;二是作为法律制定者的人大并未发挥自身的宪政功能,未能有效督促法律的执行。正如李鹏指出的,从我国财政权力运行的实际情况来看,财政权力主要由行政机关掌控,人大的权力特别是监督权力没有得到很好的发挥。[①]正是基于政府与人大二者之间的实际运行关系,造成了制度执行的偏离。正如林尚立教授所指出的,要使现行制度运行有效度,关键在制度的行动者。[②]就目前中国社会实践而言,作为公共物品财政供给两个重要行动者的政府与人大,制度的效度不仅仅在于制度本身的完善,更在于制度的执行。因此,二者关系的重构以及功能的归位将有助于公共物品的财政供给,有助于解决中国公共物品财政供给中需求满足和均衡发展的问题。

在公共物品供给上,政府与人大的一个重要连接点是公共财政。中国从 20 世纪 90 年开始进行公共财政改革,推动着中国逐步由"税收国家"走向"预算国家"。[③]"预算国家"改变了国家筹集、分配和使用资金的方式,所带来的不仅仅是公共财政的成长,更重要的是国家治理的调整。正如有学者所指出的,改造公共财政的过程实际上也是政治改革的过程。[④]民主政治的发展可以促进政府预算的完善,而政府预算不仅为民主建设提供财力保障,而且政府预算的民主化本身就推动着民主政治的发展。在这一进程中,与公共财政共生的一个重要方面就是政府职能的转变。没有服务型政府的职能定位,公共财政难以体现其"公共性",而且由于政府偏好的不同,必然造成公共物品供给的非均等性。因此,服务型政府的职能定位必然推动财政对公共物品的有效供给。而预算民主作为公共财政的核心,是政府与人大共同发生作用的关键领域。从一定程度上讲,人大预算监督权的积极行使将有助于改变政府与人大之间的倒置关系,有助于积极的人大与服务型政府的权力平衡关系的形成。[⑤]

近年来对公共预算的关注,使我选择了从政治学的视角来分析和观察公共物品财政的供给功能及其与民主政治的互动关系。我力图以公共物品财政供给的地区差异和特色为出发点,以上海教科文卫事业财政投入为例进行了实证分

---

① 李鹏.立法与监督——李鹏人大日记[M].新华出版社、中国民主法制出版社,2006:528.

② 林尚立.行动者与制度效度:以文本结构为中介的分析——以全国人大预算审查为研究对象[J].经济社会体制比较,2006(5).

③ 王绍光、马骏.走向"预算国家"[J].公共行政评论.2008(1).

④ 王绍光.建立一个能够确保长治久安的公共财政制度[J].领导文摘,2005.

⑤ 任喜荣.预算监督与财政民主:人大预算监督权的成长[J].华东政法大学学报,2009(05).

析和比较研究，探寻满足发展需求和社会公平的公共物品财政供给机制的基础。而对于一个跨学科的研究主题公共物品财政供给的研究，我还只是一个探索者，不仅研究本身还存在诸多的问题有待日后进一步完善和深化，而且这一主题还有很多内容值得关注，比如公共物品财政供给评价指标的具体建构、公共物品财政供给与公平原则、优先发展战略、民主法治建设的互动关联等等问题，都是值得进一步深入研究的问题。

参考文献

1. 中国统计年鉴。

2. 上海统计年鉴。

3. 北京统计年鉴。

4. 天津统计年鉴。

5. 重庆统计年鉴。

6. 中国教育经费统计年鉴。

7. 教育部、国家统计局、财政部.全国教育经费执行情况统计公告。

8. 新加坡统计年鉴。

9. 香港统计年刊。

10. 陈共.关于"公共财政"的商榷[J].财贸经济,1999(03).

11. 迟福林.公共物品短缺时代的政府转型[J].上海大学学报,2011(4).

12. 陈海威.中国基本公共服务体系研究[J].科学社会主义,2007(3).

13. 戴昌桥.中美地方公共产品供给模式比较研究[J].中南财经政法大学学报,2013(3).

14. 邓子基."国家财政"与"公共财政"[J].时代财会,2001(1).

15. 丁元竹. 当前我国的基本公共服务现状及原因 [N]. 中国经济时报,2008.01.11.

16. 傅道忠. 实现基本公共服务均等化的财政思考 [J]. 现代经济探讨,2007(5).

17. 傅勇.财政分权、政府治理与非经济性公共物品供给[J].财政与税务,2011(1).

18. 冯秀华、傅东.公共财政:社会主义市场经济的必然选择[J].财政与税收,1999(9).

19. 高培勇.财税改革 30 年:从"放权让利"到"公共财政"[N].光明日报,2008.10.20.

20. 贺卫方.人大审查财政预算的意义[N].南方周末,2003.01.16.

21. 焦建国.英国公共财政制度变迁分析[M].经济科学出版社,2009.

22. 焦建国.民主财政论:财政制度变迁分析[J].社会科学辑刊,2002(3).

23. 焦建国.人大审议预算:公共财政的制度基础[J].学习月刊,2005(6).

24. 贾康.对公共财政的基本认识[J].税务研究,2008(2).

25. 贾康、梁季、张立承."民生财政"论析[J].中共中央党校学报,2011(2).

26. 贾康、冯俏彬.从替代走向合作:论公共产品提供中政府、市场、志愿部门之间的新型关系[J].财贸经济,2012(8).

27. 江一韦.南京试点政绩分类考核[J].南风窗,2011.08.26.

28. 顾丽梅.英、美、新加坡公共服务模式比较研究[J].浙江学刊,2008(5)

29. 江明融.公共服务均等化论略[J].中南财经政法大学学报,2006(3).

30. 井明.民主财政论——公共财政的深层思考[J].财政研究,2003(14).

31. 李炜光.公共财政的宪政思维[J].战略与管理,2002(3).

32. 李炜光.建立公共财政体制之理论探源[J].现代财经——天津财经学院学报,2001(2).

33. 李军鹏.论公共需求与供给:公共行政研究的基本主题[J].天津行政学院学报,2001(1).

34. 李发戈.宪政背景下公共财政的本质[J].四川行政学院学报,2008(2).

35. 李军鹏.政府公共服务模式:国际比较与中国的选择[J].新视野,2004(6).

36. 李德伟.论社会主义公共财政[J].财政与税收,1999(9).

37. 李元起、王飞.论公共财政制度的宪政基础[J].税务研究,2009(5).

38. 李金亮.英国议会征税权探源[J].史学月刊,1994(4).

39. 林尚立.行动者与制度效度:以文本结构为中介的分析——以全国人大预算审查为研究对象[J].经济社会体制比较,2006(5).

40. 罗正月.论以民主宪政为基础的公共财政体制[J].当代财经,2007(01).

41. 刘志铭.我国公共物品的政府提供机制及改革[J].经济纵横,2003(11).

42. 刘心一.国家财政与公共财政[J].财政与税收,1999(8).

43. 刘鹏.公共产品供给存在的问题及对策分析[J].财会研究,2014(3).

44. 刘尚希.公共财政:从概念到现实[J].财政与税收,2000(7).

45. 刘明慧.公共服务型财政与社会性支出制度建构[J].东北财经大学学报,2007(2).

46. 刘明中.推进基本公共服务均等化的重要手段(上)——财政部副部长楼继伟答本报记者问[N].中国财经报,2006.02.07.

47. 刘剑文.宪政与中国财政民主[J].税务研究,2008(4).

48. 陆伟芳.英国议会征税权的形成和发展[J].扬州大学税务学院学报,2005(9).

49. 卢盛峰、周洋. 中国公共服务均等性评估及影响因素分析——基于CHNS 数据的实证研究财贸研究[J].2014(3).

50. 马骏.中国预算改革的政治学:成就与困惑[J].中山大学学报(社会科学版),2007(3)

51. 莫纪宏.财政预算:公开是原则不公开是例外[N].经济参考报,2010.05.25.

52. 聂华丽. 宪政视野下的公共财政与监督机制解读 [J]. 法制与社会,2009(2).

53. 聂振华.税收与宪政——中世纪英国、法国征税权比较研究[J].西南政法大学学报,2002(11).

54. 权衡.政府权力、收入流动性与收入分配—— 一个理论分析框架与中国经验[J].社会科学,2005(5).

55. 全承相.财政权的配置及其运行制约机制财政与税务专题[J].财政与税务,2002(12).

56. 齐守印.论公共财政及其经济职能[J].财政研究,1999(11).

57. 齐守印.论政府间财政支出责任的优化配置[J].财贸经济,2003(2).

58. 任喜荣.预算监督与财政民主:人大预算监督权的成长[J].华东政法大学学报,2009(5).

59. 施诚.论中古英国"国王靠自己过活"的原则[J].世界历史,2003(1).

60. 孙文学. 公共财政框架理论简论——我国财政理论的重大发展与创新[J].财政问题研究,2003(12).

61. 孙力.科学发展中的政治和谐[J].南京政治学院学报,2006(6).

62. 沈云.论社会主义国家财政的本质、特点和体系[J].经济研究,1965(6).

63. 田艳平.国外城市公共服务均等化的研究领域及进展[J].中南财经政法大学学报,2014(1).

64. 王伟.关于加强我国财政民主建设的探讨 [J].中国党政干部论坛,2006(8).

65. 王绍光、马骏.走向"预算国家"[J].公共行政评论,2008(1).

66. 王绍光.民主政治与公共财政[J].战略与管理,1996(2).

67. 王国清.公共财政:财政的公共性及其发展[J].经济学家,1999(6).

68. 汪丁丁.财政民主化的原理与表达[J].财经,2007(14).

69. 汪永成、马敬仁.公共物品供给行为:模式与启示[J].江西社会科学,1999(2).

70. 文炳勋.公共财政的宪政基础:人大财政监督制度的改进与完善[J].财政研究,2006(4).

71. 吴巧瑜.香港社会公共事务管理模式的改革及其启示[J].学术论坛,2002(4).

72. 魏建国.代议制与公共财政——近代西方代议制宪政模式的形成及其作用机理分析[J].政法论丛,2005(6).

73. 夏毅、荆丽梅等.上海市卫生总费用现状分析[J].中国卫生政策研究,2010(1).

74. 许敏敏、谢志华.论公共财政下完善财政监督的前提[J].财政监督,2006(9).

75. 许世友.试论社会主义国家财政的本质[J].税务与经济,1980(1).

76. 叶汉生."国家财政"职能涵盖"公共财政"[J].四川财政,2000(10).

77. 叶汉生.两种具有根本分歧的财政本质观:国家财政与公共财政之比较[J].湖北财税(理论版),1999(12).

78. 熊剑锋.公共服务短缺低效[N].第一财经日报,2007.04.09.

79. 袁桂林.农村义务教育"以县为主"管理体制现状及多元化发展模式初探[J].东北师大学报(哲学社会科学版),2004(1).

80. 于民.复辟时期的英国财政与税收史研究述评[J].安徽史学,2006(2).

81. 闫海.预算民主:预算审批权为中心的构建[J].重庆社会科学,2007(4).

82. 杨长杰.公共财政不是无为财政——略论公共财政的发展功能[J].财税与会计,2001(2).

83. 杨静.马克思主义视角下的西方公共物品理论批判性解读[J].教学与研究,2009(8).

84. [英]约翰·马蒂科特.中世纪英国宪政制度新解——郡骑士"前史":920—1270 年王国会议中的小土地所有者[J].孟广林、柴晨清译.世界史,2010(9).

85. 张馨."公共财政"与"国家财政"关系析辨[J].财政研究,1997(11).

86. 张彦奇.1997—2005 年重庆市卫生总费用筹资水平、结构及趋势变化分析[J].中国卫生经济,2008(3).

87. 张玉林.目前中国农村的教育危机[J].战略与管理,2004(4).

88. 张木生.改革和完善税制,建立民主理财的公共财政[J].红旗文稿,2001(12).

89. 章剑青.英国议会的历史演变[J].浙江人大,2003(12).

90. 赵志耘、郭庆旺.公共财政论质疑[J].财政研究,1998(10)

91. 曾以禹.1993—2004 年中国财政性教育经费支出总量变动分析[J].经济研究导刊,2010(14).

92. 郑子轩.公共财政——富足下的荒凉[J].南风窗,2009.07.22.

93. 李鹏.立法与监督——李鹏人大日记[M].北京:新华出版社、中国民主法制出版社,2006.

94. 程汉大.英国政治制度史[M].北京:中国社会科学出版社,1995.

95. 孟广林.英国封建王权论稿[M].北京:人民出版社,2002.

96. 曹沛霖.政府与市场[J].杭州:浙江人民出版社,1998.

97. 世界银行.1997 年世界发展报告——变革世界中的政府 [M]. 蔡秋生等译.北京:中国财政经济出版社,1999.

98. 高培勇.市场经济体制与公共财政框架[M].北京:经济科学出版社,2000.

99. 高培勇.公共财政:经济学界如是说[M].北京:经济科学出版社,2000.

100. 高培勇.为中国公共财政建设勾画"路线图"——重要战略机遇期的公共财政建设[M].北京:中国财政经济出版社,2007.

101. 高培勇等.中国公共财政建设报告 2011(地方版)[M].北京:社会科学文献出版社,2012.

102. 马克垚.英国封建社会研究[M].北京:北京大学出版社,2005.

103. 李军鹏.公共服务学[M].北京:国家行政学院出版社,2007.

104. 张馨.公共财政论纲[M].北京:经济科学出版社,1999.

105. 周刚志. 论公共财政与宪政国家——作为财政宪法学的一种理论前言[M].北京:北京大学出版社,2005.

106. 钱乘旦、许洁明.英国通史[M].上海:上海社会科学院出版社,2002.

107. 施诚.中世纪英国财政史研究[M].北京:商务印书馆,2010.

108. 阎照祥.英国史[M].北京:人民出版社,2003.

109. 吴伟.公共物品有效提供的经济学分析[M].北京:经济科学出版社,2008.

110. 董礼胜等.中国公共物品供给[M].北京:中国社会出版社,2007.

111. 周义程.民主型供给模式的理论建构[M].北京:中国社会科学出版社,2009.

112. 岳军.公共投资与公共物品有效供给研究[M].上海:上海三联书店,2009.

113. 李强、付治平.公共物品供给与建设和谐社会[M].北京:中国社会出版社,2009.

114. 王磊.公共物品供给主体选择与变迁的制度经济学分析[M].北京:经济科学出版社,2009.

115. 吕振宇.公共物品供给与竞争嵌入[M].北京:经济科学出版社,2010.

116. 赵宝廷.公共品双层供给理论与实证研究[M].上海:上海三联书店,2009.

117. 王清秀.民主理财之路[M].北京:中国金融出版社,2002.

118. 刘云龙.民主机制与民主财政[M].北京:中国城市出版社,2001.

119. 马骏.中国公共预算改革:理性化和民主化[M].北京:中央编译出版社,2005.

120. 马骏、侯一麟、林尚立.国家治理与公共预算[C].北京:中国财政经济出版社,2007.

121. 马骏等.呼吁公共预算[C].北京:中央编译出版社,2008

122. 陈共.财政学[M].北京:中国人民大学出版社,1998.

123. 孙开.公共物品供给与公共支出研究[M].沈阳:东北财经大学出版社,2006.

124. 蒋洪等.公共财政决策与监督制度研究[M].北京:中国财政经济出版社,2008.

125. 林伯海.人民代表大会监督制度的分析与构建[M].北京:中国社会科学出版社,2004.

126. 刘政、程湘清.民主的实践:全国人民代表大会及其常委会的组织和运作[M].北京:人民出版社,1999.

127. 李凡.温岭试验与中国地方政府公共预算改革[M].北京:知识产权出版社,2009.

128. 张小萍.公共财政体制下中国高等教育财政投入优化研究[M].北京:中国市场出版社,2009.

129. 贾海彦.公共品供给中的政府经济行为分析[M].北京:经济科学出版社,2008.

130. 陈敬良.公共财政对教科文投入的方式及效能研究[M].北京:知识产权出版社,2012.

131. 王根贤.公共财政视角下的中国医疗卫生保障制度研究[M].成都:西南财经大学出版社,2008.

132. 王军.中国转型期公共财政[M].北京:人民出版社,2006.

133. 张亲培.公共财政的政治学分析[M].长春:吉林人民出版社,2004.

134. [以]阿耶·L.希尔曼.公共财政与公共政策[M].北京:中国社会科学出版社,2006.

135. [美]阿伦·威尔达夫斯基、内奥米·凯顿.预算过程中的新政治学(第4版)[M].邓淑莲、魏陆译.上海:上海财经大学出版社,2006.

136. [美]丹尼斯·C.缪勒.公共选择理论[M].杨春学、李绍荣等译.北京:中国社会科学出版社,1999.

137. [美]罗宾·鲍德威、沙安文.政府间财政转移支付:理论与实践[M].庞鑫等译.北京:中国财政经济出版社,2011.

138. [美]阿曼·卡恩、W.巴特利·希尔德雷思.公共部门财政管理理论[M].孙开等译.上海:格致出版社,上海人民出版社,2008.

139. [美]英吉·考尔等.全球化之道——全球公共物品的提供与管理[M].张春波、高静译.北京:人民出版社,2006.

140. [美]莱斯利·里普森.政治学的重大问题[M].刘晓等译.北京:华夏出版社,2001.

141. [美]盖伊·彼得斯.政府未来的治理模式[M].吴爱明、夏宏图译.北京:中国人民大学出版社,2001.

142. [美]詹姆斯·W.汤普逊.中世纪晚期欧洲经济社会史[M].徐家玲译.北京:商务印书馆,1996.

143. [美]阿萨·勃里格斯.英国社会史[M].陈叔平、刘成等译.北京:中国人民大学出版社,1991.

144. [美]汤普逊.中世纪经济社会史[M].耿淡如译.北京:商务印书馆,1963.

145. [美]理·A.马斯格雷夫.比较财政分析[M].董勤发译.上海:上海三联书店,1996.

146. [美]保罗·A.萨缪尔森.经济学(十二版)[M].中国发展出版社,1992.

147. [美]奥尔森.集体行动的逻辑[M].陈郁、郭宇峰、李崇新译.上海:上海三联书店、上海人民出版社,1995.

148. [美]文森特·奥斯特罗姆等.制度分析与发展的反思——问题与抉择[M].北京:商务印书馆,1992.

149. [美]文森特·奥斯特罗姆等.美国地方政府[M].北京:北京大学出版社,2004.

150. [美]爱伦·鲁宾.公共预算中的政治:收入与支出,借贷与平衡[M].叶娟丽,马骏等译.北京:中国人民大学出版社,2001.

151. [美]约翰·邓恩.民主的历程[M].林猛等译.长春:吉林人民出版社,1999.

152. [美]詹姆斯·M.布坎南.民主财政论——财政制度与个人选择[M].穆怀朋译.北京:商务印书馆,2002.

153. [美]詹姆斯·M.布坎南.自由、市场和国家[M].北京:北京经济学院出版社,1988.

154. [美]詹姆斯·M.布坎南、戈登·塔洛克.同意的计算——立宪民主的逻辑基础[M].陈光金译.北京:中国社会科学出版社,2000.

155. [美]埃利诺·奥斯特罗姆.公共事务的治理之道[M].上海:上海三联出版社,2000.

156. [美]迈克尔·麦金尼斯.多中心治道与发展[M].上海:三联书店,2000.

157. [美]丹尼斯·C.缪勒.公共选择理论[M].杨春学等译.北京:中国社会科学出版社,1999.

158. [美]阿兰·斯密德.制度与行为经济学[M].刘璨、吴水荣译.北京:中国人民大学出版社,2004.

159. Carl J. Gabrini. Do Institutions Matter? The Influence of Institutions of Direct Democracy on Local Government Spending [J]. *State and Local Government Review*,2010(01)

160. Albert Breton, *Competitive governments: An economic theory of politics and public finance* [M]. Cambridge: Cambridge University Press, 1996.

161. James M. Ferris. Demands for Public Spending: An Attitudinal Approach [J]. *Public Choice*, Vol. 40, No. 2 ,1983.

162. Clive Bell. *Development Policy as Public Finance* [M]. Oxford: Oxford University Press, 2003.

163. Richard Knellera. Michael F. Bleaney. Norman Gemmell. Fiscal policy and growth: evidence from OECD countries [J]. *Journal of Public Economics* 74 ,1999.

164. William G. Jacoby. Issue Framing and Public Opinion on Government Spending [J]. *American Journal of Political Science*, Vol. 44, No. 4 (Oct., 2000).

165. Siegfried G. Karsten. Health Care: Private Good vs. Public Good[J]. *American Journal of Economics and Sociology*, Vol. 54, No. 2 (Apr., 1995).

166. James M. Buchanan and Richard A. Musgrave, *Public finance and public choice: Two contrasting visions of the state* [M]. Cambridge: MIT Press, 1999.

167. Douglas Sturm. On Meanings of Public Good: An Exploration [J]. *The Journal of Religion*, Vol. 58, No. 1 (Jan., 1978).

168. K. P. Joseph. Legislative Control of Public Spending [J]. *Economic and Political Weekly*, Vol. 26, No. 14 (Apr. 6, 1991).

169. Caiden, N. (1988). *Shaping Things to Come: Super-budgeters as Heros (heorines) in the Late-twentieth Century* [A]. In Rubin, I. Ed. 1988. New Directions in Budget History [C]. New York: State University of New York Press.

170. Caiden, N..A New Perspective on Budgetary Reform [J]. *Australia Journal of Public Administration*, 1. 1989.

171. James Buchanan. *The Theory of Public Choice* [M].The University of Miehigan Press, 1972.

172. Shleifer. Andrei State versus private ownership [J]. *The Journal of Economic Perspectives*, 1998(12).

173. Marmolo. A constitutional theory of public goods [J]. *Journal of Economic Behavior & Organization*, 1999(38).

174. P. A. Samuelson. The pure theory of public expenditure [J]. *Review of Economics and Statistics*,1954.

175. F.W.Maitland. *The Constitutional History of the England* [M]. London: Cambridge University Press,1919.

176. Ronald Butt. A Historoy of Parliament: The Middle Ages [J]. *Constable*, 1989.

177. Michael Rush. *Parliament Today*[M].Manchester University Press,2005.

178. William C. Banks, Peter Raven-Hansen. *National Security Law and the Power of the Purse* [M]. New York: Oxford University Press,1994.

179. OECD（2002）. *Education at a Glance* 2002. Paris: OECD Publishing, 2002.

180. WHO. *The World Health Report 2000: Health Systems: Improving Performance* [M]. World Health Organization, 2000.

181. Tiebout.C.M. A Pure Theory of Local Expenditures [J]. *Political Economy*, 1965（64）.

182. K P Joseph. Legislative Control of Public Spending[J]. *Economic and Political Weekly*, Vol. 26, No. 14（Apr. 6, 1991）.

183. 雷晓康.公共物品供给模式的理论分析[D]. 西北大学, 2000.

184. 黄万华.论民主视野中的乡镇公共财政制度[D].四川大学,2004.

185. 刘茜.公共物品供给机制与政府定位研究[D].南开大学,2010.

186. 罗松.论公共物品供给的责任机制[D].武汉大学,2004.

187. 孙蕾.我国地方政府支出结构影响因素分析[D].山东大学,2010.

188. 闫越.我国公共服务供给的体制机制问题研究[D].吉林大学,2008.

189. 徐红. 财权掌控与财政民主[D].复旦大学,2006.

190. 刘慧.预算监督与民主成长[D].复旦大学,2008.

191. 于国安.政府规制、政府职能与公共物品供给效率研究[D].山东大学, 2004.

192. 王艳阳. 中国地方性公共产品供给法律制度研究 [D]. 西南政法大学, 2012.

193. 刘楠楠.新型社区公共产品有效供给机制研究[D].西南财经大学,2013.

194. 中国统计网:http://www.stats.gov.cn.

195. 中国科技统计网:http://www.sts.org.cn.

196. 上海统计网:http://www.stats-sh.gov.cn.

197. 北京统计网:http://www.bjstats.gov.cn.

198. 重庆统计网：http://www.cqtj.gov.cn.

199. 香港政府统计处网站：http://www.censtatd.gov.hk.

200. 新加坡统计局网站：http://www.singstat.gov.sg.

201. 纽约市政府网站：http://www.nyc.gov.

后 记

每次写作都是一种挑战,都是一种智慧的汇聚。

书稿是在不断修改的基础上逐步成型的,得益于很多人的指点和帮助。首先感谢我的老师桑玉成教授,他的博学与深邃让我敬仰;感谢我的老师吴志华教授和孙力教授,他们把我带入学术的殿堂并不断给予我指点和帮助。感谢华东师范大学高恩新副教授的帮助,感谢上海市人大教科文卫委员会的相关领导曾提出的诸多意见和所提供的帮助。要感谢的人还有很多,正是许多老师、同事和朋友的关心、支持和帮助,使我不断进步,我只有铭记在心。

本书是合作研究的成果,山东交通学院的苏杨珍老师主要负责数据的收集整理和分析,并撰写了第三章;我的同事蒋瑛老师负责国外(包括香港)资料的收集整理,并撰写了第四章,其余部分由翟桂萍完成,并由翟桂萍对全书进行了统筹修改。书中在进行大量数据分析的基础上,还借鉴了学术界的诸多研究成果,这里一并感谢。将要停笔之时,心中是忐忑不安的,思考无止境,书中肯定还有诸多不完善的地方和许多值得深入研究的问题,还请学术界的同仁批评指正、不吝赐教。

最后,感谢天津人民出版社的王康主任的帮助和耐心细致的编校,感谢出版社其他同志的辛勤付出。

2013 年 5 月 30 日

于上海五角场